NPO・NGOの世界

大橋正明・利根川佳子

JN096123

NPO・NGO の世界（'21）

©2021　大橋正明・利根川佳子

装丁・ブックデザイン：畑中　猛

s-58

まえがき

　多様な社会経済問題などで困窮する人たちに対して、伝統的には政府がセーフティ・ネットを提供してきた。しかし、小さな政府という掛け声に伴ってその縮小が続くなか、最近では代わって民間非営利セクターが、サービス提供を行うようになり、注目が集まっている。これに関連した法制度では、1998年の特定非営利活動促進法（以下、NPO法）の成立、2001年から始まった認定NPO法人制度、2008年からの公益法人制度改革、そして数次に渡って改善されたこのセクターへの寄付のための税制優遇などが挙げられる。

　しかし、福祉を中心にサービスを提供するNPO・NGOの公的資金への依存が進み、行政の下請け化あるいは市民社会組織としての自律性の喪失、といった問題が指摘されている。一方、ソーシャルビジネスと呼ばれる新たな解決手法も生まれている。この『NPO・NGOの世界』では、こうした民間非営利の諸組織の実態とその重要性を理解し、国内外のそのあり方や動向について、基本的な知識を深めることを目的としている。

　本書は、15の章で構成されている。

　第1〜3章は総論と制度論である。第1章で、営利・非営利、私益・共益の区分から比較検討し、NPO・NGOの性質、本書での位置づけを明らかにする。第2章では、NPO・NGOの法人制度としては活用が困難だった、1898年施行の民法に基づく旧公益法人制度による国家公益独占主義の弊害を解説し、「市民公益」を実現した現行制度を説明する。第3章では、非営利組織の会計と説明責任について解説する。

　第4〜7章は、NPOとNGOそれぞれの全体像と事例である。第4章では、NPOの全体像を解説後、自発的活動の強みと弱みを解説する。第5章では、NPOの様々な活動を概観し、事例を紹介する。第6章では、NGOの活動分野と活動スタイルを分類し、説明する。第7章では、NGOの事例を紹介する。

　続く第8〜11章は、NPO・NGOに類似あるいはそれらから派生し

た活動や、全国規模の非営利の諸団体を説明する。第8章では、日本内外の主要なソーシャルビジネスの全体像と具体例を示し、特徴や共通点などを明らかにする。第9章では、フェアトレードの変遷と動向、意義や関連する議論について考察する。第10章では、NPO・NGOと同じく非営利で公益を目指すが、大規模・全国規模で活動する組織を紹介する。第11章では、非営利ながら構成員の共益を目指すという点がNPO・NGOと異なる、全国で活動する生活協同組合、農協、労働組合等について解説する。

　第12〜14章は、海外6つの国のNPO・NGOの状況を紹介する。第12章では東アフリカに位置するエチオピアとケニアを事例として、NGOに対する法規制を比較し、NGOの活動環境を議論する。第13章では、南アジア地域のNGOを俯瞰し、インドとバングラデシュの社会状況、そこで活躍する内外かつ多分野のNGOの諸像、法制度や規制などについて述べる。東アジアを取り上げる第14章では、国際政治的に孤立するなか、政府とも協力しながら国内と国外の両方で活動をする台湾の公益団体と、社会運動的性格が強く大衆的支持が強い韓国のNGOの状況を、共通点や異なる点を念頭に描く。

　そして、最後の第15章にて、NPO・NGOを含む世界の市民社会組織（CSO）を展望し、これからのNPO・NGOのあり方について言及する。またNPO・NGOの活動全般にとって重要な「持続可能な開発目標（SDGs）」の目標16の重要性や、世界的な市民社会スペースの縮小問題について説明し、CSOの独立性や市民社会スペースを守る上で、CSOの果たすべき役割について述べる。

　本書によって、読者が内外の民間非営利セクター全体に対する基本的理解を深め、関心を持ち、自らNPO・NGOに積極的に参加したり、自ら創設するための土台作りとなれば、筆者一同の限りない喜びである。

　末尾になったが、本書作成にあたり、インタビューを快く受けてくださった方々、ゲスト出演をしてくださった方々、編集担当の藤原光博氏、放送教材作成担当の川口正氏に、心より感謝の意を表する。

2021年1月
大橋正明・利根川佳子

目 次

1 | NPO・NGO とは何か

大橋正明

《**目標＆ポイント**》 NPO や NGO とは、市民が自発的な意思に基づいて公益・他益の実現を非営利で求める、つまり市民が社会をより良くしていくための民間組織である。本章ではまず、同様な性格をもつ社会福祉団体、政党法人、宗教団体、私立病院などと、NPO や NGO との共通性や違いについての理解を深める。

続いて NPO や NGO は「結社の自由」という基本的人権に基づき、国家や市場から独立した市民社会の自発的な組織であり、その重要さは十分認識されるべきであること、そして国際連合が 2015 年に定めた持続可能な開発目標（SDGs）でも市民社会を含むパートナーシップの重要さに言及していることを述べる。

その上で本章の最後に、本書の構成を述べ、本講義が受講生を NPO・NGO の世界に参加することを誘うことを目指していることを示す。

《**キーワード**》 NPO、NGO、国際連合（国連）、日本国憲法、結社の自由、公益・他益、私益・共益、営利、非営利、CBO、持続可能な開発目標（SDGs）、市民社会、市民社会組織（CSO）

1. 非営利・非政府で公益・他益を目指す NPO・NGO

本講義は、社会をより良くしていく NPO と NGO についての理解を深めることを目指しているので、最初に NPO と NGO とはどのような組織なのかを説明しよう。

NPO や NGO という単語は、日本では比較的最近使われるようになった。気をつけるべきは、NPO と NGO という 2 つの単語を使い分ける

のは日本独特であり、世界の国々ではNGOやノンプロフィット、チャリティやボランティア団体など多様な呼び名が使われており、それらが指し示す対象は多少異なっている。それぞれの社会の文化や歴史によって、呼び方や対象が変わってくる。

　国際的にNGOが広まったのは、1945年にできた国際連合（国連）憲章の71条で、Non-Governmental Organizationつまり「非政府組織」として言及されて以来である。今でも、国連の諸組織はNGOの役割を重視しており、後で説明するようにNGO登録の制度もある。日本では、1980年前後にタイなどに流入した数十万人のインドシナ難民の救援に携った日本のボランティアたちが創設した諸組織の呼称として、一般化した。一方NPOが広まったのは、1998年にNPO法（正確には特定非営利活動促進法）ができて以降である。NPOとはNon-Profit Organizationの略で、直訳すると「非営利組織」である。

　つまりNPOが非営利で、NGOが非政府を強調している。このようにNPOとNGOでは呼び名は異なるが、両方とも非営利と非政府という性格は共通している。さらに、両方とも公益や他益を目指している。ただ、本章の4節で詳しく述べるように、日本ではこの2つが指し示す組織は、それぞれの歴史的背景と活動の対象が異なっているので、違うものと認識されていることが多い。

　ちなみに非営利とは、無償で財やサービスを提供することでも、無償のボランティアだけがこれらの組織で働いていることでもない。組織として年度の決算で生じた利益を出資者に配当として返さない、ということを意味している。例えば、私立学校や老人ホームも、非政府で非営利の公益を目指す団体だが、そのサービスを受ける人は学費や利用料金を支払っている。また、私立学校や老人ホームで働く人も、給与を受け取って労働を提供している。つまり、私立学校も老人ホームも非営利で

あるがゆえに、それらを設置・運営する学校法人や社会福祉法人といった組織の決算で剰余が生じても、それを出資者に分配することはせず、それぞれの組織がさらにその活動を充実するべく、再投資している。逆に述べると、株式会社は営利組織であるがゆえに、決算で確定した剰余を出資した金額、つまり株式の数に応じて株主に配当している。

　私たちの周りには、営利を目指さない政府、営利を目指す民間組織、そして営利を目指さない民間組織がある。政府で働く公務員は2016年の段階で約332万人がおり、このうち約58万人が国家公務員で、14の省庁の職員、国会議員や大臣、裁判官や自衛官などが含まれている[1]。残りの274万人は、47都道府県と1,741の市町村[2]の地方公務員である。一方、民間で営利を目指す事業所の数は534万か所で、日本の人口の約半分の5,687万人が働いている。

　これに対して、NPOやNGOを含む非政府でかつ非営利という組織が多数存在しているが、これらの組織や働く人の数についての最近の総合的統計は見当たらない。民間非営利団体の経済規模に関する内閣府の調査[3]によると、2018年度の民間非営利団体の収入は47兆2,040億円で、同年の日本のGDPの8.6%を占め、それなりの規模を有している。ただしこの多くは、私立学校や私立病院、生協や農協などによるものである。

2.　民間組織におけるNPO・NGOの位置

　左右を営利と非営利、上下を公益・他益と私益・共益に分けた4象限で民間組織を分類した図1-1で、こうした性格を共有する様々な民間

注1）　公務員の数は、人事院のHP：
　　　　https://www.jinji.go.jp/booklet/booklet_Part5.pdf
注2）　市町村の数は2014年以降の数。出所は総務省のHP。
　　　　https://www.soumu.go.jp/gapei/gapei2.html
注3）　内閣府の統計：https://www.esri.cao.go.jp/jp/sna/data/data_list/kakuhou/files/h30/h30_kaku_top.html

	公益・他益		
営利	**第2象限** 電力会社、ガス会社、鉄道会社など	**第1象限** 公益財団法人・公益社団法人、社会福祉団体、私立病院、政党、私立学校、宗教団体、NPO・NGO など	非営利
	第3象限 一般の株式会社 合同会社	**第4象限** 町内会、自治会、マンション管理組合、協同組合（農協・漁協、生協など）、労働組合、PTA、同窓会など	
	私益・共益		

（筆者作成）

図1-1　営利と非営利、公益・他益と私益・共益という視点からみた民間組織の区分

組織とNPO・NGOの立ち位置を確認していこう。

　図の左側にある第2象限と第3象限は両方とも営利組織であり、その大半は株式会社である。この上下の象限の違いは、上の第2象限の会社は株式の多くが政府や地方自治体などによって保有されており、株主への配当より公共サービスの提供という公益がより重要である。対象的に下の第3象限にある株式会社と合同会社は、それぞれの事業で剰余を生み出し、それを株主・出資者に配当することが一番重要である。

　これに対して図の右側の第1象限と第4象限にある組織は、営利を目的にしていない。つまり、決算で剰余金が発生しても、それを出資者に分配せず、さらなる「益」を目指して次年度に投資される。営利の代わりに組織が目的にしているものは、上の第1象限では公益・他益、第4象限が主に私益・共益である。

この 2 つを分けるのが、その組織の活動によって実現する「益」の性質である。公益・他益とは、多数に共通する益か、少数の社会的弱者の益である。一方、私益・共益とは、生活協同組合（生協）や団地やマンションの自治会といった特定組織のメンバーのものである。例えば、NPO が困窮する路上生活者を支援することは公益・他益だが、自治会や協同組合がその仲間を支援するのは私益・共益である。

第 1 象限に書かれている NPO と NGO が、この講義の対象であるが、同じ第 1 象限には、公益財団法人・公益社団法人、社会福祉団体、私立病院、私立学校、政党、宗教団体などが含まれている。こうした団体も、それらのサービスを必要としている人一般を対象にしているからだ。

ちなみに公益・他益と私益・共益との間には、区別がつきにくいグレーゾーンが存在する。例えば、共益を目指す PTA の連合体が、スマホの安全利用を訴えるのは共益というより公益に近い。逆に、本来なら公益を目指すべき宗教団体や政治団体が、狂信的で閉鎖的な集団に転じてしまう場合もある。

またソーシャルビジネスは、形式上は第 3 象限の営利組織であることが多いが、出資者への分配を制限し、公益や他益を目指した企業活動を継続・拡大させるので、営利と非営利の区別も揺らぐことがある。

さらには、NHK（日本放送協会）や日本年金機構、国際協力機構（JICA）や国際交流基金といった政府外郭団体ながら、形式的には民間の非営利で公益のための組織も存在するので、民間と政府との間にもグレーゾーンが存在している。

3. NPO・NGO と法人制度

詳しくは第 2 章で説明するが、組織は法律が認める「法人」として登録されていないと、組織として法的な契約などが容易でない。つまり、

登録されていない組織は透明人間のように認識されず、法人という服を着て初めて法的にはっきりした存在になるのである。この法人のうち最も多いのが、第3象限にある営利を目指す株式会社である。

　非営利で公益を目指す第1象限の社会福祉団体は社会福祉法人、私立病院の多くは医療法人、私立学校は学校法人、宗教団体は宗教法人によって設立運営されている。政党は「政党交付金の交付を受ける政党等に対する法人格の付与に関する法律」によって法人となっている。

　NPO・NGOの大半は、1998年までは組織として契約できない任意団体であったが、この年に容易に人格を付与することを目的としたNPO法ができて以降は、NPO法人（正確には特定非営利活動法人）になるものが多い。NPOがNPO法人になるのはわかり易いが、NGOがNPO法人になることが、多少混乱を招いた。

　加えて、2000年から2008年にかけて実施された公益法人制度改革によって、それまで設立のために数億円と主務官庁が必要だったためにほとんどのNPOやNGOにとっては無縁だった財団法人や社団法人が、簡便に設立できるようになったために、現在では一般財団法人や一般社団法人という法人格をもつものも増えてきている。ただこの2つの法人は、公益だけでなく共益を求めることを認めている。

　さらに難しいのは、NPO法人や一般財団法人・一般社団法人の内、公益実現のために税金の減免などの特権が認められる2階建ての法人制度があることだ。こうした特権をもつものは、認定NPO法人、あるいは公益財団法人・公益社団法人と呼ばれている。図1-2で、それらの位置を確認してほしい。

　ちなみにNPO法人の数は2020年3月末日段階で51,269で、このうち認定NPO法人は1,152である。一方、2020年1月段階で、公益社団法人が4,197、一般社団法人は59,901、公益財団法人は5,521、一般財団

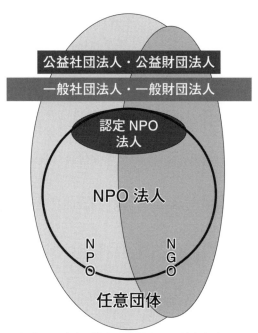

出所：公益法人協会の資料を基に筆者作成。
図1-2 NPO・NGOと法人格

法人は 7,496 である[4]。これら全てを合計すると 128,384 団体だが、これらの財団法人や社団法人の中で自分たちを NPO・NGO と考える組織の数は、それほど多くはないことに注意が必要だ。

4. NPO と NGO の違い

ここまで NPO と NGO を同じものとして扱ってきたが、この節では NPO と NGO がどのように異なっているかを明確にしたい。

近代における NGO の始まりとされるのは、1844 年にイギリスのロンドンで設立された YMCA（キリスト教青年会）と、1863 年にスイスの

注4） 財団・社団法人の数：助成財団センター：
http://www.jfc.or.jp/bunseki/b1/

ジュネーブで設立された国際赤十字委員会である。そして日本では、1877年（明治10年）に日本赤十字社が、1880年（明治13年）には東京YMCAが設立された。そして本章の最初に述べたように、国際的には国連憲章に書かれたことでNGOという単語が世界的には次第に一般的になっていった。加えて日本では、1980年前後にインドシナ難民支援を行う団体をNGOと呼んだことから、この語が一般化した。

このため日本では、低開発や飢餓、災害などの人道危機、人権問題や差別、環境や健康、平和や軍縮といった国際的な諸課題に関わる非営利団体をNGOと呼ぶようになった。その1980年が最初のNGO設立ブームとなり、続いて外務省や当時の郵政省などの公的資金のNGO活動への提供が始まった1990年が、2度目で最大のNGO設立ピークである。

一方NPOという語は、同様にこの章の最初に述べたように1998年のNPO法以降に一般的になり、それ以降に急速にその法律が挙げる主に国内に関わる「特定非営利活動」を行うNPO団体が誕生していった。その多くが子どもの貧困やいじめ、不登校や引きこもり、里山保全、まちづくりといった身近な課題に取り組んでいる。

もちろん、NGOとNPOの区別は必ずしも明確ではない。例えば、国際交流や多文化共生などに取り組む団体は、NGOともNPOともいえる。地元の里山の環境保全に取り組むNPOも、地球温暖化による悪影響を訴えるならNGOである。実際、環境省系の環境再生保全機構のHPは、「環境NGO・NPO総覧オンラインデータベース[5]」となっている。

5. ボランティアグループ、CBO、国連NGOとCSO

NPOとNGOには多様な組織が含まれるが、法人格でみるとNPO法人（あるいは認定NPO法人）か、一般社団法人（あるいは公益社団法

注5）　環境NGO・NPO総覧オンラインデータベース：
　　　　https://www.erca.go.jp/jfge/ngo/html/main

人）をもつものが多いが、法人格をもたない任意団体（人格なき社団とも呼ぶ）も少なくない。日本国憲法の 21 条が「結社の自由」を保障しているので、NPO・NGO は意思決定の方法と情報公開、監査制度を明記した会則を有し、有給職員がいる事務所を構えた法人組織である必要はないからだ。

　任意団体だと、銀行口座の開設や事務所賃貸などの契約を代表者個人で行わざるを得ず、その代表者が交代や引退をする際などには、混乱が生じやすい。NPO・NGO のうちの任意団体の数は統計が不在なので不明だが、その代表格は 2019 年に一般社団法人になるまでの 16 年間、任意団体として年間 60 億円規模の財政規模をもち、国内外で活動をしてきた「あしなが育英会[6]」であろう。同様に継続的に公益・他益の活動を行っている、地域の小規模なボランティアグループも多数存在する。例えば、最近急速に増えている子ども食堂に代表される子どもや教育、地域の環境や動物の保護、高齢者や障がい者の支援、外国人支援や国際交流活動などで多い。

　一方、社会運動や市民運動、住民運動、あるいはキャンペーンなどの「運動」には、事務局的な役割を担う NPO・NGO 的な組織がある場合と、そうでない場合がある。前者の例では、2019 年に大阪で開催された主要 20 か国首脳の会議 G20 に対して、日本の 79 の NPO・NGO が「2019 G20 サミット市民社会プラットフォーム[7]」を結成し、意見書をつくり首相に手渡ししたり、市民社会組織が集まる C20 と呼ばれる国際会議を開催した。このキャンペーンでは、認定 NGO 法人国際協力NGO センター（JANIC）と一般社団法人 SDGs 市民社会ネットワークが事務局を担っている。後者の例では、2017 年 10 月にアメリカのハリウッドの映画プロデューサーによる、セクハラ疑惑の報道をきっかけに世界的に広まった「#Me Too」運動だろう。日本の場合、これは性的

注6）　あしなが育英会の HP：https://www.ashinaga.org/
注7）　2019 G20 サミット市民社会プラットフォームの HP：
　　　http://www.civil-20.jp/#home

嫌がらせなどの被害体験をSNSで告白や共有する動きであった。

　公益や他益を目指すNPO・NGOに対して、共益を目的とした当事者組織であるCBO（Community Based Organization）も存在する。極言するとNPO・NGOは、多くが都市に住む、高い教育を受けた比較的余裕のある中間層が行う「他者への干渉」である。これに対して、干渉を受ける側の当事者がつくる組織が、CBOである。例えば、立ち退きを迫られる大都市のスラムの住民組織は、スラム住民以外はメンバーになれないCBOで、このスラム住民を外部から支援するのが、NGOやNPOである。

　最後に国連NGOに触れておこう。国際連合（国連）では、経済社会理事会と国連広報局の2つがNGOを登録しており、前者には2018年に約5千団体が登録されている。それらに登録された日本の団体には、難民を助ける会（AAR）やピースボート、アジア・太平洋人権情報センター（ヒューライツ大阪）などの典型的なNGOに加えて、創価学会インターナショナルや立正佼成会などの宗教団体、共益団体の日本生活協同組合連合会、市民社会の一員である日本弁護士連合会（日弁連）、自治体系の平和首長会議などがある。これらから国連が想定しているNGOは、日本のそれよりさらに幅広い性格の組織を指していることがわかる。ただ、こうした登録がなくても、国連の諸機関が開催する国際会議や対話に、関係するNGOが参加できる道を開いている場合も多い。

　この国連の2015年の総会で採択されたのが、2016年から2030年にかけて世界各国が目指すべき方向を示した「持続可能な開発目標（SDGs）」だ。その17番目の目標「パートナーシップで目標を実現しよう」の17番目のターゲットには「効果的な公的、官民、市民社会のパートナーシップを奨励・推進する」と書かれており、NGOとは書かれていないので、NGOを大事なパートナーとしてきた国連とは矛盾してみ

える。しかし実は、そこに書かれた「市民社会」がNGOを包摂（ほうせつ）しているので、国連の姿勢は一貫している。

　市民社会とは、もともとは市民革命を経た欧米で確立した概念で、自由・平等な個人が、自立して対等な関係で形成する国家や市場から独立したスペースの事である。この市民社会の構成員は、そうした意識をもつ人、具体的にはジャーナリストや弁護士、作家や芸術家、教員や研究者、そしてNPO・NGOのメンバーなどである。そして国連ではすでに、NGOの代わりに、あるいはより広い意味を込めて市民社会組織（Civil Society Organization：CSO）という呼称を使い始めている。それゆえ、今後日本でも、NPO・NGOに並んで市民社会組織やCSOという単語も徐々に広まっていくことが予想される。

6．本書の構成

　NPO・NGOを学ぶ本講義のテキストは、大まかに言って3つの部分とまとめからなっている。第1章から第3章までがNPO・NGO全体を扱い、本章のNPO・NGOの基礎知識に続いて、第2章はNPO・NGOの法人制度、第3章はNPO・NGOの組織的透明性を確保するために重要な会計と説明責任の在り方である。

　続く8つの章は、日本におけるNPO・NGOの多様な姿を描いている。第4章と第5章がNPOの全体像と具体例、続く第6章と第7章がNGOの全体像と具体例を描いている。第8章はNPO・NGOに劣らぬ勢いをみせるソーシャルビジネス、第9章がフェアトレード、第10章が日本赤十字社や全国社会福祉協議会などの全国規模の非営利公益団体、最後の第11章は同様に全国規模ながら、共益的な性格が強い農協や生協、日本労働組合総連合会（連合）などについて述べる。

　続くのが、アジアとアフリカ諸国のNPO・NGOの紹介だ。第12章

が東アフリカのエチオピアとケニア、第13章は南アジアのインドとバングラデシュ、第14章は東アジアの韓国と台湾である。ただし、バングラデシュのソーシャルビジネスは、第8章で扱った。編者の力不足と限られた紙幅から、東南アジアや南米、そして欧米のNPO・NGO[8]をカバーできなかったことは反省点だ。

　まとめの第15章では、今日の日本や世界のNPO・NGO、あるいは市民社会組織（CSO）が直面している諸課題、それらに抗するために使える制度や手段を説明した。学生が今後も長く暮らしていくこの地球を「持続可能」なものにしていくために、それを持続不可能にしてきた要因をNPO・NGOはしっかり跳ね返していくことが求められている。そして、本講義を通じてNPO・NGOの世界を学んだ受講生が、社会を良くしていくNPO・NGOに参加することを期待したい。

参考・引用文献

高柳彰夫他、2018年「SDGsを学ぶ：国際開発・国際協力入門」、明石書店

大阪ボランティア協会ボランタリズム研究所、2014年「日本ボランティア・NPO・市民活動年表」、明石書店

大橋正明、2011年「日本におけるNGO活動の実態と類型」、美根慶樹編『グローバル化・変革主体・NGO』の第1章、新評論

須田木綿子、2001年「素顔のアメリカNGO ―貧困と向き合った8年間」、青木書店

高柳彰、2001年「カナダのNGO」、明石書店

塚本一郎他、2007年「イギリス非営利セクターの挑戦―NPO・政府の戦略的パートナーシップ」、ミネルヴァ書房

注8）欧米のNPO・NGOについては、参考文献を数点挙げておいた。

学習課題

1. 身の回りにある、あるいは知っている NGO や NPO を数個挙げ、それらが法人かどうか、法人ならどの法人なのか、調べてみよう。

2. 自分が住んでいる都道府県あるいは政令指定都市に、いくつの NPO 法人があるかを、以下の内閣府の HP などで調べてみよう。
   https://www.npo-homepage.go.jp/about/toukei-info/kenbetsu-ninshou

3. 身の回りにある、あるいは知っている非営利共益組織、あるいは CBO を調べてみよう。

2 | NPO・NGO の法人制度

早瀬　昇

《**目標＆ポイント**》　本章では「法人格」という、法的に組織に人格を与える制度の解説をとおして、NPO・NGO が法的にどのように位置づけられてきたかを検討する。日本の非営利法人制度は民法などの規定の影響から、きわめて多種類の法人格が並立するという、世界でも類をみない状況になっている。本章では、官主導型国家の土台となってきた旧・公益法人制度について解説した後、その改革のなかで生まれた特定非営利活動法人（通称・NPO 法人）、一般法人、公益法人、それに任意団体（人格なき社団）について解説。市民活動を進める上での制度的な枠組みを理解する。
《**キーワード**》　国家公益、市民公益、任意団体、NPO 法、NPO 法人、公益法人、一般法人、寄付税制

1. 非営利団体の法人制度

（1）法人格の意味

　法人とは、一定の目的をもつ個人の集団（社団）や一定の目的のために拠出された財産（財団）に対して、法律によって自然人[1]と同様に権利義務の主体となることができる資格（権利能力）を認めるものだ。法人格を得ることで、団体としての財産権が認められ、団体として契約でき、代表者が交代しても法人としての契約は継続できる。法人格は活動を組織的・継続的に進めるために役に立つ仕組みだ。

　もっとも「主婦連合会」は任意団体だし、2019 年 3 月までは「あしなが育英会」も任意団体だった。これらの団体は、旧来の公益法人制度

注1）　権利能力が認められる社会的実在としての人間のこと。近代法では、すべての人間に平等に権利能力を認め、権利能力がなくモノと扱われた奴隷の存在を認めない。

では官庁からの規制を受けやすいため、あえて法人格をもたず、自主的に公益法人並みの規程類を整備し積極的な情報公開を行ってきた。団体の信用力が高く、法人格をもたずとも支障なく事業を展開している。

　ただし、こうした運営ができる団体は、そう多くはない。表2-1 に示すように法人格を得ることで規約による組織運営や組織の意思決定の記録整備など一定の事務負担などが発生する。しかし、このような体制をとれている組織とみなされることで、組織の信用力を高めることができる。実際、行政等からの事業委託などでは法人格があると有利になるのが現実だ[2]。

（2）「国家公益」概念に基づく旧・公益法人制度

　この法人制度を日本で初めて規定したのは 1898（明治 31）年に施行

表2-1　任意団体と法人の比較

	任意団体	法人
契約（所有や雇用など）の主体	×代表者などの個人（代表の交代があると、すべて変更が必要）	○法人（代表者が交代しても法人代表印は変わらず、スムーズに継承）
個人と団体の資産区分	△不明確になりやすい	○明確に区分
事業委託	△やや受託しにくい（元来は個人でも受託可能）	○組織の信頼性の点で、任意団体より有利
情報公開	・しても、しなくてもよい	・法令上の義務を遵守（アクセスされやすい）
事務負担（法規制との関係）	△いい加減にしても法令違反とはなりにくい	×法令に基づき官庁への届出や社会保険加入などが必要になり負担増
税負担	○課税主体として捕捉されにくい（元来は任意団体にも法人税などが課せられる）	×所得税の源泉徴収義務発生。収益事業を行うと法人住民税課税、利益が上がれば法人税も課税

（筆者作成）

注2）　あしなが育英会が一般財団法人になったのも、京都市との協働契約の際に法人化が条件とされたことが直接の契機となった。

された民法だ。民法第33条で法人が法律の規定によらなければ成立しないとされ、第34条[3]では「祭祀、宗教、慈善、学術、技芸其他公益ニ関スル社団又ハ財団ニシテ営利ヲ目的トセサルモノハ<u>主務官庁ノ許可ヲ得テ之ヲ法人ト為スコトヲ得</u>」（下線筆者）と規定された[4]。

このように明治政府は民間公益活動団体への法人格付与を「許可」制という形で制限した。許可制が制限とはなぜか？　「許可ヲ得テ」法人となれるとは、許可が得られなければ法人になれない。つまり、原則的に禁止した上で、許可を与えた団体にだけ法人格取得を認めたのだ。

しかしなぜ、このような規定としたのか？　それは「公益ニ関スル社団又ハ財団」、つまり公益団体の法人格付与を規定するものだったからだ。民法制定当時、公益とは国益と同義だった。そこで、政府とは独立に市民が公益を名乗り、政府の方針に反する「公益」活動を進めることを抑制するために許可制にしたのである。この「国家公益」という発想法は、その後の民間公益活動団体の在り方に大きな影響を与えた。

そもそも法人格の取得手続きは、表2-2に示すように、行政の裁量度の高い順に「許可」「認可」「認証」「届出」などで違いがある。

「許可」とは、法令上の条件を満たしても最終的に認めるかどうかを官僚の裁量に任せるものだ。そこで、当該法人が不祥事を起こした場合、法人の役員はもとより、許可を決めた官庁（官僚）にも裁量責任があるとして連帯責任が問われる。法令上の条件を満たせば認められる「認可」でも、要件の解釈に裁量の余地があり、実際上、許可との差は少ない。

このため、法人格を与えた後も主務官庁[5]は法人を監督下に置き、そ

注3）　2008年に施行された公益法人制度改革関連3法により、この条文は第33条2項に移り、かつ「学術、技芸、慈善、祭祀、宗教その他の公益を目的とする法人、営利事業を営むことを目的とする法人その他の法人の設立、組織、運営及び管理については、この法律その他の法律の定めるところによる。」と改められ、第34条は「法人の能力」に関する規定となった。

注4）　2004年の民法現代語化で「学術、技芸、慈善、祭祀、宗教その他の公益に関する社団又は財団であって、営利を目的としないものは、主務官庁の許可を得て、法人とすることができる。」という表現に改められた。

表 2-2　法人格の取得手続きに関する比較

	法人設立時の官庁の関与	法人
許可	設立に主務官庁の個別的な許可を必要とするが、主務官庁に許可の是非についての裁量が認められる。一般的な禁止を前提に、個別の許可によって解除するもの。	2008 年 11 月末以前に設立された社団法人、財団法人 など
認可	設立に主務官庁の個別的な認可を必要とするが、主務官庁は法律が定める要件を満たしていれば認可しなければならない。ただし、要件の解釈については行政に裁量の余地がある。	社会福祉法人、学校法人、医療法人 など
認証	所轄庁は法律が定める外形的要件の確認と認証を行うだけで、外形的要件に則っているならば、認証しなければならない。	特定非営利活動法人、宗教法人 など
届出	申請書と所要の書類を添付して法務局に提出すれば、法人格が取得できる。	会社、一般社団法人、一般財団法人 など

（筆者作成）

の活動を管理する官尊民卑的な仕組みとなった。その上、一旦、許認可した団体が簡単に解散してしまうと、許認可した官僚がいい加減な判断をしたと責任を問われる。そこで、法人が存続できるように随意契約で公共事業を委託するなどの保護がなされることもあった。いわば、一種の「ムラ」がつくられ適正な競争が阻害されがちになった。さらに、官僚 OB の天下り先になるなどの癒着を招くこともあった。

　一方、政府の政策に批判的な団体は法人格取得の許可を得られず、政府からの独立を重視し政府の監督下に入ることを嫌う団体は、任意団体、つまり個人の集合体という形で活動することになった。この場合、法人として活動できず、税制上の優遇なども受けられない。

　こうして民間社会活動の世界には公益法人と任意団体という「2 層構造」が生まれた。この状況は敗戦で憲法が変わった第 2 次世界大戦後も続き、この事態が変革されるには 1998 年の特定非営利活動促進法（以

注5）　法令の規定により特定の行政事務を主管する権限を有する行政官庁。この場合は公益法人が目的とする事業を所掌する官庁

下、NPO法とする）の成立をまたねばならなかった[6]。

2.「市民公益」を法定化した特定非営利活動促進法[7]

（1）特定非営利活動促進法の意味

① 大震災での市民の取り組みが大転換の扉を開けた

　その後、コミュニティ政策を経てボランティア活動促進政策が進められたが、公益法人制度の改革はなされなかった。その状況を大きく転換したのが、阪神・淡路大震災だった。大震災ではのべ130万人ともいわれる人々が被災地に出向き、被災者支援のためのボランティア活動に取り組んだ。当初、この"量"への驚きが広がったが、しだいに注目されたのが行政に対する市民活動の"質"の違いだった。第4章で解説するように、機動性や柔軟性、多彩さ、新たなプログラムの開発などの点で、市民の取り組みはその特徴を十二分に発揮した。

　行政の補完的存在と思われていたボランティアや法人格をもたない市民団体が、実は行政を超える力をもっていることが明らかになる一方、公益法人のなかには、機動性などの点で相対的に劣った対応となる団体もあった[8]。現実の対応力と法的な位置づけの間に大きなズレがあることが広く実感されるようになった。

　そこで、旧・公益法人制度にあった法人格取得の高いハードルを下げ、また官庁から過剰な指導を受けない形で法人格を得られる仕組みを整備する必要性が認識されるようになった。ボランティア活動の振興策

注6）　NPO法の制定から10年後、民法施行から110年後の2008年12月に第34条の規定は廃止され、新しい公益法人制度が始まった。

注7）　この法律の制定過程については、以下のサイトに詳しく報告されている。
　　　http://machi-pot.org/modules/npolaw/index.php?content_id=8

注8）　行政職員が兼任で管理職を担っていた団体から行政が出向者を引上げ、指揮命令系統が混乱したり、主務官庁が活動地域の分担を決めるまで圏域を超えた被災地に出向かなかったりといった事態もあった。もっとも、社会福祉法人である大阪ボランティア協会がいち早く災害ボランティアセンターを立ち上げるなど、機動的な対応をした団体も少なくない。

などではなく、市民団体の法人格取得が焦点となったのは、このためだ。

② 「市民公益」確立、自由な「協力と参加」の舞台

　そこで、大震災発災後、政府、与野党、市民団体などで新たな法人制度創設に向けた動きが進んだ。現在の NPO 法のもととなった市民活動促進法（案）は、与党 3 党（自由民主党、日本社会党、さきがけ）と当時の民主党の有志による議員立法として検討作業が進み、かつその検討過程に市民活動団体も深く参画するという異例の展開となった。ここで、その取りまとめ役を担った「シーズ・市民活動を支える制度をつくる会」が、法案策定を戦略的に進めていった。

　その焦点は、旧・公益法人制度の土台にあった「国家公益」に対して「市民公益」を確立し、その実現を市民の「協力と参加」によって進める舞台として法人制度が設計されたことだ。

　旧・公益法人制度では公益を国益と同一視する発想に裏付けられていたことは先に解説したが、NPO 法では公益の増進に寄与する「市民が行う自由な社会貢献活動」である特定非営利活動は「不特定かつ多数のものの利益の増進に寄与することを目的とするもの」と定義。市民の幅広い活動を特定非営利活動と認める「市民公益」を法定化した。

　この市民公益を実現する力が、「協力と参加」だ。そもそも非営利活動とは、利益や残余財産を構成員で分配しないことに加え、誰も持ち分（所有権）をもたない点に重要な特徴がある。それゆえ「協力の舞台」となりえるし、また関係者の合意が重要になる組織でもある。

　この「協力」の主体は市民であり、市民の「参加」が鍵となる。そこで NPO 法人は、10 人以上の社員（正会員）を求め、情報公開により市民の評価を重視するなど、市民の参加を進める仕組みとなっている。その上、東日本大震災を受けた改正で、寄付金控除資格を得られる認定 NPO 法人の判定基準、パブリックサポートテストの条件として年 3,000

円以上の寄付を平均 100 人以上から受ける「絶対値基準」の仕組みも導入された。つまり、NPO 法人は市民参加を重視した法人格だといえる。

（2）特定非営利活動法人の認証要件

さらに行政から独立して自由に活動できるように、行政の裁量的判断の余地を極力排し、外形的要件の確認で法人格が付与される「認証」方式としたため、明示された必要条件さえクリアすれば法人格を得られる仕組みとなっている。設立認証に必要な書類は、①認証申請書、②定款、③役員名簿、④役員の就任承諾書及び誓約書の謄本、⑤役員の住所又は居所を証する書面、⑥社員のうち 10 人以上の者の名簿、⑦認証要件適合についての確認書、⑧設立趣旨書、⑨設立についての意思の決定を証する議事録の謄本、⑩設立当初の事業年度及び翌事業年度の事業計画書、⑪設立当初の事業年度及び翌事業年度の活動予算書の 11 種類のみ。所轄庁の判断で他の書類の提出を求められることはない。法人格取得を申請した団体の 98.9％が法人の認証を得ている[9]のも、形式を整えれば、ほぼ機械的に法人格を得られる仕組みだからだ。

表 2 - 4 に NPO 法人の主な認証要件を示す。必要な資産の規制もなく、過去の活動実績も問われない。そこで、NPO 法施行以降、21 年 8 か月となる 2020 年 7 月末までに約 70,600 もの団体が NPO 法人格を取得した。ただし、既に解散した約 19,500 団体（うち約 4,100 団体は認証取消）を除き、約 51,000 法人が全国各地で活動を進めている（図 2 - 1）。

図で 2007 年度以降、新規設立法人数が減り、総法人数の伸びも低下。2018 年度下半期には遂に NPO 法人数が減りだした。この理由は解散法人数の増加に加え、2008 年 12 月に公益法人制度改革が実施され、一般社団法人、一般財団法人が誕生したからだ。次節で、この点を解説する。

注9） 2020 年 3 月末の実績。不認証率は不認証団体 811 を認証法人数 51,263 と解散法人 18,956、それに不認証団体 811 の合計で割り、算出した。

表2-3　旧来の公益法人制度と特定非営利活動法人制度の比較

	（旧来の）公益法人	特定非営利活動法人
手続き	・許可（行政に裁量権。理由の明示不要）	・認証（不認証の場合、所轄庁に理由の通知義務がある）
公益の概念	・「公益」性は必須要件 ・公益の内容は主務官庁の裁量（国家公益）	・市民が不特定多数の利益の増進に寄与することで公益が増進する（市民公益）
法人の要件	・具体的規定はない（行政の裁量）	・具体的に明記
必要書類	・具体的規定はない（行政の裁量）	・定款、役員名簿、設立趣旨書、事業計画書など11種類
行政の関与	・主務官庁に監督責任	・団体自治（法令違反に相当する理由があれば、所轄庁が検査）
情報公開	・規定なし。主務官庁が評価。	・義務づけ。市民が評価。
市民参加	・不要	・社員（正会員）10人以上。参加／退会に不当な条件を付さない
税制の特典	・原則非課税。資産利息非課税等	・原則非課税（任意団体と同じ）。認定NPO法人

（筆者作成）

表2-4　特定非営利活動法人の認証条件

A	営利を目的とせず、活動目的が法で示した20分野（保健・医療・福祉の増進、まちづくりの推進など大半の分野を網羅）である。
B	不特定かつ多数のものの利益の増進を目的としている。
C	10人以上の正会員（入退会にあたって不当な条件をつけない）を得、理事3人以上、監事1人以上を置く。役員のうち報酬を受ける者の数が役員総数の3分の1以下、同一親族の役員などが役員総数の3分の1を超えない。
D	宗教の教義を広め、儀式行事を行い、及び信者を教化育成することを主たる目的としない。（従たる目的ならば良い）
E	政治上の主義を推進し、支持し、又はこれに反対することを主たる目的としない。（従たる目的ならば良い）
F	公職選挙法上の特定の候補者・公職者・政党を推薦・支持・反対することを目的としない。
G	暴力団ではなく、暴力団の統制下にない。
H	法令に則った定款となっている。

（筆者作成）

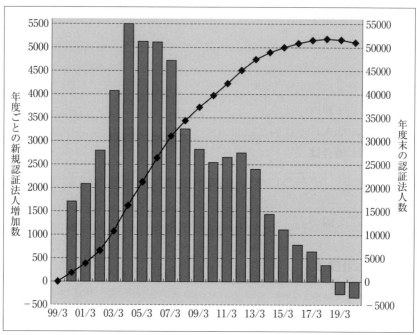

線グラフが、年度末ごとの認証法人数＝右目盛、棒グラフが年度ごとの新規認証法人増加数＝左目盛。いずれも解散法人数を差し引いている。
出所：内閣府ホームページから筆者作成。2020年3月末。
図2-1　特定非営利活動法人の解散数を差し引いた認証数の推移

3．公益法人制度改革と一般法人、公益法人の誕生

（1）公益法人制度改革による新・公益法人と一般法人の状況

　NPO法の制定で非営利団体の法人格取得規制は大幅に緩和されたが、2008年には民法が改正され、旧来の公益法人が一般社団法人、一般財団法人と公益社団法人、公益財団法人に再編されることになった。

　公益法人制度改革は、「護送船団」型の旧制度では適正な競争の阻害

や天下りの問題などに加え、公益性認定にバラツキがあり、税制上の優遇を得ながら実態は営利企業と変わらない団体があったり、巨額の内部留保を蓄積していたりしたことなどが問題とされて取り組まれたものだ。

　具体的には、2006 年に公益法人制度改革関連 3 法が成立し、2008 年に施行。5 年間の移行期間を経て、旧・公益法人（社団法人、財団法人）は公益社団法人、公益財団法人か、一般社団法人、一般財団法人（以下、両者を示す場合は「一般法人」とする）に移行するか、解散することになった。この改革で新たに生まれた一般法人という法人格は、新たな法人設立の受け皿ともなった。法人番号検索サイトを利用して 2020 年 8 月末の状況を調べると、おおよそ以下（図 2‑2）のようになっている。

（2）一般社団法人、一般財団法人

　一般法人は、旧・公益法人のうち公益認定を得なかった法人の受け皿として創設された法人格だが、新たに法人格を得ようとする場合、極め

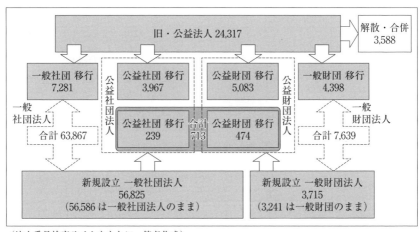

（法人番号検索サイトをもとに、筆者作成）

図 2‑2　公益法人制度改革で生まれた法人の状況（2020 年 8 月末日現在）

て簡便に取得できる仕組みとなった。

　表2-5にNPO法人と一般社団法人の比較を示したが、剰余金を構成員で分配できないことを除き、ほとんど何の規制もなく、公益の実現を目的としなくてもよく、情報公開も義務づけられていない。それゆえどのような活動をしているのかわからない法人も少なくない。なお、理事会を設置する場合に委任状や書面表明による出席ができず、監事は総会や理事会への出席義務があるなど、細かく厳格なルールが法定されている。「一般法人は、設立は容易だが、運営は窮屈だ」といわれるゆえんだ。

　また、解散時に残余財産を構成員で分配することが可能なため、日常的には非営利で運営されるものの、法人としては非営利団体とはいえない。このため、NPO法人と異なり、企業と同様に寄付金などを含む全

表2-5　NPO法人と一般社団法人の違い

	NPO法人	一般社団法人
法人の設立	所轄庁の認証（3か月以内）[10]	登記のみ＝準則主義（約1週間）
正会員数	10人以上	法人設立時2人以上。法人設立後は1人でも可
会員の条件	不当な条件を付さない	制限することも可能
役員	理事3人以上、監事1人以上。同一親族は役員総数の1/3を超えず報酬を得る役員は役員総数の1/3以下。	理事1人以上。理事会を設置しないなら監事を置かなくてもよい。親族役員などの制限なし。
理事会の運営	書面評決も委任も可能。開催回数に関する制限はない。	書面評決も委任もできない。
事業・決算報告	所轄庁に報告の義務。収益事業実施なら税務署にも報告。	貸借対照表を団体ごとの方法で報告。事業報告は総会のみ。

（筆者作成）

注10)　2016年の通常国会で、縦覧期間を2か月から1か月に短縮するNPO法の改正案が可決成立した。また、兵庫県、広島県、愛知県、神戸市、福岡市、北九州市、千葉市、新潟市、仙台市、仙北市などでは特区制度を利用して、縦覧期間を2週間としている。改正法施行後、認証期間が3か月（特区活用の場合、2か月半）程度に短縮しだしている。

収入が課税対象となり、法人住民税の均等割も課税される。

　NPO法人のように会費や寄付金、補助金・助成金など税法上の収益事業以外の収入には課税されない「非営利型法人」となるには、理事を3人以上置き、同一親族の理事を理事総数の3分の1以下とし、定款で解散時の残余財産はNPO法人や公益法人、自治体などに帰属する旨を明記しなければならない。また、理事が複数いる場合は理事会設置が一般的であるため、非営利型の場合、監事も置かなければならない。

　一方、一般財団法人は設立時に300万円以上の基本財産があれば設立できる。理事3人以上で理事会を設置、監事1人以上、評議員3人以上で評議員会を設置し、いずれも兼任できないので、最低7人以上の役員が必要になる。公益を目的としなくてもよく、残余財産をNPO法人などに帰属させることが定款に記されていれば、非営利型となる。

　なお、公益法人であるNPO法人は、定款認証手数料、登録免許税などはいずれも免除されるが、一般法人は免除されないため、法人設立時に合計で約15万円の経費が必要となる。

4.　寄付金控除を受けられる法人

（1）認定特定非営利活動法人（認定NPO法人）制度

① 認定NPO法人制度成立の経緯

　NPO法は法人格取得を容易にしたが、税制上は任意団体と同じ立場だ。そこで2001年に寄付金控除制度が適用される認定NPO法人制度が始まった。ただし、認定基準が厳しく手続きも煩雑だったため、しばらくは認定NPO法人が全NPO法人の0.1〜0.2％程度に留まっていた。

　ところが、2011年に東日本大震災が発災。被災地の復興には、NPOを介した市民などの復興活動の活発化が不可欠との認識が広がり、2012年にNPO法の大改正が実現。翌年度から施行された。この大改正で、

後述のパブリックサポートテストに「絶対値基準」や「特例認定」制度が導入され、寄付金控除に税額控除の選択も可能になり、今や日本は国際的にもかなり整備された寄付促進税制をもつ国となった。

② 寄付に対する税の軽減内容

認定 NPO 法人には、寄付に関して以下の4つの税の控除制度がある。

・個人が寄付した場合

「所得控除」[11] と「税額控除」[12] が選択できる。所得控除は「寄付額－2,000円」×所得税率分の税が控除[13]され、税額控除は所得税額の25%までを上限に「寄付額－2,000円」の4割の所得税が控除[14]される。

さらに、自治体が条例で指定した認定 NPO 法人などに寄付した場合、「寄付額－2,000円」の1割分の個人住民税（地方税）も控除される。

・企業が寄付した場合

企業は（資本金の0.25%＋所得額の2.5%）×0.25までは、寄付先に関係なく損金算入可能な「一般損金算入限度額」を設定されているが、認定 NPO 法人などに対する寄付は（資本金の0.375%＋所得額の6.25%）×0.5まで損金算入額が加算でき、法人税を減額することができる。

・個人が相続や遺贈により得た財産を寄付した場合

寄付した財産の価格が相続税の課税対象から除かれる。なお、この手続きは相続の発生を知った日から10か月以内に行わなければならない。

・認定 NPO 法人自体に対する税の優遇措置（みなし寄付金）

収益事業で得た収入から、その収益事業以外の特定非営利活動にあたる事業に支出した場合、これを寄付金とみなし（みなし寄付金）、法人の課税所得の50%または200万円のいずれかまで法人税を圧縮できる。事業収入中心の団体でも認定 NPO 法人となるメリットは大きい。

注11) 年間所得から、控除分を差し引いて、課税所得金額とすること。税額は課税額に応じて計算される。
注12) 課税所得金額に応じて計算された税額から、控除額を差し引くこと。
注13) 控除税額の上限は所得税額の40%まで。
注14) 控除税額の上限は所得税額の25%まで。

　なお、後述の特例認定法人は、相続税の控除とみなし寄付金は適用されない。

③ 市民が公益性を判定する「パブリックサポートテスト」

　この認定 NPO 法人の認定方式でユニークなのが「パブリックサポートテスト」（Public Support Test：以下、PST）と呼ばれる審査手続きだ。これは米国起源の仕組みで、寄付を通じてどれだけ広く市民などから支援を受けているかを公益性の基準として評価するものだ。

　そもそも税は国民の共有財産であり、NPO を支援するためとはいえ、寄付者などに税を減免するには、寄付金控除が適用される NPO に相応の公益性が求められる。この公益性の判定は、従来、官僚に委ねられてきた。しかし、それでは税の優遇を得たい団体が官僚の方針に忖度<ruby>度<rt>そんたく</rt></ruby>しがちになるなど、NPO の独立性・民間性が発揮しにくくなってしまう。

　そこで米国では、総収入から団体の使命実現に関わる事業収入を引いた額に対する寄付金や補助金の割合が 3 分の 1 以上あるなどの要件をクリアすれば、公益性があるとみなす米国版 PST が開発・運用されている。

　この仕組みは団体の決算書を基に客観的に審査するもので、恣意が入りにくく、市民や企業・財団などからの支援や政府との協働の規模によって公益性が判定される。政府との関わりが少なかったり政府の政策に批判的な活動をしたりしていても、多くの市民などからの支援があれば公益性が認められ、「民」の視点・評価を重視する判定方法だ。

　NPO 法人制度は、政府の監督下で自由な民間活動が抑制されがちだった旧・公益法人制度の課題を克服するために創設された。そこで認定 NPO 法人制度も「民」の支援を評価する公益判定制度となっている。

④ 公益性認定の流れ

　認定の核となる PST には「相対値基準」（実績判定期間における経常収入の 2 割以上が寄付や助成金・補助金収入[15]であることなど）、「絶

注 15)　正確には「寄付金等収入金額」。

対値基準」（各年度で3,000円以上の寄付者数が年平均で100者以上いること）、「条例個別指定基準」（自治体の条例で指定するもの）の3種類があり、いずれかの基準をクリアしなければならない。

　ただし、PSTをクリアできなくても、法人設立5年以内のNPO法人は、表2-6に示す7要件をクリアすれば「特例認定NPO法人」と認定され、個人や企業の寄付者が所得税や法人税の優遇を受けられる。

（2）公益社団法人、公益財団法人

　一方、一般法人のなかで、非営利型でかつ公益性が高いと評価された団体は、公益社団法人、公益財団法人（以下、両者を指す場合は「公益法人」とする）として認定され、寄付金控除などの適用が受けられる。

　公益法人では、税法上の収益事業34業種と同様の業態の事業でも、公益目的事業と認定された事業[16]は非課税となり、法人税を課せられ

表2-6　PST以外の公益性認定7要件

1．会員等に限定した共益的活動や特定の受益者のためだけの活動の占める割合が、50％未満であること
2．運営組織と経理が適正であること（特定役員の親族や特定法人の役職員が役員総数の1／3以下…など）
3．事業活動の内容が適正であること（特定非営利活動事業費が総事業費の8割以上、受入寄付金の7割以上を特定非営利活動に充当…など）
4．情報公開を適正に行っていること
5．事業報告書等を法令に則って所轄庁に提出していること
6．法令違反、不正の行為、公益に反する事実等がないこと
7．法人設立から2年度を経ていること

（筆者作成）

注16)　多くはNPO法人の目的とされる20分野の事業と類似だが、「国土の利用、整備又は保全を目的とする事業」「国政の健全な運営の確保に資することを目的とする事業」「国民生活に不可欠な物資、エネルギー等の安定供給の確保を目的とする事業」など、NPO法にはない事業も含まれている。

ず、金融資産の利息も非課税になる。この2点でNPO法人よりも手厚い税制上の優遇がある。寄付に関する税制優遇は認定NPO法人とほぼ同様だが、税額控除を受けるためにはPSTをクリアしなければならない。

　認定にあたっては、国会の同意を得、内閣総理大臣が任命した「公益認定等委員会」[17]が2008年に公表したガイドライン[18]に従い、内閣府及び都道府県に設置された公益認定等委員会が審査して認定の可否を決める。この仕組みは英国のチャリティ委員会をモデルとしていて、米国の認定システムをモデルとした認定NPO法人とは大きく異なる。

　公益認定等委員会では、公益目的事業費が全事業の過半数であること

表2-7　認定特定非営利活動法人と公益社団・財団法人の比較

	認定特定非営利活動法人	公益社団法人・公益財団法人
認定方式	収入から公益性を判断	支出から公益性を判断
審査の対象	実績判定期間中の実績（実績主義）	1年度分の計画（計画主義）
認定者	国税庁（幅広い寄付者・助成者から相当額の経済的支援があれば機械的に認定）	公益認定等委員会（有識者）がガイドラインに従って判断
事業の制約	特定非営利活動が8割以上。所轄庁の所轄範囲を超え、どこでも事業可能。	公益目的事業が過半。収支相償。認定庁の範囲外では事業不可。
収入の制約	多数の寄付者からの収入が1/5以上	少数の大口寄付でも可
支出の制約	寄付金の7割以上を特定非営利活動に支出。共益事業の支出1/2未満など	内部留保に制限（特定費用準備資金などでの積み立ては可能）
役員の報酬	役員報酬を受ける役員は1/3以内に留める	人数の制限はない。不当に高額の報酬ではないこと
事業課税	税法上の収益事業のみ課税	税法上の収益事業と同様でも、公益目的事業は非課税
経理処理	比較的、複雑ではない	公益目的事業ごとに、やや複雑な経理処理が求められる
認定期間	5年（認定取消後は、一般のNPO法人に戻るだけ）	毎年度チェック（認定が取り消されれば解散。1か月以内に公的目的財産残額を国等か他の公益法人に贈与）

（筆者作成）

注17)　1つの都道府県内で活動する場合は、都道府県議会の同意を得、知事が任命した「公益認定等委員会」が審議にあたる。
注18)　2013年に一部改訂されている。

や公益目的事業で得る収入が支出を上回ってはならない（収支相償の原則）などの要件を確認。収入をチェックする認定NPO法人と違い、公益法人では公益性を支出面でチェックするため、企業財団など少数の寄付者によって設立された団体でも公益認定を受けることができる。

　このように市民が活用できる非営利法人制度には、大きくNPO法人・認定NPO法人と一般法人・公益法人の2つの体系がある。それぞれの特徴をふまえた上で、自団体に合う法人格を選ぶことが大切だ。

参考・引用文献

日本NPOセンター編（2004年）『知っておきたいNPOのこと1　（基本編）』、日本　NPOセンター

山岡義典編著（2005年）『（新版）NPO基礎講座』、ぎょうせい

太田達男著（2012年）『非営利法人設立・運営ガイドブック』、公益法人協会

学習課題

1. 今、数多くのNPO法人、一般法人、公益法人が活動している。インターネットなどを活用すれば、いくつかの条件で絞り込んで法人を検索することができる。あなたの身近で、どんな法人が活動しているのか調べてみよう。

2. NPO法人にも公益法人にも、主に国内で活動する団体と主に海外で活動する団体がある。法人格が違うことで、団体の運営に違いがあるのかないのか、調べてみよう。

3 | 非営利組織のアカウンタビリティ

齋藤正章

《**目標＆ポイント**》　非営利組織が社会に広く受け容れられるには、先ずその目的（活動理念）を明確にしなくてはならない。それによって、目的に賛同する人々から資金提供を受ける可能性が高くなるだろう。さらに資金の使途やその活動の成果を開示する説明責任（アカウンタビリティ）を果たさなくてはならい。本章では非営利組織のアカウンタビリティを考えるために、先ず企業のアカウンタビリティを理解する。次にアカウンタビリティを果たすために重要となる会計基準について解説する。
《**キーワード**》　アカウンタビリティ、情報公開、市民への説明、経理的基礎、NPO法人会計基準、公益法人会計基準

1．企業のアカウンタビリティ

　非営利組織のアカウンタビリティを考える前に、企業のアカウンタビリティを考察する。なぜなら、アカウンタビリティの起源は企業経営にみられるからである。アカウンタビリティ（accountability）とは、説明責任とか会計責任と訳されるが、その語源は、説明する（account for）という動詞から派生している。それでは、誰が誰に「説明する」のであろうか。今日における所有と経営が分離した株式会社では、財産権の所有者である株主とその財産の運用を任された経営者が存在する。つまり、株主と経営者は財産の委託・受託関係で結ばれていることになる。ところが、この関係のなかで、受託者である経営者は、常に委託者である株主の利益の最大化のために行動するという保証はない。むし

ろ、専門的知識をもち情報優位にある経営者たちには、委託された財産を大なり小なり自分の利益のために利用しようとする誘惑にかられる可能性が絶えず存在する。この誘惑にかられて委託者の利益を犠牲にする行動は、機会主義的行動と呼ばれ、代表的な現象として怠慢に代表されるモラル・ハザードをあげることができる。このモラル・ハザードを監視するために委託者は受託者に会計報告いうなれば情報提供を義務付ける。したがって、委託者には会計報告の資料を作成し、それを報告する説明責任（会計責任）が生じるのである。これがアカウンタビリティである。

　経営者がアカウンタビリティを果たすために特に重要な２つの会計情報がある。１つは貸借対照表（バランス・シート）と呼ばれる計算書で、もう１つは損益計算書と呼ばれる計算書である。貸借対照表は期首と期末を比較することによって、資本の所有者の持分（純資産）が、経営者の経営（運用）によって、どれだけ増えたか（純利益）あるいは減ったか（純損失）を明らかにする。図３-１は純利益が生じた場合を図示している。

　貸借対照表が一定時点（期首・期末）の財政状態から純損益を計算す

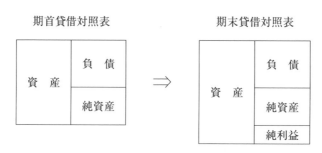

図３-１　純資産の増加

るのに対し、損益計算書は、一定期間（期中）における純資産の増加要因（これを収益という）と減少要因（これを費用という）から純損益を計算する。いずれの計算書も資本所有者の財産の増加・減少を明らかにすることを目的としている。これは、株主と経営者の潜在的な利害の対立が株主財産の増減にあることを端的に表している[1]。

2. 非営利組織のアカウンタビリティ

（1）NPO 法人の情報公開

　企業に象徴される営利組織のアカウンタビリティは、株主からの資本の提供とそれに対する経営者の結果責任（純資産の増加）という関係で結ばれていた。しかし、非営利組織にも貸借対照表が存在するものの、資本を調達して、それを運用し、資本の提供者に還元するという関係は存在しない。なぜなら、非営利組織の目的は、公益性、非営利性、継続性といった社会貢献活動であるからである。そうすると、非営利組織では、資本（純資産）に対する積極的なアカウンタビリティが発揮されないのであれば、誰に対して何を説明すべきなのであろうか。それを非営利組織のそれぞれの自主性に任せていては、情報量の多寡が生じ、比較可能性が失われてしまう。例えば、「特定非営利活動促進法（NPO 法）」では、特定非営利活動法人（NPO 法人）の情報公開について次のよう

注1）　ところで、このように株主財産を重視した経営を株主偏重主義といわれることがあるが、果たしてそうであろうか。株主が受取るのは、企業収益から、サプライヤー、債権者、従業員、経営者などへの契約上の支払をすべて済ませた後の残り（残余）である。企業は様々な不確実性に取巻かれているので、残余がいつもプラスになるという保証はない。マイナスになれば、損失を被る。そのようなリスクを負担しているという意味において、株主は最も侵され易い請求権を所有する立場にある。そのため、株主は他のステークホルダーの要求を充足しつつ企業の交渉力を強化することに最大の関心をもつ立場におかれる。よって、企業活動に関する基本的な意思決定権限が株主総会という形で株主に与えられるのは、そのためなのである。よって、最も侵されやすい株主の請求権の価値を高めることが、すべての利害関係者の要求を充足することに繋がると考えられるのである。

に定めている。

（事業報告書等の備置き等及び閲覧）

第28条

　特定非営利活動法人は、毎事業年度初めの三月以内に、内閣府令で定めるところにより、前事業年度の事業報告書、財産目録、貸借対照表及び収支計算書（次項、次条及び第四十三条第一項において「事業報告書等」という。）並びに役員名簿（前事業年度において役員であったことがある者全員の氏名及び住所又は居所並びにこれらの者についての前事業年度における報酬の有無を記載した名簿をいう。）並びに社員のうち十人以上の者の氏名（法人にあっては、その名称及び代表者の氏名）及び住所又は居所を記載した書面（次項、次条及び第四十三条第一項において「役員名簿等」という。）を作成し、これらを、翌々事業年度の末日までの間、主たる事務所に備え置かなければならない。

2　特定非営利活動法人は、その社員その他の利害関係人から事業報告書等（設立後当該書類が作成されるまでの間は第十四条において準用する民法第五十一条第一項の設立の時の財産目録、合併後当該書類が作成されるまでの間は第三十五条第一項の財産目録。次条第二項において同じ。）、役員名簿又は定款若しくはその認証若しくは登記に関する書類の写し（次条及び第四十三条第一項において「定款等」という。）の閲覧の請求があった場合には、正当な理由がある場合を除いて、これを閲覧させなければならない。

　この規定は、「市民への説明」として非営利組織が情報公開を広く行うためのものであるが、自律できている非営利組織ばかりでないことを考えれば、非営利組織のアカウンタビリティの遂行は現時点では弱いといわざるを得ない情況にあるといえよう。それを補足するためか、NPO法第29条では、「事業報告書等の提出及び公開」として、所轄庁にも同様の書類を提出させ、また所轄庁における公開についても定めている。

　また、株式会社の最高意思決定機関が株主総会であるのに対し、例えば、NPO法人では、10人以上の社員総会であると規定されている（ただし、社員とはNPO法人の構成員をいう）。監事を一人以上置くべし

（第15条）と規定し、内部けん制を狙っているものの、関係者同士でそれが十分に発揮できるかどうかの保証はない。

（2）公益法人の公益認定と情報公開

　新しい公益法人制度が施行され、一般財団法人や一般社団法人は、事業の現状を再確認し、今後の法人の進むべき道、方向性を視野に入れ、新制度における法人の位置づけとして、公益性の認定を申請するか否かの検討をしなくてはならない。

　新公益法人制度は、主務官庁の裁量権を排除し、できる限り準則主義に則った認定等を実現することを目的として法改正がはかられてきた。公益認定が認められ、公益財団法人または公益社団法人として再スタートしようと考えている法人は、従来以上に、公益事業を主目的としている自覚と自己責任が問われてきている。

　公益法人認定法は、公益認定の中心的な判断基準として、次の2つの基準を掲げている。

　1）　法人の行う事業が、公益目的事業であるかどうか。

　2）　不特定かつ多数の者の利益の増進に寄与するかどうか。

　このような重要な判断基準にもとづき、公益性の判断が継続的になされる。公益社団法人及び公益財団法人の認定等に関する法律（以下「公益法人認定法」）第5条第2項には「公益目的事業を行うのに必要な経理的基礎及び技術的能力を有するものであること」として、各種の財務的基準を規定しているが、今後、公益法人は、一層の会計的な透明性、公正性が求められることになる。

　「公益認定等に関する運用について」（いわゆる公益認定等ガイドライン）では、この「経理的基礎」に関する判断基準を以下のように示している。

① 財政基盤の明確化
② 経理処理・財産管理の適切性
③ 情報開示の適正性

① 財政基盤の明確化

「財政基盤の明確化」が整備されているかどうかは、貸借対照表、収支（損益）予算書等から、財務状態を確認し、当該法人の事業の規模をふまえて、必要に応じて今後の財務の見通しについて追加的に説明が求められる。次のような収支項目について情報が求められ、法人の規模に見合った事業実施のための収入が適切に見積もられているか確認が行われる。

1）　寄附金収入−寄附金の大口拠出上位５名の収入見込み
2）　会費収入−積算の基礎
3）　資金借入れ−借入計画の内容

② 経理処理・財産管理の適切性

　財産の管理及び財産の運用については、次のような点について確認がなされる。

1）　法人の役員が適切に関与していること
2）　開示情報や行政庁への提出資料の基礎として十分な会計帳簿を備え付けていること
3）　不正な経理を行わないこと
　　法人が備え付ける会計帳簿は、事業の実態に応じて法人により異なるが、例えば、次のような帳簿があげられている。
　　・仕訳帳、総勘定元帳、予算管理に必要な帳簿、償却資産その他の資産台帳
　　・得意先元帳・仕入先元帳等の補助簿

　また、区分経理が求められる場合には、帳簿から経理区分が判別できることが求められる。

　法人の支出に使途不明金があるもの、会計帳簿に虚偽の記載がある法人は、経理処理や財産管理が適切でないと判断される。

③ 情報開示の適正性

　次のような条件を満たしている場合に、情報開示が適正であると判断される。

1）　会計監査人による外部監査を受けているかどうか

　会計監査人を置くことが必要な法人は、次のいずれかの規模の法人が該当する。

・損益計算書（正味財産増減計算書）の収益の額が1,000億円以上
・損益計算書（正味財産増減計算書）の費用及び損失の額が1,000億円以上
・貸借対照表の負債の額が50億円以上

2）　公認会計士または税理士が監事に就任しているかどうか

　収益あるいは、費用及び損失の額が1億円以上の法人が該当。

3）　経理事務の経験者が監事を務めているかどうか

　収益あるいは、費用及び損失の額が1億円未満の法人が該当。

　上記の条件は、公益法人に義務付けるものではない。しかし、このような体制を整備していない法人には、公認会計士、税理士またはその他の経理事務の精通者が、当該法人の情報開示にどのように関与しているかどうかについて説明が求められ、個別に判断される。

　さらに、認定後、特例民法法人（2013年まで）は、旧主務官庁たる各府省及び都道府県から最新の業務及び財務等に関する資料をインターネットにより公開するよう求められている。また、移行認定・認可申請を行った公益社団・財団法人及び一般社団・財団法人は、貸借対照表の

公告が義務付けられた。公告方法では、インターネットによる電子公告も定款に規定することにより選択することができる。

3. 非営利組織の会計規定

（1）NPO法人の会計規定

　経営は会計によって支えられている。例えば、運転資金が不足（ショート）すれば、営利であれ非営利であれ、組織は立ち行かなくなってしまうのは自明であろう。そこで、NPO法では、会計について次のように規定している。

　（会計の原則）

第27条

　特定非営利活動法人の会計は、この法律に定めるもののほか、次に掲げる原則に従って、行わなければならない。

　一　削除

　二　会計簿は、正規の簿記の原則に従って正しく記帳すること。

　三　計算書類（活動計算書及び貸借対照表をいう。）及び財産目録は、会計簿に基づいて活動に係る事業の実績及び財政状態に関する真実な内容を明瞭に表示したものとすること。

　四　採用する会計処理の基準及び手続については、毎事業年度継続して適用し、みだりにこれを変更しないこと。

　削除されている第一項は、「予算準拠の原則」であるが、2003年（平成15年）の改正時にNPO法人の活動が予算に束縛されるとの理由から削除された。この原則を、会計基準という視点からみると、企業会計原則の7つある一般原則のうち、「真実性の原則」、「明瞭性の原則」、「継続性の原則」の3つが採用されていることがわかる。つまり、NPO法人の会計も企業会計の考え方をベースに成立していることがわかる。

　また、2012年（平成24年）4月からは、NPO法の改正によって、NPOの会計報告は収支計算書から活動計算書へと様式が変更された。この活動計算書は、NPO法人会計基準によるものとされている。当基準によれば、活動計算書は、経常収益、経常費用、経常外収益及び経常外費用に区分して表示される（営利企業の損益計算書に該当するものである）。

（2）NPO法人の会計基準

　NPO法人会計基準は、全国各地のNPO支援センターからなるNPO法人会計基準協議会を主体に、会計専門家、学識経験者、助成財団、金融機関など民間で策定された会計基準であり、2010年（平成22年）7月に策定されたものである。それまで、統一ルールが無かったNPO法人の会計に、比較可能性を担保する一定の基準が出来たことは画期的であったといえよう。この基準にもとづいて計算書類を作成することで、NPO法人に寄付をする市民、助成団体、資金を借りる借入先、協働事業をする場合はそのパートナーなど関係するNPO法人外部の人や団体に説明責任を果たせると期待される。

（3）公益法人の会計規定

　次に、公益法人についてみてみよう。公益法人では従来より会計基準が存在しているが、改正を経て今日に至っている。2004年（平成16年）に会計基準の大改正が行われた。そのため、「新公益会計基準」と呼ばれ従来の基準と区別された。この改正のポイントは、これまでの資金の流れに重きを置く収支計算書を中心とした収支会計から限りなく企業会計に近い会計へ移行し、公益法人も営利組織同様の制度が適用されることになった点である。つまり、会計ひいては経営に対し、企業なみのア

カウンタビリティが要求されるようになったということである。続いての改正は、2008年（平成20年）に行われた。

2006年（平成18年）に公益法人制度改革関連三法（①「一般社団法人及び一般財団法人に関する法律」、②「公益社団法人及び公益財団法人の認定等に関する法律」、③「一般社団法人及び一般財団法人に関する法律及び公益社団法人及び公益財団法人の認定等に関する法律の施行に伴う関係法律の整備等に関する法律」）が成立し、新制度をふまえた会計基準を整備する必要が生じたため、内閣府公益認定等委員会において、改めて公益法人会計基準が定められることになったのである。

公益法人会計基準の構成を示すと次のようになる。

公益法人会計基準
第1　総則
　1　目的及び適用範囲
　2　一般原則
　3　事業年度
　4　会計区分
第2　貸借対照表
　1　貸借対照表の内容
　2　貸借対照表の区分
　3　資産の貸借対照表価額
第3　正味財産増減計算書
　1　正味財産増減計算書の内容
　2　正味財産増減計算書の区分
　3　正味財産増減計算書の構成
第4　キャッシュ・フロー計算書
　1　キャッシュ・フロー計算書の内容
　2　キャッシュ・フロー計算書の区分
　3　キャッシュ・フロー計算書の資金の範囲
第5　財務諸表の注記

　会計基準の適用は、非営利組織に大なり小なり負担を生じさせる。その適用による費用対効果分析は今後のデータの蓄積を待たなければならないが、非営利組織のアカウンタビリティが、財務諸表の作成・開示によって大きく高まることが期待される。

参考・引用文献

NPO 法人会計基準協議『NPO 法人会計基準（完全収録版 第 3 版）』2018 年
齋藤正章　『簿記入門』放送大学教育振興会、2014 年

学習課題

1．非営利組織のアカウンタビリティと企業のそれとの相違点について
まとめてみよう。
2．非営利組織が情報公開すべき情報は何か。非営利組織の情報をイン
ターネット等で調べ、その情報から活動が理解できるかどうか検討
してみよう。

4 │ NPO の状況と支援組織

早瀬　昇

《**目標＆ポイント**》　日本で活動する NPO の全体像を概観した上で、自発的活動の強みと弱み、自発性パラドックスについて解説。組織の弱点解決のため、支援者に「参加の機会」を提供することで自律的な経営ができるようになり、また、支援者に市民としての行動する場を提供できることになる。さらに、中間支援組織を介した支援機関との連携の重要性にも言及する。
《**キーワード**》　当事者、自発性パラドックス、参加の機会、中間支援組織、社会活動市場

1．NPO の強み―市民の取り組みと行政の違い

　NPO（Nonprofit Organization, Not for profit Organization）は、米国での表現で、英国では Voluntary Organization が一般的である。この voluntary であることは、特に、行政との対比で NPO・NGO の重要な特性を生み出す[1]。

（1）多彩な取り組みを生み出す

　NPO（本質的に NGO も同様）の優れた特徴の 1 つは、多彩な活動やサービスを生み出すことだ。NPO は、活動を担う市民一人一人がそれぞれの創意で、それぞれが気づく課題に、それぞれの得意な方法で取り組むため、NPO 活動全体を俯瞰すると、とても多彩になる。

　行政は「全体の奉仕者」だから、多くの住民が賛同する事業に留まらざるをえない。それは人権として全ての人々の暮らしの土台となり、そ

注1）　この点は非政府性という点で NGO の特徴ともいえる。つまり、NPO は企業と対比した用語だが、NGO は政府と対比した用語で、両者は本来、同種の組織という整理もできる。

の確立は行政の重大な使命だ。一方、多様な個性をもち価値観も異なる人々が、それぞれの夢や志向をもって生きていくには、多様な社会サービスが並立していることが不可欠だ。NPO が多様な事業を創造することで、人々が"選べる"社会をつくっていくことになる。

（2）個々に応じた温かい対応ができる

また、NPO は特定のテーマ、対象、課題に特化して活動するため、あまねく全ての課題に公平に対応することはできないが、これは長所ともなる。公平さを最優先しなくてもよいからこそ、一人一人の状況に応じた対応ができ、「温かさ」を生み出しやすくなるからだ。そもそも、温かさとは不公平な対応のなかで生まれる。「他ならぬ、あなたのために」という関わりは、公平ではないが、温かみを感じさせる対応となる。

（3）先駆的、開拓的、創造的な取り組みに挑戦できる

自発的な活動は原則的に自己責任で行動することになるから、未知の取り組みや開拓的な方法に果敢に挑戦することも容易だ。行政は全体の合意に制約され、関係者との調整を経た慎重な検討の後に動く。過去の受益者との公平性を保つという論理で「前例踏襲」も繰り返されがちで、新たな取り組みを実行するためのハードルは高い。

しかし、NPO は、自らが結果に責任を取る覚悟と能力さえあれば、公序良俗に反しない限り、自由に活動できる。しかも、営利を目的としないから、「収益が得られないから」と企業が手をつけない分野でも、新たな活動を創造するべく果敢に挑戦してきた事例が数多くある。

（4）機動的な対応も容易にできる

自発的な活動は思い立てば動けるから、機動性を活かした行動も得意

だ。この点で、特に、災害時などには行政の限界を超えることになる。

　行政は平等が大原則だが、大災害の発生時、この平等原理が行政の動きを止めがちだ。公平な対応には全体の把握が不可欠だが、災害の規模が大きいほど、その全体把握が困難になる。つまり災害時、行政は「全体の奉仕者」として動かざるをえないがゆえ、機動性を奪われてしまう。

　一方、NPO などには、この「全体による拘束」はない。それぞれが気づき自らの責任で行動する意志さえあれば、どの課題にどんなペースでどう関わるかは、全て自由だ。そこで機動性を発揮できることになる。

（5）人々の当事者意識を高め、自治の機会を生み出す

　以上、NPO などの特徴を列記したが、実はこれらは「収益の得にくい分野でも活動する」という重要な特性を除くと、民間活動全般に共通する性格であり、営利企業にも当てはまる。企業も多彩な商品を創造し、経営者などの判断で機動的に対応する。さらに、いわゆる"お得意様"への特別待遇のように、企業も個々に応じたサービスを展開している。

　では、NPO に固有の意味とは何か？　それは人々の「当事者」意識を高め、市民が自治的に社会に関わる機会を提供することだ。

　社会課題の「当事者」とは、例えば、要介護者やその家族、シングルマザーなど、日々の暮らしのなかで様々な生きにくさを抱えている人たちを指す。この「当事者」の反対語は「第三者」。当事者を自身とは関係ない遠い存在とみなす。同情はしても、結局は他人事。私たちは、ときにそうした関わりに留まることも少なくない。

　しかし、市民活動に参加すると、この立場が変わっていく。当初は「当事者ではない」人々が、具体的な社会課題と接し、当事者との関わりを深め、課題解決のために試行錯誤を重ねるうちに、その課題が他人事ではない自分自身の問題となってくるからだ。他人事であったものが「わ

が事・自分事」化し、「当事者になる」。これは課題を抱える当事者を社会のなかで孤立させず、課題を理解し、共にその解決に努力する仲間・同志になることでもある。

人々が市民活動に参加することは、問題が起こる際に被害者意識ばかりが広がる無気力な社会から、自らの力で問題を解決していく市民として能動的な社会に変えていく起点となる可能性を開くものだといえる。

2. NPO の弱み―「自発性パラドックス」

このように「自発的である」であることは NPO の重要な特徴を生み出す。

しかし、実はこの自発的な営みであることは NPO の弱点ともなってしまう。「自らの意志で進めた行動の結果として、自分自身が苦しい立場に立たされる」事態が起こりやすいわけで、この状況を慶應義塾大学の金子郁容名誉教授は「自発性パラドックス」[2]と名づけた。以下、なぜこの事態が生じるのか。そして、その克服策について検討する。

（1） 人権の「擁護」はできても「保障」は難しい
① 自身の姿勢が問われる自発的取り組み

NPO の課題の 1 つに、人権の"擁護"はできても、人権を"保障"することは難しいことがある。

人が、誰でも、どこでも、いつでも保障される"べき"もの、それが「人権」だ。つまり権利とは義務的な"するべき"という対応によって初めて保障される。例えば、「義務教育」は、子どもの教育を受ける権利を、保護者の就学保障義務、自治体の学校設置義務、並びに事業所の避止義務（義務教育期間中の児童の就学を妨げる形で就業させてはならない義務）によって保障している。

しかし、義務としてなされる行為を自発的な活動とは呼べない。たし

注2） 岩波新書『ボランティア―もう一つの情報社会』1993 年、金子郁容 参照

かに、自らの意思で自主的に人権を保障"しようとする"ことはできる。しかし、そこで、相手の重い課題を自分たちだけで抱え込んでしまうと、ときには活動の「挫折」につながってしまうこともある。

　企業なら損が出ない範囲で、行政なら法律などにまとめられた住民・国民の合意の範囲で、という明確な基準があり、その範囲内でのサービス提供でよいとされる。当然、商品の価格も法令の規定も持続可能な水準で設定される。しかし自主的活動には、こうした基準はない。そもそも危険な紛争状態下での活動もあれば、深夜、長時間の電話相談活動に携わるボランティアもいる。逆に何もしない人も大勢いる。そのようななかで、NPO に関わる人々は、どこまで取り組むのかを自分自身に問いながら活動を進めることになる。

② 疲労と不信の悪循環

　このとき、相手の辛さに気づき見てみぬふりができず、責任感も強く、深い問題意識をもっている場合、「放っておけない」となりがちだ。そこで頑張りすぎると、活動に無理を生じやすい。無理が重なれば、当然、疲れてしまう。そこで、やむなく休んだり活動のペースを落とすと「だから NPO は当てにならない」と不満をぶつけられたりする。ここで、「無理して頑張っているのに、文句をいわれる筋合いはない」と怒ってもよい。そもそも自発的活動には断る自由もある。

　しかし、そこで「他にお願いできるところもなくて」と肩を落とされると、「もっと頑張らねば」と思い直す。こうして、さらに無理を重ね、また疲れ、しかし休むと不信や不満をぶつけられ、あるいは自責の念が高まり、結局、活動を進めるなかで疲れ果てる。いわば「疲労と不信の悪循環」。小説家・有島武郎の評論の書名『惜しみなく愛は奪ふ』そのものともいえるこの状況は、自発的取り組みに特有のものだ。

　しかも、元来、「人権」として保障されるべきニーズに対応しなけれ

ばならない状況では、この事態からさらに逃げにくくなってしまう。NPO などを、行政サービスの代替的存在にしようと安易に考える発想の問題点は、ここにある。本来、人権として保障されなければならない課題の解決を、自発性、つまり愛情や意欲だけで対応しようとすると、愛情が深く無理をしてでも頑張る人や団体が倒れてしまう。

（２）「自発性パラドックス」の克服策

　「自発性パラドックス」に陥らず、この「悪循環」から抜け出すには、一般に以下の３つの対策が必要だ。

① 現実を受け止め目標を組み立て直す

　「現実を受け止め目標を組み立て直す」とは、端的にいえば「（当初の目標達成を）あきらめる」、つまり一旦、現実を受け入れることだ。「こう、あらねば！」という想いと現実とのギャップが悩みのもとなのだから、想いよりも現実に合わせねばならない。

② 現状を改革し制度整備などの運動を進める

　一方、課題を取り巻く環境を変える、つまり政府や企業、世論などに働きかけ、新たな社会制度やシステムを創造・改善する運動を進めることも重要だ。NPO の役割はサービス提供に留まるものではない。実際、従来から新たな社会制度の創設を求めて多くの運動が展開されてきた。

　ただし、この展開には隘路がある。制度の整備を進めた後、その推進役として行政から事業受託を受けることがある。そのテーマに精通しているからこそ運動を展開してきたわけで、その専門性を見込まれて実際の事業推進を担うことになる。しかし、その際に寄付や会費、自主事業収入などの財源を一定程度確保しないまま、受託収入が財源の過半になってしまうと、団体が下請事業者化し、元来、団体がもっていた民間性（つまり柔軟性や創造性、運動性）が弱まってしまうこともある。

③ 支援者を確保する／努力する市民を孤立させない

　社会制度の創造や改善は重要だが、全てが制度の充実で解決できるわけではない。政府・自治体では実現しにくいことを容易に実現できる点は NPO の重要な特徴だった。そこで、自主的活動ならではの課題解決の視点と手法を活かしつつ、「自発性パラドックス」に陥らない対策をとることも必要だ。では、どうするのか。

　問題は「孤軍奮闘」状態に陥ってしまうことにあった。その状態を脱するには、問題の解決を自分たちだけで抱え込まず、周囲に「仲間」を広げ「支援者」を得て、自らの体制を強化することが必要だ。つまり、多様な人々を仲間として迎え、その「参加の力」を活かし、他の団体とも連携し、さらに行政や企業とも協働関係を築いていかねばならない。

　これは NPO を取り巻く社会の側からすれば、「頑張る NPO を孤立させない」社会をつくることでもある。頑張っている人や団体が燃え尽きてしまわない社会こそが、健全な「市民社会」だといえる。

3.「参加の機会」を提供して「自立」する NPO

　NPO が多くの支援者を得て、共に課題解決に努力する。換言すれば、課題解決に取り組む人々を創造していくには、どのような発想や認識をもち、どんな工夫をしていけばよいのかをみていく。

（1）NPO には支援者に提供できるものがある
①「自立」の捉え方

　「自立」は英語で independence。依存を意味する dependence に否定を示す接頭辞 in を加えた言葉で、要は「依存しないこと」。そこで、ボランティアや寄付などに "頼らず"、質の良いサービスや商品を開発・提供し、その対価（自主事業や受託事業の収入）で職員を雇用し事業を

進めるのが「自立したNPO・NGO」だという発想も生まれる。

この「他者に依存せず自らの力だけで生きていく」自立観を超えた新たな自立観を提起したのが、障害者の自立生活運動だった。この運動は1960年代の米国で始まり、日本では1970年代後半からその理念が普及し、実践が広がっていった。障害者が家族などの庇護を離れ、ボランティアの協力を得つつ単身で暮らすというこの運動の核心は、「自己決定権を保ち続けるのが自立だ」という考え方だ。この視点から考えると、参加を進めることによるNPOの自立的運営の地平がみえてくる。

② 支援者も「顧客」

経営学者のピーター・ドラッカーは支援者とともに事業を進めるNPO経営の特徴を早い時点で理論化した。彼はボランティアや寄付者などの支援者を「第2の顧客」と捉え、この「第2の顧客」の共感を得ることで、NPOは支援者とともに事業を進めることができるとした。

ここで、「顧客」という言葉を、支援者に対して使うのは、NPOは支援者に"提供できるもの"があるからだ。支援を受ける立場のNPOが、何を支援者に提供できるのか？　それは「参加の機会」だ。ボランティア活動をしたい人に、その能力を活かせる活動プログラムを提供する。寄付金を介して課題解決の一翼を担える機会を提供する。助成金の効果を最大限に活かすプロジェクトを提案する……。NPOは、魅力的な参加のメニューを開発し支援者に提供することで、多くの人々の自発的な力を得て、ともに課題解決を進めることができる。

企業ならば、第1の顧客、つまり消費者に商品を提供し、それに応じた対価を受ける。しかし、NPOの場合、図4－1に示すように、支援対象者が経済的に厳しい立場にあり対価を求めにくかったり、自然保護活動のように支援対象が対価を提供してくれなかったりする。

そこで、NPOに共感する支援者の善意を漫然と受け止めるのではな

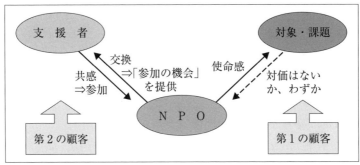

（筆者作成）
図 4-1　NPO には支援者に提供できるものがある

く、支援者を「第 2 の顧客」と意識し、支援者の期待やニーズを分析して参加しやすいプログラムを開発し、「参加の機会」を拡大することで、支援者がより能動的に参加できる状況を生み出すということだ。

③ 人々は参加の機会を求めている

　実際、社会課題の解決に参加したい人々は少なくない。内閣府の「社会意識に関する世論調査」で「日頃、社会の一員として、何か役に立ちたい」と思っているかとの問いに対し、2020 年調査で「思っている」63.4％、「あまり考えていない」33.4％であった。ボランティア活動への参加依頼は無償の苦役を強いることではないし、寄付を依頼することも無遠慮に資金を無心することではない。人々の社会貢献意欲というニーズに応えつつ、社会課題を共に解決する仲間を増やすことなのだ。

（2）「参加」が NPO にもたらす 4 つの変化

　しかも、人々の参加を得ることは NPO にとって大きな意味がある。

① 共感で動く人々の力で組織の活力を得る

　まず、団体に関わる人々（その中には支援者だけでなく当事者も含ま

れる）の自発的な思いをエネルギーに事業を進めていくことができる。NPO の様々な特徴は自発的であることに由来するから、組織内に多くのボランティアが参加し、あるいはボランタリーな思いから託された寄付などが財源の一定部分を占めていることは、ボランタリーな思いに意欲づけられた組織とするための基盤となる。

② 個々人の "多様な経験や専門性" が活きる

「ボランティア＝素人」と考える人がいる。たしかに、NPO の取り組む事業については、日々、多くの情報を得、経験を蓄積する職員に比べれば、ボランティアは「素人」かもしれない。

しかし、多くのボランティアは、それぞれ自身の職務や生活体験を通じて高い専門性や豊富な経験をもっている。それらの専門性や経験をNPO で活かせる機会をつくり、ボランティアと職員の力が相乗効果を生み出すことにより、NPO の事業展開力や組織運営の質が高まる。

③ 財政基盤の強化につながる

ボランティアは寄付者にもなり、さらに、周囲の人々に参加や寄付の協力などを呼びかける勧誘者（寄付の場合はファンドレイザー）にもなる。その上、多くの会員や賛同者がいることで、その支援者が "保証人" としての立場になり、団体の信頼性を高め、補助金や助成金なども得やすくなる。その上、会費は急には増えないが急に減ることも少なく安定性が高く、寄付とともに使途の自由度が高いため、政策提言活動も含め団体のミッションにそった事業を自由に進める支えの財源となる。

無償のボランティアの参加で、支出が抑制される可能性があるだけでなく、寄付者の拡大などで団体の財政的基盤を強化する意味が重要だ。

④ 課題や団体運営を「自分事」とする人＝当事者＝が増える

NPO は、参加者の当事者意識を高め、社会の課題を解決していこうと行動を起こし、あるいは、解決していけるという自信と自負をもった

人々を生み出していく。ドラッカーは「企業の目的は顧客の創造だ」と語ったが、その伝でいえば「NPO の目的は市民の創造」ということもできる。NPO・NGO を市民社会組織（Civil Society Organization）と呼ばれだしている背景には、この点もある。

（3）財源論からみた共感的支援者の立ち位置

　NPO の財源構成を図 4-2 に示す。縦軸を財源が団体内部で生まれるか外部から得られるかを極とし、横軸をサービスの対価か団体などへの支援を極に 4 象限に分けて整理した。

① 内発的財源と外発的財源の比較

　上下の対比では、「内発的財源」は会員や支援者からの支援や団体自体の商品開発能力を活かすものだ。広く会員を募るため会費はあまり高額に設定しないし、自主事業収入もサービスの普及を重視すると価格を抑えがちで利益率が低い場合が多く、結局、小口の収入になりやすい。

　一方、助成金や補助金、受託収入などの「外発的財源」は、比較的高

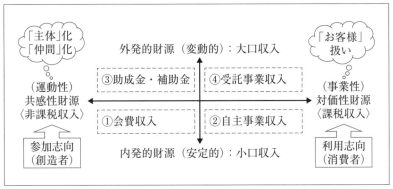

（日本 NPO センターで整理した「NPO の財源構成」を基に、筆者が加筆修正）

図 4-2　NPO の収入分析

額で、指定管理者などの場合、億円単位のことさえある。一方で、単年度や期間限定の場合が大半で、変動が大きくなりがちだ。一件当たりの金額が大きい場合が多いだけに、この財源がなくなった際の影響は大きい。なお、補助金・助成金は人件費や管理費に活用できない場合が多いのに対し、受託収入は人件費などにも支出できるのが一般的だ。

② 対価性財源と共感性財源の比較

　一方、左右の対比で、「対価性財源」は実際上、NPO の主要財源だ。対価性財源は事業量と収入額が連動しやすく、経費に応じた価格設定が受益者に受け入れられれば、事業活動を拡大しやすくなるためだ。もっとも、対価を支払えない相手への対応は難しく、顧客や委託元の事情に左右されやすい。また、制度改革が頻繁になされるなか、制度関連事業収入の依存度が高いと、不安定な運営が強いられることもある。

　一方、「共感性財源」は団体のビジョンや事業に共感するから得られる財源で、対価が支払えない相手に自主的に取り組む活動や、そもそも直接的な対価の期待できない制度改革などの運動を支える財源となる。

③「消費者」と「創造者」の違い

　ここで、「対価性財源」の提供者は NPO の「利用者」「消費者」であり、対価に見合った効果が得られるかどうかが最大の関心事だ。NPO の努力にかかわらず、より安価であったり質の良いサービスを提供する事業者が現れれば、すぐに乗り換える。また、サービスを提供する NPO と消費者／発注者をつなぐのは、結局、対価だから、金の切れ目が縁の切れ目。対価がなくなると、NPO との関わりはなくなる。その"お客様"には無力な面もある。不満の解消法はクレームをぶつけるか業者を変えること。結局、サービス提供者に依存する立場だからである。

　一方、「共感性財源」の提供者は、寄付や助成を通じて、NPO の事業を共に進める「参加者」であり、共に事業を創造する立場だ。寄付など

の"対価"はNPOが実現する成果だが、計画通りの目標が実現できなくても、その理由が納得できるものならば、寄付金などを「返せ！」とはならず、逆に「そんなに大変なら、もっと応援しよう」となることもある。この場合、その課題解決に参加できることで、支援者自身も状況を変えうる自分自身の力を実感でき、支援者自身も元気になることができる。要は成果も苦労も共に分かち合える立場となる。

　NPOの多くは対価性財源が柱だ。共感性財源の確保に苦労するなか、それは「現実」に即した努力だが、共感性財源の拡大は、財政状況の改善だけに留まらず、主体的に社会問題に関わる人々を増やし、民主主義的な形で社会を変えていく営みに通じることを看過してはならない。

4．NPOを活性化する支援組織

　現代社会で企業が活発に活動できるのは、個々の企業人の努力に加えて、その能力向上のための教育機関、株式市場や労働市場などの仲介機関、経済新聞や信用保証機関、研究機関などの情報・評価機関、製品と消費者をつなぐ流通システムなど重層的な基盤が整備されているからだ。それらがなければ、どんなに良い製品を作る技術があっても、企業家は資金や人材を集められず、製品を消費者に届けることもできない。

　NPOでも同様のシステム整備が必要になる。このシステムとは、第2章で紹介した法人制度、税制度と、本節で解説する支援組織群だ。

（1）仲介機能をもつ中間支援組織の意味

　これまで解説してきたようにNPOが「自発性パラドックス」を超えて活動を進めるには、多様な支援者と出会い、協働して活動を進める体制を構築することが重要な課題となる。

① パートナーを探す「コスト」の低減

　そこでNPOと（ときに潜在的な）支援者を結ぶ仲介機能をもつ支援組織の役割が重要だ。

　というのも、NPOと支援者が協働関係を結ぶ際に、支援者探しや協働関係樹立の「コスト」を下げる鍵となるのが「中間支援組織」の存在だからだ。支援者も、支援を求める側も、ともに多種多様に存在する。そこで両者が結びつくには、相互に「パートナー探し」が必要になる。田中弥生は、その際に仲介機関が関与することでパートナー探しのコスト軽減が図られる構図を、以下の図4-3で説明した。

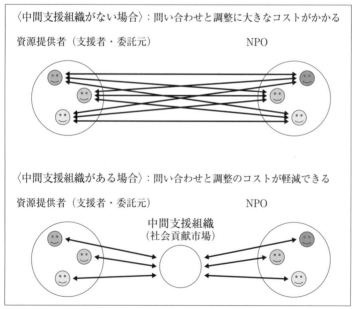

出所：田中弥生著（1999年）、『「ＮＰＯ」幻想と現実』、同友館

図4-3　支援組織による「取引負担」の軽減効果

　図 4 - 3 で一目瞭然だが、双方に多様な主体が存在する場合、「中間支援組織」は、両者の協働を図るためのコスト低減を進める。

② 「社会活動市場」の創造

　以上の仲介機能は、営利企業における「市場」に類似したものとみなすこともできる。いわば「社会活動市場」を創造するということだ。

　そもそも民間活動は「市場」の整備によって活性化する場合が多い。「市場」は、多様な価値観の並立を許しつつ "協働" を促し、それぞれの自由な意思決定に任される「当事者自治」の仕組みであり、さらに支援者や支援額の多寡を通じた「客観的評価システム」となる側面もある。経済的な評価尺度をもたない非営利活動では、結果的に独善化が進む危険性をともなうが、機能性や共感度の高さによって支援者の確保に差が生じることから、客観的な評価を得られる場ともなる。

③ 様々な支援機能

　支援組織が担う機能は、この仲介（コーディネーション）の他、研修（NPO、支援者、一般、支援機関向けに各種講座の開催）、相談（経営、労務、税務、経理、参加促進など）、組織基盤整備（政策提言、キャンペーンなど）、情報提供（広報啓発、情報開示、照会対応、信用保障など）、ネットワーク構築、資金支援、事務局代行など、様々な機能がある。

（2）主な支援組織

　以下、NPO に関わる様々な支援組織を紹介する。

① 総合的な支援組織

　最初の支援組織はボランティアセンターだ。1960 年代に「大阪ボランティア協会」や「富士福祉事業団」などが支援活動を開始。1970 年代に厚生省の方針で、全国の社会福祉協議会（第 10 章で解説）がボランティアセンターを開設し、今や大半の自治体にボランティアセンター

がある。ボランティア支援が中心だが、近年、「ボランティア・市民活動センター」に改称しNPO支援に取り組むセンターも多い。

　一方、NPO法の成立後、「NPOセンター」「市民活動センター」などの名称で社協ボランティアセンターと並立する形で支援組織を設置する自治体も増えた。専門性をもつ民間団体が運営を担う例が多い。

　また、「日本NPOセンター」のように行政資金を得ずに活動するセンターもある。

②「人の参加」に関する支援組織

　NPOへの人（ボランティア）の参加促進では、2001年設立の「日本ボランティアコーディネーター協会」が、研修、講師派遣、研究集会の開催、テキストの発刊、ボランティアコーディネーション力検定の開発・運営、個別団体の支援など、総合的・体系的に事業を展開している。

　このコーディネーションを自大学の在学生向けに進める「大学ボランティアセンター」も多くの大学で運営されている。

　一方、社会的・公共的な目的のため職業上のスキルや専門知識を活かしたボランティア活動＝"プロボノ"をNPOに紹介する「サービスグラント」が2005年に発足した。「二枚目の名刺」（2009年発足）など、社会人にNPOでも活躍の機会を提供する支援組織もある。

③ 資金に関する支援組織

　資金支援では「共同募金会」（第10章で解説）は近年NPO支援にも力を入れているが、企業などが設立する「助成財団」も大きな支え手だ。多くの助成財団があるが「助成財団センター」が情報を集約・発信している。モーターボートレースの売上金の一部を活用する「日本財団」も多様な助成活動を進めている。また、助成事業の開発・運営の専門性をもつ「市民社会創造ファンド」や、遺贈など人々の"意志ある寄付"の結集に力を入れる「パブリックリソース財団」もある。遺贈推進では「全

国レガシーギフト協会」が各地の相談機関を紹介している。

　一方、多数の寄託者から寄付を集める「コミュニティ財団」も各地に広がってきた。1991年に大阪商工会議所が設立した「大阪コミュニティ財団」が最初の財団だが、2009年には「京都地域創造基金」が創設されて以降、市民主導の財団が各地に生まれている。

　また、寄付などを募る技術であるファンドレイジングの普及・革新を進める「日本ファンドレイジング協会」も2009年に創設された。

　なお、2018年に休眠預金等活用法が施行され、2019年度から資金分配団体を通じた助成が始まった。助成を受ける実行団体に厳しい監督を課す仕組みだが、巨額の資金が提供され始めている。

④ 活動環境改善に関する支援組織

　一方、1994年の発足以降、一貫してNPO法の制定・改正に関わってきた「シーズ・市民活動を支える制度をつくる会」は、税制度改革などでも活躍してきた。また、NPOへの会計・税務の支援を志す税理士、公認会計士等で組織する「NPO会計税務専門家ネットワーク」（2003年発足）や、同じく弁護士が集う「NPOのための弁護士ネットワーク」（2013年発足）も活動している。さらに、団体の信頼性を審査・公表する「非営利組織評価センター」（2016年発足）も活動している。

　このように様々な支援組織が多様な支援活動に取り組んでいる。

参考・引用文献

日本 NPO センター編（2018 年）『知っておきたい NPO のこと 2 （新・資金編)』、
　日本 NPO センター
早瀬　昇著（2018 年）『「参加の力」が創る共生社会』、ミネルヴァ書房
田中弥生著（1999 年）『「NPO」幻想と現実』、同友館

学習課題

1．地域のボランティア・市民活動センターや NPO センターなどに問
　い合わせると、ボランティアを募集している法人も見つかるはずで
　ある。どんな NPO がどのような活動へのボランティアを募集して
　いるのか、調べてみよう。
2．インターネットでクラウドファンディングをしている NPO のサイ
　トを調べ、魅力的な資金募集プログラムの特徴を考えてみよう。

5 | NPO の様々な組織及び活動の事例

早瀬 昇

《**目標＆ポイント**》 ボランタリズムに基づく運動が起点にある活動群を幅広く概観した後、当事者を見出し当事者の力を引き出したあしなが育英会等の活動例を紹介。制度化を求める運動が制度改革を進める一方、PPP 政策の進展のなかで行政の下請け的な存在に堕しかねないリスクについても解説。相談活動と政策提言を連動して社会改革を進める POSSE 等や、市民や事業者の価値観・行動を変えるグリーンピース等も紹介する。

《**キーワード**》 PPP 政策、下請け化、政策提言、社会を変える、創造・提案

1. 多彩に広がる NPO の活動

（1）多彩に広がる NPO の取り組み

　NPO の活動は実に多彩だ。その一端を示すために、活動状況を把握しやすい特定非営利活動法人（NPO 法人）の活動目的別の内訳を示すが（図 5-1）、実に多様な分野で活動が取り組まれていることがわかる。

　ここで注目したいのは、文化・芸術・スポーツという身近なテーマに関わる NPO も多いこと。具体的には、例えば京都フィルハーモニー室内合奏団は NPO 法人だ。文化活動における NPO、つまり非営利団体の取り組みは幅広く、公益法人、一般法人まで広げると、東京フィルハーモニー交響楽団や関西フィルハーモニー管弦楽団は公益財団法人、大阪フィルハーモニー交響楽団は公益社団法人、落語協会は一般社団法人、上方落語協会は公益社団法人、日本将棋連盟は公益社団法人で日本棋院は公益財団法人、日本オリンピック委員会や日本スポーツ協会、日

本相撲協会、日本サッカー協会、日本ラグビーフットボール協会は公益
財団法人、日本プロ野球連盟は一般社団法人だ。もちろん、私立学校の
大半は学校法人というNPO。私立病院も医療法人や公益財団法人など
が経営している。私たちの身近な場で、様々なNPOが活動している。

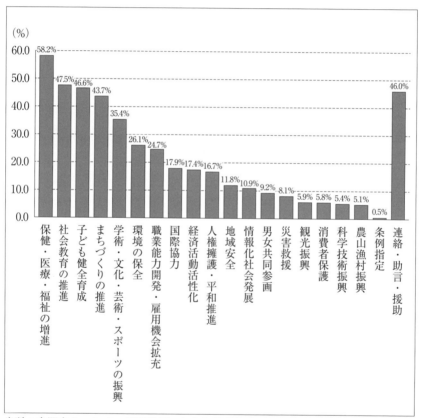

出所：内閣府ホームページ掲載データから筆者作成（2020年3月末）

図5-1　特定非営利活動法人の活動目的別の構成比

（2）制度ビジネスの担い手＝事業者化での懸念

　再度NPO法人の状況をみると、第2章（図2-1）で紹介したように、NPO法人の認証数は2007年度まで設立ラッシュだった。当時、法人設立が急増したのは、この時期が行政の担ってきた公共サービスに民間団体の参入を進めるPPP（Public-Private Partnership）政策の進展時期と重なり、それまで、行政や行政の管理度の強い法人が独占的に担ってきた公共サービスを、企業やNPO法人など広く民間団体に任せる動きが進んだからだ。実際、介護保険制度（2000年）、指定管理者制度（2003年）、障害者自立支援法（2005年）などが施行され、企業などとともにNPO法人も制度に裏づけられた公共サービスの担い手となる「制度ビジネス」に参入できる機会が大きく広がった。

　そこで、NPO法成立後、制度改革のため多くの市民とともに運動を進めてきた団体が、事業者となるために法人化して各種制度の担い手になっていった。さらに、何の活動歴もないままサービス提供者となるだけのために組織を立ち上げNPO法人格を取得した団体も少なくない。こうした事業参入で専従者の雇用が容易になり、制度ビジネス型のNPOでは活動の担い手は職員中心に移行した。実際、内閣府の調査[1]でも事業活動に携わるボランティアが1人もいないNPO法人は21.1%もあり、年間延べ活動者数が1〜9人が13.1%、10〜29人が13.2%。事業への市民参加がないかきわめて少ないNPO法人が半数近くになっている。

　民間に公開された公共サービスの担い手にNPOがなる動きが顕著な福祉・保健・医療分野で活動するNPO法人では、2013年の内閣府調査で寄付収入などが少ない事業収入中心型のNPO法人が86.8%[2]に達している。サービス産業化がNPOの世界にも広がり、市民がNPOを参

注1）　「平成29年度 特定非営利活動法人に関する実態調査」による。
注2）　内閣府が2013年に実施したNPO法人実態調査では、介護保険事業収入なども含む「自主事業収入比率が高い」（62.4%）、「補助金・助成金収入比率が高い」（14.6%）、「受託事業収入比率が高い」（9.8%）との回答であった。

加の場ではなくサービス提供者として認識するようになり、NPO 自身も課題解決者であると自認する傾向が広がっている[3]。

　そのなかには、社会起業家として新たな課題解決の手法を考案・事業化し課題解決に取り組むソーシャルビジネスと呼ばれる活動形態もある。ファンドレイジングに熱心な団体も多く、寄付という形で参加の機会を市民に提供している。もっとも事業は NPO 主導で展開され、課題当事者や支援者との関係は図5-2のようになる。

　ここで、当事者を保護すべき弱者とみると、善意から安価で質の良いサービスを提供する「顧客」として遇することになる。ここで、支援者の応援を得られると、安価（時に無料）でサービスを提供できる。そこで課題当事者からは感謝されるが、課題当事者の権利意識が高いとクレームを受けることもある。というのも、当事者は NPO に依存する立場になるから、課題当事者が状況を変える方法は不満の声を上げることしかなくなってしまう。

　一方、支援者は応援依頼に応えて NPO を支えるが、NPO の応援団の

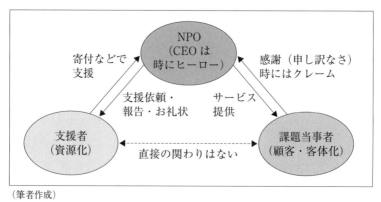

（筆者作成）

図5-2　NPO 主導型のスタイル

注3）　以下の記述は、筆者が座長を務め 2018 年から 19 年にトヨタ財団の助成を得て活動した「市民参加研究会」での議論をふまえて執筆している。

立場のままなら"資源"の位置にとどまってしまう。参加の意欲を高める働きかけを丁寧に進めないと徐々に支援者が減ってしまいかねない。

　NPOは参加の場ではなくサービス提供者と認識されるようになってきた。寄付などの形で参加の機会を提供するNPOも、支援者を資源と認識する限り、人々のNPOへの参加意欲は高まりにくい。ボランティアがいない／少ないNPOがかなりある背景には、こうした状況もある。

（3）市民主導、参加と協力の場としてのNPO

　第2章で解説したように、NPOの重要な特徴は人々の協力の舞台となりうることだ。そして、この協力の舞台に参加する人々の意欲こそは、NPOのエネルギー源だ。それに、後述するが課題を抱える当事者は、課題の存在を示し課題解決の方向性を決め、人々に課題解決のエネルギーを吹き込む"改革の主体"となるべき存在だ。しかし、図5-2のような状況だと、当事者は"顧客"としてNPOのサービスを消費するだけの立場にとどまり、支援者も自ら創造的に課題解決に取り組むことは難しく、参加の実感を得にくい縁の下の力持ち的立場になる。

　逆に当事者の声を起点に、当事者と支援者が協働するプログラムを整備すれば、当事者は主体の立場を取り戻す。また、支援者として課題解決に参加する人々も、活動を続けるなかで、格闘する課題が自らにとっても重大なテーマとなっていく。いわば、当事者になっていく。この変化は特にボランティアとして関わる場合に進みやすい。

　課題当事者や支援者が課題解決の主体となるスタイルを図5-3に図式化した。図には細い矢印と二重線の矢印がある。まず、最初は細い矢印に示す形で依頼などがなされ、それに応じた活動が始まる。その後、関わる人々も課題当事者の夢（願い）に共感し、みんなの夢として共有されると、二重線の矢印のように関わる人々みんなが夢（願い）の実現

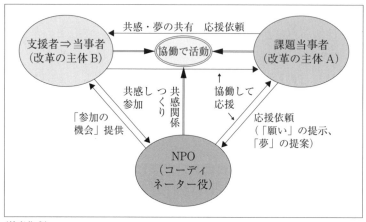

（筆者作成）

図5-3　市民参画・市民主導型のスタイル

のために対等な立場で協働し、"For の関係"（一方的に応援する関係）から "With の関係"（共に解決に協力し合う仲間の関係）に変わることを示している。なお、ここでいう NPO は NPO 法人だけではなく、社会福祉法人など多様な非営利団体も包含するものだ。

2.「参加の力」を活かす NPO 群

（1）当事者の登場によって始まった自殺対策

　以下、NPO 活動の具体例を紹介する。まず、当事者を見出し、当事者の力を引き出した「あしなが育英会」などの取り組みを紹介しよう[4]。

　1998 年、年間自殺者数が前年より 8,000 人以上も増え 3 万 2,800 人を超えた。それ以前も、日本では長く自殺者が年間 2 万人を大きく超える状態が続いていたが、交通事故死者の数倍の人々が自殺していたにもかかわらず、当時、自殺対策といえる行政の施策はなかった[5]。その大き

注4）　大阪ボランティア協会『市民活動総合情報誌 ウォロ』2007 年 12 月号の特集となった拙稿「『自殺対策基本法』をつくった市民たち」で、この経緯を詳しく報告した。なお同特集は以下で全文を読むことができる。
　　　http://www.osakavol.org/volo/volo0712feature.pdf

な理由は、自殺問題には「当事者がいなかった」からだ。

　自死者[6]自身は命を絶っているため、自殺問題の当事者は遺族だ。しかし、自殺は隠されやすい死であることに加え、遺族が「私の関わり方が悪かったから」などと自らを責めることも多く、遺族自身が自死者の生まれない社会に向けた活動を始めることは、きわめてまれだった。こうして当事者の存在が社会的にみえないまま、自殺問題は遺族の間の悲しい出来事にとどまり、いわば沈殿してしまう状態が続いてきた[7]。

　しかし、金融機関の貸し渋りの広がりなど経済環境が悪化した1998年に、一挙に自殺者が増えたことが1999年に公表された。自殺で親を失った遺児（以下、自死遺児）にも奨学金を支給していた「あしなが育英会」は、自死遺児支援の街頭募金を実施することになり、その際、2人の自死遺児が自らの体験を語った。自殺問題の当事者が初めて公の場に姿を現すことになった。その後、あしなが育英会は「自死遺児ミーティング」の開催、遺族の手記集『自殺って言えない』の発行、遺族も登壇したシンポジウム、街頭キャンペーンなどを実施した。この過程に参加するなかで、自殺で親を失った学生の間に「親を自殺で失ったことは、自分が引き受けないといけない社会問題だ」という意識が芽生えてきた。

　社会的運動を進める上で、その立場にあるというだけでは当事者とはいえない。意思をもって問題解決の役割を背負うことではじめて当事者に"なる"。それまで親の自殺という辛い体験を封印して生きてきた学生たちが、自殺対策の整備に向けた運動の中核を担うことになった。

注5）　自殺対策基本法の制定以前は、自殺対策は厚生労働省におけるうつ病患者への支援策程度しかなく、多重債務、過労、いじめなど、自殺にいたる原因を総合的にみながら自殺を防ぐ施策はなかった。また、自治体などにも自殺対策に関する部署は存在しなかった。

注6）　行為を意味する時は「自殺」、遺族や遺児に対しては「自死」を使うという全国自死遺族総合支援センターのガイドラインに従う。

注7）　その状況を、自殺対策基本法の制定に奔走した故・山本孝史参議院議員は「自殺対策は誰も望んでいない」と感じたと述懐していた。上記『ウォロ』12頁

　問題に直面する（直面した）当事者がいないと問題に関わる周りのスタンスが定まらず、周囲が独走して真の問題解決からずれた対策がとられることも少なくない。当事者の登場により運動の方向性が定まり、自殺が社会的要因を背景に起こり社会的対策が必要なこと、新たな自殺者を出さないことに加え、自死者遺族を癒すことも柱とする自殺対策基本法を制定する運動が広がっていった。

　その後、関係者をつなぐ自殺対策NPO「ライフリンク」の誕生や、この問題解決に奔走する政治家の努力などもあり、2006年、自殺対策基本法が制定された。さらに、政権にNPO関係者が加わった民主党政権下で、ライフリンクの代表が内閣府参与として政権に加わり、戦略的な対策がとられるようになり、ようやく自殺者が減り始めた。

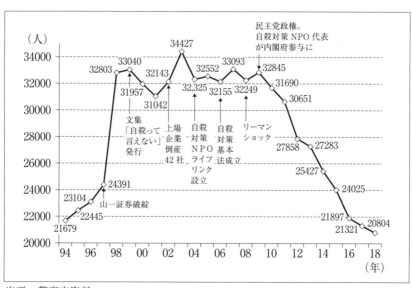

出所：警察庁資料

図5-4　自殺者数の推移

（2）当事者の問題提起で方向性が転換

　以上、個人的な事情による死と捉えられていた自殺が、自死遺児が自殺問題の当事者として活動を進めたことを契機に、社会問題として理解されるようになり、政府や地域社会が自殺対策を進めるテコとなった経緯を簡単に紹介した。当事者の登場によって問題の存在が認識ないし重要視されるようになった事例は、犯罪被害者や過労死、拉致問題など、他にも数多くある。問題に直面する（直面した）市民が、当事者として運動に立ち上がることは、問題の存在を知らせる意味もある。

　障害者運動の展開も、問題に直面する当事者によって運動の方向性を変えた具体例だ。障害当事者自身が運動の中心に立つことで、新たな問題解決の視座が提起され、従来の取り組みが根本的に問い直されたからだ。その転換点となったのは、1970 年に母親による障害児殺しに対して厳正裁判を要求した当事者 NPO「神奈川青い芝の会」の運動だ。障害児を抱える母親による心中未遂事件で母親への減刑嘆願運動を、鋭く批判した主張[8]は、全国の障害者が介護者に庇護される存在から、「生活の主体者」へと意識を高める上で大きな影響を与えた。この運動にも触発されて、70 年代以降、障害者の移動権保障やバリアフリー化運動が全国各地で活発に展開されていった。このような例は、LGBT の人々の人権運動などにおいても、同様に新たな視点の提示がなされている。

　このように NPO には、活動に参加するまでは第三者的に問題をみていた人々が、自身当事者としての意識を高めていく場となるとともに、当事者自身もその当事者性を高める場となるという意味がある。

（3）「参加の力」で組織力と事業展開力を向上

　もちろん、参加の力が組織力や事業展開力自体を高めている団体も数多い。その典型例の 1 つが、"市民立" の市民活動推進組織である大阪

注8）　横塚晃一『母よ！ 殺すな』すずさわ書店、1975 年で、その思想が語られている。2007 年に立岩真也の解説を付して、生活書院から復刊された。

ボランティア協会（以下、大阪ボラ協）だ[9]。1965年に任意団体として発足、1969年に社団法人の許可を得、1993年に社会福祉法人に組織変更した。行政からの補助金や受託収入は総予算の2〜3割にとどまり、会費・寄付・助成金などの共感性財源と研修、出版、民間団体からの受託収入などの事業収入を得て、財政面でも民間性を堅持している。

　その大阪ボラ協をここで紹介するのは「参加システム」と呼ばれるユニークな運営方式を取っているからだ。2019年度決算で年間支出約7,600万円、有給職員14人の組織だが、168人（兼任者がいるため、実人数は112人）のボランティアが18のチームや委員会で、職員と協働しながら組織運営と事業推進にあたっている。

　例えば、隔月刊の情報誌『ウォロ』（A4判32頁）の編集には、新聞記者（現役とOB・OG）、大学教員、企業のCSR担当者、公務員、市民活動センター職員、フリーランスライターなど28人のボランティアが参画している。企画、取材、執筆、校閲を担い、発送もボランティアチームが担っている。編集と誌面レイアウトはそれぞれ有償で委嘱しているが（それぞれ編集委員）、専門性の高いボランティアの参画で、職員だけでは生み出せない誌面を実現している。これは1例だが、各種の講座、研究会、イベント、相談対応でのケース検討、防災対応、資料整理、事務所・貸会議室の環境整備など、多くの事業に専門性をもった市民が参画している。

　一方、組織運営でも、毎月の運営委員会は職員採用計画をはじめとする組織経営全般を幅広く議論し、賛助企業訪問などにも企業OBが参加。年に2回の合宿で、組織全体を見通した議論がなされている。理事会の日常的な代行機関となっている運営委員会の権能は高く、委員長は職員採用試験の選考担当者にも加わっている。

　この経営や事業推進での市民参加を支えるため、参加のルールを「参

注9）　筆者が理事長を務める団体で手前みそにすぎる面もあるが、共感的な成果を示しにくい支援組織にもかかわらず、多くの支援者を得ている事例として特異であるため、あえて紹介した。

加規程」で明文化。そのなかで、運営委員会などで事業の実施が承認されれば、具体的な内容はチームなどがすべて決められる規定がある。活動を自発的・意欲的に取り組める条件の1つは、その活動を自分自身でコントロールできることだから、その点を規定で保障している。

　また、組織の意思決定への参加はボランティアだけでなく、職員にも保障されている。運営委員会には、一般職員もオブザーバーとして参加し、自由に発言できる。企画に参加できないまま、「この事業を担当しなさい」と命じられても、意欲的に取り組みにくいからだ。ボランティアのパートナーである職員が意欲的でなければ、ボランティアの活動意欲は高まらない。職員の意思決定への参加保障は、ボランティアの事業推進力を高める上で不可欠の条件だ。それに、ボランティアも参加するオープンな場で議論することで、上意下達的な運営にならず、全員が納得できる結論が民主的に決まっていくという意思決定上の効用もある。

　一方、職員には参加システムを支える役割もある。職員は日々の仕事を通じて多くの情報を得るが、その概要をボランティアと共有し情報格差を埋める役割がある。職員は、ボランティアと同志的関係にあるとともに、ボランティアコーディネーターの役割も担うことにもなる。

　ボランティアと職員の参加・協働の仕組みは、大阪ボラ協の事業を進めるエネルギー源でもあり、意思決定の質を高める条件ともなっている。ボランティアを無償の労働力などとはみなさず、民主的・自治的な運営の核としている点がポイントだ。種々の事情などでボランティアスタッフを"卒業した"人々も会員として財政面を支え、これも団体の独立性を高める基盤となっている。

3. "世界を変える" NPO 群

『世界を変える偉大な NPO の条件』[10]では、米国で社会に大きな影響力を発揮している 12 の団体を取材し、NPO が「世界を変える」条件として、①政策アドボカシーとサービスを提供する、②市場の力を利用する、③熱烈な支持者を育てる、④ NPO のネットワークを育てる、⑤環境に適応する技術を身につける、⑥権限を分担するの、6 点を挙げている。前節で解説した「参加の力」を活かすことは③にあたり、⑤は PDCA サイクルを回して事業や組織を改革していくものだが、他の 4 つに関して、日本の NPO の事例を紹介しよう。

（1）政策アドボカシーとサービスを提供する NPO

現に生じている課題解決に取り組みつつ、活発に課題解決に取り組む団体が数多い。

例えば、『ブラック企業　日本を食いつぶす妖怪』[11]、『ブラックバイト―学生が危ない』[12]などの著者、今野晴貴が代表を務める NPO 法人「POSSE」は、労働相談、労働法教育、調査活動、政策提言を若者自身の手で行う NPO として、2006 年から活動している。設立当初は、労働法を大学のゼミで学ぶ大学生が中心となり若者などからの労働相談を行うことから始めたが、現在は社会人ボランティアの参加も増え、生活相談も含め年間約 3,000 件の相談に対応している。解雇・リストラ相談センターも含めて、個々の相談活動を通じてブラック労働の被害者を支援。その一方で、相談活動を通じて『ブラック企業に負けない』[13]の発

注 10）　Leslie R. Crutchfield and Heather Mcleod Grant, FORCE FOR GOOD, John Wiley & Sone Inc.、2008、服部優子訳『世界を変える偉大な NPO の条件』、ダイヤモンド社、2012 年。
注 11）　今野春貴著、文芸春秋（文春新書）、2012 年。
注 12）　今野春貴著、岩波書店（岩波新書）、2016 年。
注 13）　NPO 法人 POSSE、今野春貴、川村遼平著、旬報社、2011 年。

刊や若者の労働状況の調査、研究者も参加した「政策研究会」や雑誌『POSSE』などを通じた政策提言にも積極的に取り組んでいる。

　子どもの貧困対策センター公益財団法人「あすのば」は、直接支援、中間支援、調査・提言を3本柱に事業を進めている。直接支援事業として、春に小・中学生の合宿キャンプ、夏に高校・大学生世代の合宿ミーティング、入学・新生活を迎える子どもには、入学・新生活応援給付金も提供している。中間支援としては、「子どもの貧困対策 全国47都道府県キャラバン」を実施し、支援者などと各地の現状や必要な対策を話し合い、支援活動の質を高め組織基盤の強化を図る合宿研修会も実施している。調査・提言活動では、研究者と連携し共同で国や地方自治体の対策を調査・研究するとともに、子どもの貧困の実態を「見える化」する調査を実施。これらの結果を全国集会で共有し、子どもたちの声に基づき国会議員や広く社会に対して政策提言を行っている。

　このような事例は数多い。目の前の課題に対応する一方で、そこで把握した課題を整理し、課題解決に向けた政策提言など社会変革活動も進

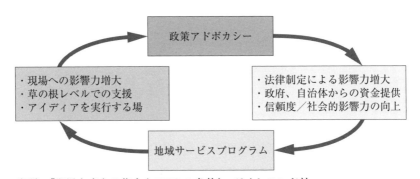

出所：『世界を変える偉大なNPOの条件』、ダイヤモンド社

図5-5　政策アドボカシーと地域サービスの組み合わせで、
**　　　　社会的影響力が高まる**

めることで、日々の活動を向上し好循環が生まれる（図5-5）。

（2）市場の力を利用するNPO

　企業との連携を図り、NPOの活動向上と企業の利益増大がともに進む関係を構築することも、大きな社会変革を実現する手立てとなる。

　具体的には、まず企業がより社会的責任を果たせるよう企業のやり方を変える取り組みだ。

　例えば、「グリーンピース」は、フロン全廃後に普及した代替フロンが地球温暖化を進めてしまうことから、フロン・代替フロンの生産中止を求めるキャンペーンを進める一方、フロンも代替フロンも使わない冷蔵庫の開発をドイツのメーカーに委託し、ノンフロン冷蔵庫の開発に成功した。「グリーピース・ジャパン」は、日本国内でも、この新技術で冷蔵庫を生産するよう1993年から各メーカーに働きかけ、消費者を巻き込んでのキャンペーンを実施。その結果、松下電器（現パナソニック）が2001年に商品化を発表した。

　NPO法人「環境市民」も、"経済をグリーンにする"をミッションの1つに掲げ、消費者がより環境負荷が少ない製品を適切に選ぶことができるように促す店頭販売員＝環境マイスターの研修認定制度を推進。環境に負荷があるのに、あたかも環境に良いように宣伝するグリーンウォッシュをなくす取り組みも展開し、さらに情報サイト"ぐりちょ（Green & Ethical Choices）"を開発した。エシカルでグリーンな商品を紹介し、環境、人権、社会、未来を大切にした商品を人々が選びやすくすることで、これらの商品を販売する企業の後押しもしている。

　一方、寄付付き商品を介して企業とNPOが連携する形態もある。ディスカウントショップMrMaxが再生紙トイレットペーパー販売時の売り上げの一部をWWFジャパンに寄付し、無印良品が自社コーヒー

販売時にフェアトレードラベルジャパンにラベル使用料を提供するなど、様々な事例がある。また、各地の共同募金会が地元企業と連携した寄付付き商品開発「募金百貨店プロジェクト」も取り組まれている。

（3）NPO のネットワークを育てる

　同種の、見方によってはライバルになりうる団体が、連携し相互のノウハウを教え合う事例も数多い。顔の見える関係のなかで共感しあえる人々でつくることの多い NPO は、活動エリアが一定の地域にとどまるため競合が少なく、同種団体とノウハウや経験を共有し、個々の活動を広げることで、全体としての信頼感を高める方が、それぞれの活動を高めやすくなるからだ。

　例えば、2008 年に大阪で礒井純充が始めた学びあいの場「まちライブラリー」は、2011 年にまち塾を開講して理念とノウハウの共有をはじめ、今やアメリカ、フィリピン、シンガポール、台湾の 5 か所の他、全国約 800 か所で開設されている。奈良・田原本町の浄土宗・安養寺の住職、松島靖朗が 2014 年から始めた NPO 法人「おてらおやつクラブ」は、お寺へのお供えを経済的に困難な状況にある家庭へ "おすそわけ" するという活動のわかりやすさもあり、2019 年度末には全国で 1,400 を超える寺院が参加し、450 を超える団体と連携している。NPO 法人「日本ファンドレイジング協会」が主催しているファンドレイジング・日本でも、各セッションで各団体の成功事例のノウハウが共有されている。成果を生み出しやすいファンドレイジング手法が広がることで、寄付の力への信頼感が高まり、結果的に寄付の底上げが図れるからだ。

　市民活動では、よく TPP（環太平洋パートナーシップ協定 Trans-Pacific Partnership Agreement）ならぬ、TTP（徹底的にパクる）が大切だといわれる。誰も持ち分をもたないがゆえに協力の舞台となる NPO の特性は、"パクり合い"を許し、みんなで高みを目指すことになる。

（4）権限を分担する

　スタッフの内発的な意欲、要はやる気を高めるには、「『他者をどのように動機づけるか』ではなく、『どのようにすれば他者が自らを動機づける条件を生み出せるか』」[14)]という "組織体制や環境の整備" や "プログラム上の配慮・工夫" が重要だ。このための条件の1つとして、役割を任せ権限を分担する組織づくりが必要だ。

　事業に単発的・部分的に関わる段階を超え、事業の企画から推進まで任せる「チーム」などを結成することができると、市民の参加度は大きく高まる。NPO のなかに、自律性をもつボランタリーなサブグループを生み出すものだ。もちろん、それぞれのチームなどが自律的に運営しながらバラバラにならず、全体として調和的ないし相互補完的な取り組みを進めるため、目標や使命、価値、さらに活動に関する情報が全体で共有されている体制が必要になる。

　このような工夫は様々な団体で行われているが、NPO 法人「日本ファンドレイジング協会」では、地域や分野ごとに会員が "チャプター" と名づけられたサブグループを結成し、チャプターごとに独自に研究会を実施したりファンドレイジング協会が地域で実施する事業を委託したりしている。しかも、地域チャプターには会員数に応じて協会に納められた会費の一部を還元している。全国組織の場合、本部の置かれる地域の周辺での事業が増えがちだが、こうしたサブグループの結成を支援することで、会員自身の自主活動の活性化によって、本部から遠い地域の会

注14)　エドワード・L・デシ、リチャード・フラスト著、桜井茂男監訳『人を伸ばす力』新潮社、1999 年

員サービスが充実し、また各地で創造的な取り組みが誘発的に生まれる
基盤を生み出すことができる。

＊

　以上、『世界を変える偉大な NPO の条件』の枠組みを使って NPO の
取り組みを紹介してきたが、この枠組み以外にも、批判から提案型実践
に展開した「草刈り十字軍」やオルタナティブな解決策を示した全国各
地の「フリースクール」、市民や事業者の価値観・行動を変える「祇園
祭ごみゼロ大作戦実行委員会」など、先進的な企画を創造する NPO が
多数、存在している。社会の未来を築く様々な取り組みを読者自身も探
してみてほしい。

参考・引用文献

L・R・クラッチフィールド、ヘザー・マクラウド・グラント（著）、服部優子訳
　（2012 年）『世界を変える偉大な NPO の条件』、ダイヤモンド社
E・L・デシ、R・フラスト著、桜井茂男監訳（1999 年）『人を伸ばす力』、新潮社
早瀬　昇著（2018 年）『「参加の力」が創る共生社会』、ミネルヴァ書房

学習課題

1. 自身の気になっている社会課題について、その課題当事者を直接的に支援する取り組みをしているNPOと、その課題を制度的に解決するための取り組みをしているNPOを、それぞれ1つ以上、探してみよう。インターネットで「課題の名称」と「NPO」をキーワードに検索すれば、多くの団体が見つかるはずだ。
2. 1. で見つかった団体の間の連携関係があるか、あるいは両方の取り組みをしている団体なのか、調べてみよう。

6 | NGO の状況とネットワーク組織

若林秀樹

《**目標＆ポイント**》　NGO ＝グローバルな社会課題に関わる NPO と定義し、日本での NGO の歴史、活動地域、活動分野、SDGs との関係、規模等を中心に NGO について紹介する。NGO の類型としては、①開発や人道危機、②人権や平和、③環境などに大きく分かれる。さらに、国際協力に関わるアクターの多様化、ここ30年の政府（外務省・実施機関 JICA）とのパートナーシップ事業の概要と NGO 支援スキーム、さらには、NGO 活動を支える国内外のネットワーク組織の役割と現状について言及する。

《**キーワード**》　NGO の定義、市民社会組織（CSO）、持続可能な開発目標（SDGs）、BOP ビジネス、国連グローバルコンパクト、貧困の削減、国際協力アクターの多様化、ソーシャルビジネス、ネットワーク組織、国際パートナー、アジア開発連盟（ADA）、防災・減災日本 CSO ネットワーク（JCC-DRR）

1. はじめに―NGO とは何か

　一般的に NGO とは、Non-Governmental Organization の略称で、1946 年国際連合の経済社会理事会（ECOSOC）で、加盟国を代表する政府以外の非営利民間団体を指していたが、当時は宗教団体、政治団体、労働団体、経済・業界団体等、実際に国連に登録された団体は多様だった。その後、様々な定義がなされるなかで、日本では代表的には「NGO とは貧困、飢餓、環境など、世界的な問題に対して、政府や国際機関とは違う立場から、国境や民族、宗教の壁を越え、利益を目的とせずにこ

れらの問題に取り組む団体」という概念が提起され定着していった。このような定義の歴史的経過のなかで、日本ではNPOが国内課題に取り組む非営利組織を指す一方で、NGOは海外で、緊急人道支援、開発、人権、平和構築等、国際協力に取り組む非営利組織を指すことが一般的となった。

しかし近年では、環境問題や難民問題などは、国境を越えて一連の問題がつながっており、国境で課題を分ける意味が薄くなりつつある。また、世界の情報が電子媒体やSNS等の普及で瞬時に伝わってくる時代となり、国境を越えた人々の往来が普通になって、「海外」が特別なものではなくなっている。また、NGOが海外での経験を国内課題に活かすなど、国内と海外を区別することなく、社会課題解決に取り組む市民団体も増えており、NPOとNGOの領域がクロスする時代が始まっている。海外でNGOは、より積極的に市民の参加を強調する概念として市民社会組織であるCSO（Civil Society Organization）とも呼ばれている。この章では、これまでの経過で定着している、「海外で国際協力に取り組む非営利組織としてのNGO」に焦点を当てる。

2. NGO の歴史と活動の推移

日本におけるNGOの歴史は、戦後から始まり、第一世代（1960年代から70年代前半）、「第二世代」（1980年前後）、「第三世代」（1980年代）、「第四世代」（1990年代）、「第五世代」（2000年代）と分けてみることができる（NGOデータブック2016、以降データブック[1]）。

・第一世代の1960年代前半には、主に宗教関係団体による慈善活動の流れや、アジア地域での開発問題に取り組むことを目的とする団体が設立されるようになり、これをいわゆる途上国での社会開発を行う海外協力活動の始まりとみなすことができる。代表例は「日本キリスト教海外

注1）　NGOデータブック 2016 年（外務省国際協力局、監修協力：大橋正明 聖心女子大教授／JANIC 理事、重田康博 宇都宮大学教授）

医療協力会（JOCS、1960 年設立）」、「精神文化国際機構（1961 年設立オイスカの前身）」等がある。また 1968 年、家族計画・母子保健分野では「財団法人家族計画国際協力財団（後のジョイセフ）」が設立された。ベトナム戦争が終わる 70 年代に入ると、バングラデシュの独立（1971 年）、ローマクラブによる「成長の限界」の発表（1972 年）等で、国際問題や環境問題に関心が高まり、第一世代の代表格としては、シャプラニールの前身、「HBC（ヘルプ・バングラデシュ・コミティ）」が 1972 年に設立された。また、海外に本部をもつ国際 NGO として、「アムネスティ・インターナショナル日本」（1970 年）などがこの頃に設立されている。

・第二世代（1980 年前後）は、インドシナ難民の大量流出問題を契機に 80 年代初頭までに、「難民を助ける会（AAR）」や「日本国際民間協力会（NICCO）」（1979 年）、「日本国際ボランティアセンター（JVC）」（1980 年）、シャンティ国際ボンランティア会の前身である「曹洞宗東南アジア難民救済会議（JSRFC）」（1981 年）をはじめ、多くの NGO が誕生した。またこの頃、国際 NGO「フォスター・プラン日本事務局（後のプラン・インターナショナル・ジャパン）」（1983 年）等が設立された。

・第三世代（1980 年代）は、アフリカ、特にエチオピア等での干ばつ被害に対して、世界的な人道支援が立ち上がり、音楽家による「ライブエイド」等の影響もあり、日本でも多くの NGO が設立された。例えば、「サヘルの森」（1987 年設立）が一例であり、干ばつ災害の要因としての環境保全等の活動に焦点が当てられた。またこの時期に、ネットワーク組織（詳細は後半に記載）として、「NGO 活動推進センター」（国際協力 NGO センター：JANIC の前身）や「関西国際協力協議会」（関西 NGO 協議会の前身）が 1987 年、「名古屋第三世界交流センター」（名古

屋 NGO センターの前身）が 1988 年に設立された。これも NGO が増え
て、中間支援組織の設立の必要性が高まったことの証左である。また国
際 NGO である、「セーブ・ザ・チルドレン・ジャパン（1986 年）」、
「ワールド・ビジョン・ジャパン（1987 年）」等もこの時期に設立され
ている。

・第四世代（1990 年代）は、湾岸戦争やユーゴスラビア紛争、ルワン
ダ大虐殺などが起こり、緊急人道支援のニーズから、フランスに本部を
もつ「国境なき医師団（MSF）日本事務局（1992 年）」、「JEN（1994
年）」、「ピースウィンズ・ジャパン（1996 年）」等が誕生した。またそ
の頃、リオで開催された「地球サミット」、北京で開催された「世界女
性会議」等により、環境やジェンダーに関する NGO も設立された。
1998 年には「特定非営利活動促進法（NPO 法）」が施行され、この法
律が法人格をもつ NPO 設立を後押しし、NGO も NPO 法人として増加
していった。

・第五世代（2000 年代以降）は、NGO・政府・経済界の共同による、
世界的にもユニークな緊急援助機関「ジャパン・プラットフォーム
（JPF）（2000 年）」が設立される等、この時期は市民や行政、企業等の
多様なステークホルダーによる連携が強化されたことが特徴的である。
また、グローバル・イシューに対する提言・キャンペーン活動、「グロー
バルな貧困根絶運動（G-CAP）」が行った、ホワイトバンド等の「ほっ
とけない　世界のまずしさ」キャンペーン（2005 年実施）も特筆すべ
き活動である。そして主要国の集まりである、日本開催の首脳サミット
へ対応するために、2008 年 G8 洞爺湖サミット、2016 年 G7 伊勢志摩サ
ミット、そして 2019 年 G20 大阪サミットの開催時には、「市民プラッ
トフォーム」を立ち上げ、世界の市民社会の意見に基づく政策提言集を
サミット議長である総理に届けた。（写真 6 - 1）。2010 年以降は、あま

写真6-1　2019 年 4 月大阪 G20 議長である安倍総理に
市民社会としての政策提言集を手渡した。
（女性の中央が C20 岩附議長）

り多くの NGO は誕生しておらず、また NPO 法人ではなく、一般社団
法人の組織形態をとる NGO や、ソーシャルビジネス系の NGO、社会
的企業が増えてきている。

3. 国際協力の新たなアクターの出現

2000 年、国連グローバルコンパクト（UNGC）が設立され、企業・
団体に対して、人権、労働権、環境などに関する 10 原則の遵守を求め
るイニシアティブが立ち上がった。その頃より、企業も社会的責任の観
点から貧困解消や社会課題解決をビジネスとして捉える考え方が広がり
をみせてきた。例えば、いわゆる BOP（Base of the Economic Pyramid）
層[2]を市場として捉えた BOP ビジネスが注目を集め、本業として経済
性と社会性の両方を重視した活動を行う企業が現れはじめた。

注2）　購買力平価で 1 人当たりの年間所得が 3,000 ドル以下に過ぎない貧困層

　また、2015 年に採択された国連「持続可能な開発目標（SDGs）」では、ビジネスセクターにとっても、社会課題解決がビジネスチャンスになるとの傾向を加速化させた。つまり、企業の競争力強化と社会課題の解決を同時に実現させ、社会と企業の両方の価値を生み出すビジネスの方法として CSV（Creating Shared Value）が提唱され、自らの社会的な責任を兼ね合わせ、企業の「コア・ビジネス」として国際協力市場に進出してくることが普通になった。

　また、2000 年前後より欧米諸国で議論されてきた社会的企業の概念が広まるなかで、社会課題を事業化することによって解決する、いわゆる「ソーシャルビジネス」が現れた（詳細は第 8 章参照）。

　さらに財団、シンクタンク、大学、地方自治体、経済団体も、様々な国際協力プロジェクトを実施している。これらの新たな国際協力のアクターが増えるなかで、従来型 NGO の存在感が埋没しつつあるとの、危機感が NGO 間に広まっている。

4. NGO の活動について

　日本には NGO は 400 〜 500 団体あるといわれているが、その数は捉え方によって変わり、年々変化している。個別の NGO の活動については、JANIC[3]等のサイトを見てほしい。ここでは、JANIC が NGO ダイレクトリーで把握している 430 団体（2016 年）を 1 つの NGO 団体数として捉えることとし、NGO データブック（2016 年）を中心に、NGOの活動を活動国・地域や活動分野別等で紹介する。

（1）活動国・地域

　日本の NGO が活動する地域は、やはり近隣で、歴史的なつながりの深いアジアが 7 割と、圧倒的に多い。国別には、フィリピン、カンボジ

注 3 ）　https://www.janic.org/

ア、ネパール、タイ、インドネシア、スリランカ、インド、バングラデシュ、ミャンマー、ベトナムと上位 10 か国はアジアで、特に、東南アジアの国々が多い。ただし、日本の NGO が活動する国は 100 か国にのぼり、アジアに限らずアフリカ、中東、中南米・オセアニア・欧州など世界各地に広がっている。

　アフリカはアジアについで 2 番目に多い地域であるが、英語圏のケニア、ウガンダ、タンザニア、エチオピア、ザンビアの 5 か国で活動するNGO が全体のほぼ半数（45％）を占めており、言語の問題もあって仏語圏は少ない。

　アフリカ全 56 か国に対して活動国は 33 か国で、約 6 割をカバーしている。1993 年から政府が開催している「アフリカ開発会議（TICAD）」も、日本とアフリカとの距離を縮める役割を果し、NGO も「TICAD市民社会フォーラム」等で、TICAD のプロセスに関わり、アフリカや

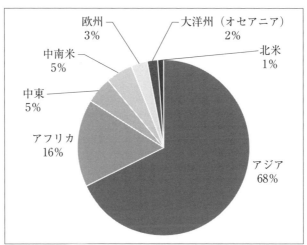

出所：データブック 2016（有効回答数：749）
図 6 - 1　日本の NGO の活動地域

日本の市民社会の声を反映させる活動を行っている。

　中南米は、やはり日本からは距離的に遠く、アフリカより、さらに活動団体は少ない。ハイチで活動をしている NGO は 10 団体で最も多い。これは 2010 年 1 月のハイチ大地震の支援活動によるものと考えられるが、年数の経過とともに減る傾向にある。他には日系人の多いペルー、ブラジルも相対的には多い。

　中東ではアフガニスタンで活動する団体が圧倒的に多く、全体の約半数を占めている。イラク、イラン、シリア、トルコ、ヨルダンなども含め、紛争やテロにともなう人道支援の活動を行う団体もあるが、危険がともなう紛争地域の活動では、日本の NGO 単体ではなく、現地のパートナー団体と連携することが多い。アフガニスタンでは、長年、医療活動、コミュニティ活動に従事され、同国の発展に貢献されたペシャワール会現地代表、中村哲氏が、2019 年 12 月、武装勢力により銃撃を受け死去したことは、アフガニスタンと日本の社会に大きな衝撃を与えた。

（2）NGO の活動分野

　NGO の活動分野は、主に開発／人権・平和／環境の 3 つに分けられるが、1 つの団体でも複数の分野で活動しており、ここでは、もう少し細分化して比較する。

　「NGO データブック」の調査結果では、「教育・職業訓練」が最も多く 27.2％、「環境」が 19.9％、「農業・漁業・開発」が 15.0％、「保健・医療」が 12.9％と続く。また、NGO が自由に活動できる政策環境と密接に関わっている「平和・政治」は 6.0％、「人権」の分野は 3.6％と相対的に少ない。

　さらに、「教育・職業訓練」を細分化すると、青年・成人層を対象としている「職業訓練」よりも、子どもを対象とする「教育」が約 7 割と

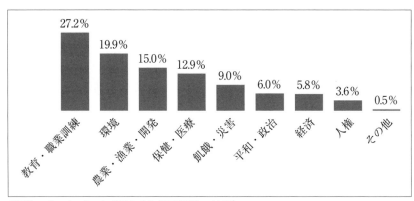

出所：データブック 2016（有効回答数：1175）

図6-2　日本の NGO の活動分野の割合

圧倒的に多く、日本では、教育分野で活動している NGO が多いことが
わかる。その点においては、環境でも「植林・森林の保全」とともに「環
境教育」を行っている NGO が多いのが特徴である。また、「農業・漁
業・開発」では、個別の技術指導よりも、村落やコミュニティの総合的
な開発が多い。「保健・医療」も、日本の NGO の伝統的な活動の柱で
あることがわかる。また、最近では世界的に地震・豪雨・森林火災等の
自然災害が多発しており、3.11 東日本大震災などの経験を生かして、「自
然災害」に取り組む NGO が増えてきているのも特徴的である。

（3）SDGs への取り組み

「ミレニアム開発目標（MDGs）」の後継イニシアティブとして、2015
年「持続可能な開発目標（SDGs）」が国連で採択され、達成期限の
2030 年に向けて、NGO も SDGs の個々の目標に沿った取り組みを行っ
ている。特に「貧困の削減」は、常に国連の最重要課題として位置づけ
られ、1997 年「貧困撲滅のための国連の 10 年」、2000 年「MDGs」か

らの流れもあり、貧困問題は、今もなお社会課題の根源的な最重要課題
として捉えられている。SDGsでも、取り組み課題の「1丁目1番地」
として、SDG1「あらゆる形態の貧困をなくそう」、ターゲット1が、「1
日1.25ドル未満で生活する極度の貧困をあらゆる場所で終わらせる」
と位置づけられている。以下の（図6-3）ようにNGOにとって、貧困
削減は一番多く取り組んでいる目標であることもうなずけるが、同時に
多面的な取り組みが必用な難しい目標でもある。政府の様々な社会・経
済政策とも関わり、人間的能力の向上につながる「教育」、「保健」、「水」
などのベーシック・ニーズへのアクセス、緊急人道支援や難民対策、マ

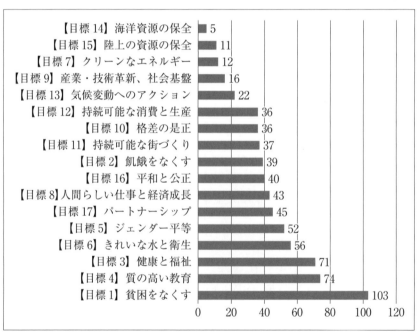

出所：データブック2016（有効回答団体数：698）

図6-3　NGOが取り組むSDGsの各目標と合致度

イクロ・ファイナンスへのアクセスなど経済的生活向上につながる取り組み等、幅広い取り組みが必用である。

（4）NGO の財政規模

NGO の規模を財政面でみると、年間収入が「1億円以上」の団体（全体の17％）と「1千万円未満」の団体（全体の33％）が多く、「二極化構造」となっている。NGO の収入源には、会費・寄付・自主事業等の「自己資金」と、受託事業・助成金等の「非自己資金」がある。自己資金比率（自己資金額／収入合計額）をみると、「年間収入合計額1千万円未満」の団体は自己資金比率が高く、受託事業や助成金よりも会費や寄付の収入で団体を運営している実態がみられるが、収入が上がるにつれ、受託事業や助成金を得ている団体が多くなり、自己資金比率が下がる傾向がある。NGO のなかには、収入は増加しているが、政府への資金依存度が高まっている団体も多い。欧米の NGO と比べると、日本はその数と規模面で見劣りする。

5. NGO と政府・JICA パートナーシップ事業
　　―助成・受託事業、環境整備事業、対話

（1）パートナーシップ事業の歴史と現状

NGO は政府から独立した民間の非営利団体であるが、政府と NGO は、国際協力の分野においてはお互いに重要なパートナーとしても位置づけられ、様々な連携や、政府による NGO 支援活動が行われてきている。

歴史的には、1989年度に NGO を対象とした草の根レベルの支援策として、「小規模無償資金協力」スキームと「NGO 事業補助金」制度が創設された。2002年度には、それまでの支援策を統廃合し、「日本 NGO

連携無償資金協力（通称：N連）」がスタートし、予算も当初の6億円から2018年度実績で約50億円と着実に増えてきている。

　また、1994年度には外務省経済協力局に民間援助支援室（現在の民間援助連携室）が設置され、1996年度からはNGOとの対話促進のためのNGO・外務省定期協議会（「ODA政策協議会」と「連携推進委員会」）が開催されている。

　JICA（国際協力機構）も1998年度に同様の協議会がスタートして、緊密な意見交換を行っている。

　なお、2000年度に、NGO、経済界及び政府が連携・協力して効率的かつ迅速な緊急援助を行うための組織として「ジャパン・プラットフォーム（JPF）」が設立された。さらに2002年度には、JICAでも「草の根技術協力事業」が導入され、日本の市民社会と外務省・JICAとの連携事業は着実に進みつつある。2018年度には、河野外務大臣の下で「ODA有識者懇談会」が設置され、課題となっていた「一般管理費」が最大で15%に引き上げられた。

　この30年、政府によるNGO支援・連携事業は大いに前進したものの、ODA予算全体におけるNGO支援では、世界の援助国15か国以上がODA予算の20%以上をNGO支援に配分する一方、日本はまだ約2%と、低いレベルにとどまっている。

（2）NGO支援スキームの概要

　主な政府・JICA、ジャパン・プラットフォームのNGO支援スキームの概要は、（表6-1）のとおりである。

表6-1　NGO支援スキーム

＊予算規模は2018年度実績

名称	予算規模（限度額、実績）	対象	支援内容
（外）日本NGO連携無償資金協力	約50億円 1件あたり2千万円から最大1億円	日本のNPO法人、公益法人	開発途上国で日本のNGOが実施する開発事業、パートナーシップ事業、緊急人道支援事業、経済・社会開発事業への資金を提供。
（外）NGO事業補助金	総事業費の最大2分の1	日本のNPO法人、公益法人	プロジェクトを企画するための事前調査や、実施後の事後評価活動などを支援。
（外）NGO相談員制度（委嘱）	各団体約300万円	日本のNPO法人、公益法人	市民やNGO関係者からの国際協力やNGOに関する質問などに対応する業務をNGOに委嘱する制度。国際協力イベント等での講演や相談業務などを行う「出張サービス」も実施。
（外）NGO研究会	1件あたり約300万円〜450万円（年間総予算900万円程度）	日本のNPO法人、公益法人	NGOが自らの事業実施能力の向上や専門性を目指して行う研究会活動（セミナーの開催や調査報告書の作成）を支援。
（JICA）草の根技術協力事業	・草の根パートナー型（上限1億円/5年間） ・草の根協力支援型（支援実績が少ないNGO等対象）上限は1000万円/3年間	NGO／CSO、地方自治体、大学、民間企業など	団体の知見や経験に基づいて提案する国際協力活動をJICAが提案団体に業務委託して実施する共同事業を支援。
（JICA）NGO等活動支援事業	・JICA企画型プログラム ・NGO等提案型プログラム	NGO・NPO、公益法人、教育機関、自治体等の団体（NGO等）	開発途上国における事業実施に係るNGO等の機能強化に資する研修などを実施。提案型は、NGO等からのアイディアと運営協力を得ながら、研修等のプログラムを実施。
ジャパン・プラットフォーム（JPF）	総額約50億円の助成事業	JPF加盟NGO	紛争や自然災害等への人道プログラムへの助成。

出所：外務省、JICAは、それぞれのウェブサイト、JPFは、年次報告書。いづれも2018年度実績を基に筆者作成

6. ネットワークNGOの役割と活動

（1） ネットワーク組織が生まれた背景

　中間支援機能をもち、従来のピラミッド型組織、階層型組織とは違い、ある共通目的の下に1つ1つの構成組織が対等な関係に立つ、ネットワーク組織の役割と現状ついて触れたい。

　1980年前後からNGOが急速に増えたが、個々のNGOでは対処できず、まとめて行った方が効率のよい機能をもつ中間支援組織設立の機運が高まっていった。もともと欧米と比べて、市民社会組織の歴史の浅い日本ではNGOへの理解や支援の基盤はなく、NGOも人材面や組織運営上の課題を抱えていた。また、政府等への政策提言能力とともに、情報収集能力やNGO間の情報共有、社会への発信力強化も求められており、これらの課題の解決に向けた「ネットワークNGO（中間支援組織）」の必要性が高まってきた。そして1980年代後半から、課題横断型ではJANICをはじめ、関西NGO協議会、名古屋NGOセンター等のネットワークNGO等が誕生した。

（2）ネットワークNGOの役割
① 会員団体の能力向上・組織強化

　NGOを設立しても、NGOの運営やマネージメント、資金調達、経理・管理、人材の採用・育成と人事制度、広報等が弱くては、組織として持続可能性は保てない。ネットワークNGOは、このようなニーズに対して、様々なノウハウや関連情報の提供、相談業務、研修等を実施している。また必要なニーズも、組織が拡大、発展するなかで変わり、時代の変化によって必要な能力強化の分野も変わってくる。最近では、SDGs（持続可能な開発目標）の理解と実践、クラウド・ファンディン

グ等の資金調達のノウハウ、SNSやウェブサイトの活用、社会的イン
パクト評価、チームビルディングやシステムコーチング、テクノロジー
の活用等の分野がある。

② 政府との対話と政策提言

　NGOは、自ら世界の社会課題解決のために活動する団体ではあるが、
貧困がなくなり、すべての人の人権が守られ、平和で、地球環境を守る
ためには、大きな影響をもたらす政府、国際機関、企業などへの働きか
けは不可欠である。そして同時に市民社会が国境を越えて協力し、
SDGs達成や社会課題解決に向け、NGO・CSOが活動しやすい政策環
境をつくることも重要である。その意味において、ネットワークNGO
の大きな役割は、NGOが蓄積してきた知見と十分な調査に基づき、社
会への提言活動と啓発活動を行うことによって、持続可能な社会の実現
に貢献することも求められている。

③ 国際連帯活動と国際基準の導入・定着

　3つ目の役割としては、国際的なネットワークNGOの日本側コンタ
クトポイントとして、その窓口機能を強化し、国際的な運動の発展に貢
献するとともに、国際協力・人道支援や安全管理等、国際基準等の日本
への導入と定着を図ることである。すでに触れたように、先進国首脳会
議（G7）や20か国・地域首脳会議（G20）において、市民社会側の声
をとりまとめ、主催国のリーダーに対して政策提言を行っている。

　国際基準等に関しては、国際的に普及しているガイドライン、政策、
イニシアティブを日本に導入し、定着することが求められている。例え
ば、「支援の質とアカウンタビリティ向上ネットワーク（JQAN）」では、
人道支援組織や個人が行う支援の質と効果の向上のための「人道支援の
質と説明責任に関する基準（CHS）」の普及を目指しており、権利保護
の原則とともに、CHSを含む「スフィアハンドブック2018」の日本語

版を作成し、その普及を目指すトレーニングを行っている。

　また「防災・減災日本 CSO ネットワーク：JCC-DRR」では、国連防災機関（UNDRR）等と連携し、東日本大震災の教訓を活かしたグローバルな防災指針（「仙台防災枠組 2015-2030」）の実施に向けたモニタリング、フォローアップ活動を行っている。

（3）国内外のネットワーク NGO ついて

　様々な課題に取り組む NGO の集まりである、分野横断的なネットワーク NGO としては、JANIC、名古屋 NGO センター、関西 NGO 協議会に加え、北海道、新潟、埼玉、広島、四国、福岡、沖縄等においても存在する。

　対象国（地域）別には、例えば、「カンボジア市民フォーラム」、アフリカ開発会議に対応した「TICA 市民社会フォーラム」などがある。課題別には、国際的な連携によるものが多く、過去には「ジュビリー2000」など、目的が達成されると解散するものがあるが、例えば、気候変動に取り組む、NGO のゆるやかなネットワーク組織「CAN-Japan」、ビジネスと人権に対応した「ビジネスと人権、NAP 市民社会プラットフォーム」などがある。分野別には、教育分野の「教育協力 NGO ネットワーク（JNNE）」、保健分野の「GII／IDI に関する NGO 連絡会グループ」、農業分野の「農業・農村開発 NGO 協議会（JANARD）」などがある。

　日本以外の政府、国連などの国際機関、多国籍企業等に対しては、主に国境を越えた国際的なネットワーク NGO を通して行っている。アジアであれば、アジア開発同盟（ADA：Asia Development Alliance）、アジア民主主義ネットワーク（ADN：Asia Democracy Network）、世界レベルでは、パリに本部がある世界の NGO のネットワーク組織である FORUS（2018 年まで International Forum of National NGO Platforms：

IFP）、南アフリカに本部があり、市民社会スペースをモニターしている CIVICUS、SDG16 や政府などの透明性について活動している TAP Network 等がある。また、海外の国内ネットワーク組織である米国の InterAction や英国の BOND とも密接な関係をもち、それぞれのカンファレンスに参加している。

7.　おわりに

　およそ半世紀あまりの比較的短い歴史の日本の NGO であるが、取り巻く社会環境は大きく変化し、国際協力のアクターが多様化するなかで、NGO の相対的な埋没感は否めない。

　SDGs の達成期限まで 10 年を切った今、まだまだ目標までは程遠く、大きな課題が目の前に立ちはだかっており、それゆえに NGO は目の前の問題解決に必死である。しかし一方で社会課題の解決には、自ら変化する環境への「適応力」も必要であり、目の前のプロジェクトを確実に実施すると同時に、状況を客観的に分析し、複雑な問題の解決に向けた社会を変えるためのアドボカシー活動や、市民活動が自由に活動できる政策環境に対しても、一市民として、グローバルな「シチズンシップ感覚」をもち、時に声を上げて行動することが重要ではないだろうか。

　NGO は市民社会組織（CSO）であり、政府や企業活動とは違い、自由に独立した立場で、人権を守り社会的にニーズに沿った一貫性のある活動を行えるし、国境を越えて世界の市民社会とつながれる力を発揮できる。今後とも、その存在意義は消えることはなく、その意義を踏まえ、変化に対応した活動ができれば、日本社会のなかで NGO は、さらに発展することであろう。

参考・引用文献

NGO データブック 2016 年（外務省国際協力局）
基礎解説　そうだったのか。SDGs（SDGs 市民社会ネットワーク、2020 年）

学習課題

1．日本の NGO の活動概況、特徴をまとめてみよう。
2．政府、国際機関、企業と比較し、国際協力における NGO の存在意義、役割を述べてみよう。
3．日本におけるネットワーク組織の役割と代表的な目的別組織を上げてみよう。

7 | NGO の様々な組織及び活動の事例

利根川佳子

《**目標＆ポイント**》　第6章を基に、本章では、NGO の事例を紹介する。事例を通じて、多様な NGO の在り方を学ぶことが本章の目標である。
《**キーワード**》　国際協力、教育支援、啓発活動、収益事業

1. はじめに

　本章では、日本に事務所を構える NGO 2団体、公益社団法人シャンティ国際ボランティア会とピースボートに焦点を当てる。前者は特に教育支援を中心とした国際協力活動を実施しており、後者は船旅を通じた国際交流と啓発活動に焦点を当てている。両者は、活動の焦点、団体の在り方が異なるため、本章で事例として紹介する。

2. 事例1―公益社団法人シャンティ国際ボランティア会

（1）　団体の設立経緯

　第6章で言及されているように、公益社団法人シャンティ国際ボランティア会[1]（以下、シャンティ）は、カンボジア難民の支援を目的として、1980年に設立された曹洞宗東南アジア難民救済会議を前身とする団体である。日本の NGO の歴史に基づく世代区分では、第二世代に当たる（第6章参照）。1981年に曹洞宗ボランティア会を設立し、社団法人化に伴い、1999年にシャンティ国際ボランティア会に改称している。そして、2011年に公益社団法人に法人格を移行している。シャンティ

注1）　シャンティとは、サンスクリット語で「平和」を意味する言葉で、今でもヒンディー語やベンガル語といった北インドの言語やネパール語で使用されている。

は約40年の歴史があり、日本の国際協力NGOの創成期から活動している老舗NGOの1つである。

シャンティでは、「教育と文化」を軸として、アジア地域で教育分野を中心に活動し、特に本や図書館に関連した活動を実施している。曹洞宗東南アジア難民救済会議での1980年における最初の活動は、収容人数が当初15万人（その後30万人以上に拡大）といわれたタイの難民キャンプで生活するカンボジア難民の人々に対する教育文化支援プロジェクトだった。具体的には、カンボジアの公用語であるクメール語の図書の復刻と絵本の作成、そして難民キャンプ内を巡回する移動図書館の実施であった。カンボジアは、ポル・ポト政権下で行われた焚書政策により、クメール語の大半の図書が失われた。そのため、カンボジア国境付近のタイ寺院でクメール語の本を集めて輪転機を使って図書を作ったほか、日本語の絵本にクメール語訳を糊付けして使用した。大学生や曹洞宗系の僧侶がボランティアとして活動した。

現在も、そのような教育文化活動は継続され、拡大している。具体的には、移動図書館活動、読書推進のための研修会の開催、コミュニティ図書館の設立支援、現地での絵本出版などがある。そのほかにも、後述する「絵本を届ける運動」や、現地の人々が手作業で製作をした商品の販売を行う「クラフトエイド」がある（第9章参照）。

また、活動地も広がり、現在は、アジア6か国7地域（タイ、カンボジア、ラオス、タイにあるミャンマー（ビルマ）難民キャンプ、アフガニスタン、ミャンマー、ネパール）で継続的に活動しているほか、災害時には緊急人道救援も実施している。海外事務所は、タイを除く活動地6か所にある。タイでは、タイ事務所がシーカー・アジア財団として自立化し、パートナー団体として活動している。また、東日本大震災の際には、発災直後から緊急支援を開始し、その後、東北3県に事務所を開

設して移動図書館活動やコミュニティ支援を実施した。2018 年末には
3 か所の事務所はすべて閉所しているが、現在は東京事務所から地元の
復興支援を継続している。

（2）団体の強み
① 現地の人々と「共に生き、共に学ぶ」精神

　シャンティの事務局長である山本英里氏によると、シャンティの大き
な強みは、現場に寄り添って共に活動するという姿勢だという。シャン
ティは、団体名に「ボランティア」という言葉が入っているが、これは
ボランティア精神をもって、一緒に現場で切磋琢磨しながら、現地に根
付く活動を共に行うという意味である。シャンティの団体としての使命
（ミッション）である「人間の尊厳と多様性を尊び、『共に生き、共に学
ぶ』ことのできる平和（シャンティ）な社会」の実現という考え方とも
重なる。

　シャンティはあくまでも黒子としてサポートをする触媒に徹し、現地
の人が現地の力で行うことを目指している。それは、職員の国籍をみて
もわかる。専務理事を除く職員は計 164 名、内日本人職員は 49 名、現
地職員は 115 名となっている（2020 年 4 月 1 日時点）。現地事務所では、
「運営現地化方針」に沿って、最小限の日本人職員を配置し、現地職員
が主体的に運営することを目指している。例えば、2014 年に開設され
たミャンマー事務所においては、職員計 26 名の内、2 名が日本人、24
名がミャンマー人という構成であり、現地職員が大部分を占めている
（2020 年 4 月 1 日時点）。シャンティの現地職員や、現地で受け入れを
担当するパートナー（カウンターパート）である行政官といった、実際
に活動を担い、課題を解決していく人々の人材育成や能力強化を早い段
階からプロジェクトに組み込んでいる。

写真提供：シャンティ国際ボランティア会（©川畑嘉文）

**写真7-1　タイ国境ミャンマー（ビルマ）難民キャンプの
　　　　　　コミュニティ図書館**

写真提供：シャンティ国際ボランティア会

**写真7-2　「絵本を届ける運動」で
　　　　　　日本の絵本に翻訳シール
　　　　　　を貼付する少女**

写真提供：シャンティ国際ボランティア会

**写真7-3　「絵本を届ける運動」に
　　　　　　参加する僧侶の様子**

　この姿勢は、タイ事務所における自立化での困難な経験が生かされている。創設時から開所されたタイ事務所は、タイの法律改正を受けて、現地 NGO に組織改編することになったが、タイ事務所は、東京事務所や日本人職員に頼った組織運営であったため、自立化当初は運営移管が難航した。自分たちで運営の管理や資金調達を行う能力を十分に有していなかったのである。実際に、法人として独立した後も、自立化計画をシャンティと共に立て、シャンティから人材育成トレーニングや資金援助を受けながら長期間かけて自立化した。こういった経験を経て、シャンティでは「運営現地化方針」を立て、現地事務所のオーナーシップを促すようになった。

　現地のオーナーシップを高めることは、プロジェクト終了後の持続性にもつながり、大変有益である。しかしながら、現地のカウンターパートによっては、知識や経験不足、組織の体質などにより、オーナーシップを持つことが難しい場合もある。山本氏によれば、持続性については、プロジェクト開始時から意識するように心がけているという。公教育の支援であれば、プロジェクトの責任を担うべき主体として、現地政府を位置づけるようにしている。計画段階から、現地政府を巻き込み、プロジェクトの可視化を心がけ、計画書を現地政府や現地コミュニティと共有する。さらに、現地の声を反映できるような機会を盛り込むようにしている。現地のオーナーシップを高め、共に学び、共にプロジェクトを管理運営することで、プロジェクトを一緒につくり上げている。

② **日本国内のサポーターとの関係性**

　外務省と特定非営利活動法人 国際協力 NGO センター（JANIC）による『NGO データブック 2016』によると、シャンティは、個人会員数の多い団体として、日本で第 17 位であり、会員数は 1,630 人である。また、JANIC のデータベース「NGO ダイレクトリー」[2]で、年間寄付金

注 2）　特定非営利活動法人 国際協力 NGO センター「NGO ダイレクトリー」
　　　http://directory.janic.org/directory

収入額が記載されている NGO は 318 団体であり、そのうち寄付金収入が1億円を超える団体は 24 団体である。その中で、シャンティは、第9位（約5億円）となっている（第6章参照、外務省・JANIC 2016）。

　そのようなシャンティは、日本国内のサポーター（ここでは会員のみならず、広く活動を支持する人たち）との関係構築にも力を入れている。シャンティの活動に共感して、支援してもらうことを重視している。例えば、1999 年から行っている「絵本を届ける運動」は、日本の絵本に翻訳シールを貼って現地へ届ける活動だ。参加者は、絵本と翻訳シールセットをシャンティから購入し、翻訳シールを貼付して、シャンティに送り返す。その絵本は、活動地の学校や図書館で活用される。この「絵本を届ける運動」のような、参加型の活動が国内にあることは、サポーターの維持にも貢献している。参加者は、実際に手を動かすことで、シャンティの活動を理解し、活動に愛着をもつことができる。そのような多くのサポーターが国内にいて、シャンティの活動を支えているのである。

③ 寺院関係とのつながり

　曹洞宗や宗教団体とのネットワークも、シャンティの強みの1つだといえる。前述したように、シャンティの前身は、曹洞宗東南アジア難民救済会議であり、2020 年5月現在も、会長や副会長、理事、顧問、参与に曹洞宗の住職が含まれている。仏教の慈悲の教えに基づき活動するシャンティの姿勢は、曹洞宗をはじめ多くの宗教者にも支持され、住職個人として、あるいは寺院として活動を支えている。例えば、お寺で行事が開催される際に、クラフトエイド商品の販売や、講演の時間を設けシャンティの活動報告を行うなど、広報や資金協力など寺院と多角的な連携を図っている。また、近年、多発する国内災害においては、地域に根差した寺院と協力して活動を実施し、災害時の連携を強化している。

写真提供：シャンティ国際ボランティア会（©川畑嘉文）

写真 7-4　翻訳シールが貼付された絵本を受け取ったラオスの子どもたち

```
── 絵本の紹介 ──
「ぐりとぐらの絵本」
「ぐりとぐらのおきゃくさま」
作：中川李枝子／山脇百合子（福音
　　館書店）
「おおきなかぶ」
作：A・トルストイ、絵：佐藤忠良、
訳：内田莉莎子（福音館書店）
```

写真提供：シャンティ国際ボランティア会（©川畑嘉文）

写真 7-5　ミャンマーでの移動図書館活動

　例えば、東日本大震災では、寺院に住民が避難したという事実もあり、関係のある寺院をシャンティの活動拠点とした。このような寺院とのつながりはシャンティの強みであろう。

（3）団体が抱える課題

　シャンティが抱える課題として山本氏は２点挙げた。１点目は、教育支援の継続の難しさである。教育分野での活動は、その成果がすぐに見える形で現れるものではない。子どもが学校に通い始めたからといって、教育的、社会的、経済的な効果がすぐに現れるわけではない。特に、子どもの変化といった効果や結果を数値など客観的なデータで示すことは難しい。教育分野での支援は長い時間をかけて、実施する必要がある。

　本来なら長期間での支援が必要な場合においても、成果が見えづらいために、プロジェクトの資金を継続的に得られず、プロジェクトの縮小や終了を、望まないタイミングで行わなければならなかった経験もあるという。例えば、子どもたちが毎週楽しみにしている移動図書館活動が突如継続できなくなると、活動を通じて培われた、子どもたちの学ぶ意欲を損なう可能性がある。また、学校に通うことができない子どもたちへの限られた教育の機会の場が失われることもある。このような状況に、教育支援の難しさを感じているという。

　２点目の課題は、プロジェクトの持続性と関わる。現地の人々のオーナーシップを重視し、プロジェクトの持続性を意識した活動を行っているものの、プロジェクトによっては、持続性を確保することが難しい場合がある。例えば、タイのミャンマー（ビルマ）難民キャンプやカンボジアのスラム地域、アフガニスタンの帰還難民に対するプロジェクトの場合には、プロジェクトの終了後に主体的にプロジェクトを継続する主体（ハンドオーバー先）がないケースもある。そういった人々の支援の必要性は高いにも拘（かかわ）らず、資金が終了した際に持続性を担保できない難しさがある。

（4）今後の展望―成果の見える化と国際社会でのプレゼンスの向上

　山本英里氏は、2019 年 7 月にシャンティの事務局長に就任した。初の女性の事務局長である。山本氏自身は、2001 年にシャンティのタイ事務所でインターンの経験後、シャンティの活動に長年携わってきた。山本氏が考えるシャンティの今後の展望は、活動の成果の見せ方への取り組みと国際社会におけるプレゼンスの向上の 2 点の強化である。

　1 点目は、先述した通り、教育分野の活動の教育的・社会的・経済的成果の多くはすぐには現れないだけでなく、客観的に示すことが大変難しい。だが、今後は客観的な指標を用いて、成果の実証や検証を積極的に行うことを目指している。

　2 点目は、国際社会でのプレゼンス力を高めることである。シャンティは日本国内では老舗 NGO として国際協力分野での認知度が高い。しかしながら、国際的には、認知度が低い現状がある。シャンティのこれまでの活動経験と知見をもとに、国際的な場においても議論に積極的に参加できるよう、団体としての成長を目指している。そのためには、若手職員の人材育成を含め、組織全体の能力を上げていく必要がある。

　シャンティは、これまで活動を柔軟に拡大、縮小して、その場に必要な援助を常に考えてきた。緊急救援時にも、すぐに現地に駆けつける迅速さもある。また、組織設立初めての女性の事務局長の存在は、新しい方向に組織を牽引する可能性に満ちている。日本の老舗 NGO であるシャンティは、日本国内で NGO ネットワークを率いる団体の 1 つである。今後は、シャンティのより一層国際的な活動を期待したい。

3．事例 2 ―ピースボート

　ピースボートは、世界各地を訪問する航海「地球一周の船旅」を中心に、国際理解の促進と啓発活動を実施している団体である。実際の活動

は多岐にわたり、船旅以外にも、核兵器廃絶運動など多様な活動を実施
しており、第1章で紹介されているように国連NGOでもある。本節で
は、設立当初から一貫して運営している船旅事業を中心に述べ、最後に
ピースボートが実施してきた様々な活動について触れる。

（1）団体の設立経緯

　ピースボートが実施する、世界各地を訪問する船旅では、船上と寄港
地で様々な講座やプロジェクトが行われ、「船旅を通じて、国と国との
利害関係とはちがった草の根のつながりを創り、地球市民の一人として
平和の文化を築いていくこと」を目的としている。ピースボート共同代
表の野平晋作氏によれば、ピースボートのスローガンには、「過去の戦
争を見つめ、未来の平和を創る」、そして「みんなが主役で船を出す」
という2点がある。

　1983年に大学生を中心に設立されたピースボートは、客船をチャー
ターし、同年9月に横浜を出航し、アジアの国々を周る航海が、第1回
目の船旅であった。そのきっかけは、「教科書問題」であった。「教科書
問題」とは、日本の歴史教科書検定において、日本のアジアへの軍事侵
略が「進出」と書き換えられているという報道に対し、アジア各国が抗
議した[3]。そのような状況のなか、抗議している国々の声を実際に現地
で聞くことが、初航海の目的であった。ピースボートは、それまでの学
生運動とは一定の距離を置きたいが、社会問題に関心があり、現場に関
心のある若者たちの受け皿という役割を果たした。当時の時代の要請に
合致した活動であったといえる。当初は、第二次世界大戦の戦場となっ
たアジア・太平洋地域を訪問した。1990年以降は世界各地を巡る船旅
に拡大し、1回の航海で約3か月かけて、世界20か国以上を訪問する
船旅もある一方で、現在では、短期間のクルーズなど様々なプログラム

注3）　実際には、1982年当時の教科書問題は、産経新聞の誤報であった。

写真提供：ピースボート
写真 7 - 6　イスラエル、パレスチナの若者とともに（洋上）

写真提供：ピースボート
写真 7 - 7　ピースボートの船

写真提供：ピースボート
写真 7 - 8　植樹（ケニアにて）

がある。参加者も、若者や小さな子ども連れの家族、高齢者など幅広い
年齢層が参加している。

　船上では、様々な講座が実施されるほか、船旅の参加者が自主的に講座を企画することもできる。講座では、訪問地の専門家やジャーナリスト、各界の著名人、エンターテイナーなどが講師（水先案内人）を務めている。このような講座が、新たな社会問題に関心をもつきっかけとなっている。寄港先でも、観光ツアーだけでなく、見聞・検証ツアーもあり、考えるきっかけや、視野を広げる機会となっている。

　ピースボートの特徴として、通常の観光やエンターテイメント、カルチャースクールのような要素だけでなく、国際的・社会的な問題の啓発活動や平和活動、国際協力活動も行うことができ、通常の観光クルーズとは異なる独自の船旅を生み出してきた。ピースボートの船旅では避難訓練以外のプログラムには参加義務はなく、様々な目的をもった乗船者がいることも特徴である。

（2）組織運営

　ピースボートは、NPO法人や社団法人ではなく、任意団体である。1995年からは、旅行会社である株式会社ジャパングレイスが主催旅行会社として、船旅における業務全般を行っている。船旅は、旅行会社のジャパングレイスが船会社及び参加者と契約を結び、ピースボートは洋上の企画運営及び寄港地での交流プログラムのコーディネートを行い、企画委託料という収入をジャパングレイスから得て、団体の運営や事業資金として活用している。船旅以外の活動については、外部資金などを得て、活動している事業もあるが、活動の収入源として船旅事業がある点は、他のNGOとは大きく異なる。

　野平氏によれば、ピースボートは「必要な財源を自分たちでつくりだす」というポリシーをもっている。多くのNGOが政府からの公的資金などの外部資金に頼り、外部資金がなくなると活動を停止しなければな

らないという持続性の問題を抱えている。それに対し、船旅からの収益が財源である点は、ピースボートの強みと独自性を表している。野平氏も、「船旅の実施で、自分たちでお金をつくらなければいけないという不安定さはあるものの、自分たちの努力で克服できる余地がある」と述べ、他の NGO との相違点を示した。職員は収支や採算のことを考え、ビジネス感覚をもって活動している。

　ピースボートは、約 100 名の専従職員を有する。また、ボランティア制度があり、乗船までの期間にボランティアスタッフとしてピースボートで働くと船旅の料金割引を受けることができる。これは、「みんなが主役で船を出す」というピースボートのスローガンとも重なる制度である。特に乗船希望の学生が、このボランティア制度を活用している。ピースボートの船旅の乗船者は 20 代から 30 代前半が 4 割を占める。なお、他の民間企業による豪華客船の世界一周旅行では 60 代が中心で、料金もピースボートの倍である（中原 2011）。ピースボートは、ボランティア制度もあり、未来を担う若者が船旅に参加できる仕組みを有している。たとえ十分な資金がなかったとしても、ボランティアをすることで、船旅に参加するチャンスを得ることができる。

（3）団体の強み―国境を越えた個人レベルでの関係性の構築

　ピースボートの船旅の実施は、1983 年から 35 年以上継続しているが、多くの困難もあった。例えば、初めての地球一周の船旅の際、当時は日本ではそのような船旅がまだなかったこともあり、日本の船会社から船を借りることができず、ギリシャ発着の船旅となった。また、1990 年の船旅では、湾岸戦争に遭遇する事態となり、イスラエルへの寄港を取りやめたこともあったが、その際には、「No War（戦争反対）」の横断幕を掲げて、船上で反戦の啓発活動を行った。

　野平氏によれば、政府レベルでは対立していても、個人が対立しているわけではなく、「国境を越えて顔と顔が見える関係をつくることが、平和を創っていく」という考えに基づき、船旅を通じた個人レベルでの具体的な経験や関係性を重視している。日本と国交のない朝鮮民主主義人民共和国にも、ピースボートは数回寄港しており、約2,000人が渡航している。

（4）船旅から生まれた活動
①核兵器廃絶運動

　「地球一周の船旅」は、ピースボート設立当初から継続的に行っている事業であるが、このほかにも、ピースボートは核兵器廃絶国際キャンペーン（International Campaign to Abolish Nuclear Weapons：ICAN）の国際運営団体を務めている。ICANは2017年にノーベル平和賞を受賞している。その受賞理由は、「核兵器の使用がもたらす破壊的な人道上の結末への注目を集め、核兵器条約によって禁止するための革新的な努力をしてきたこと」が挙げられている。2017年7月の国連での核兵器禁止条約の成立において、ICANの貢献が認められたのである。

　ICANは、2007年に設立され、核兵器を禁止廃絶するために活動する世界のNGOの連合体であり、103か国541団体のNGOが参加している（2019年9月時点）。日本からは、ピースボートのほか、ヒューマンライツ・ナウなど様々な団体が参加している。ICANの執行部は、世界10団体からなる国際運営グループであり、執行部に入っている日本の団体はピースボートのみである。

　ピースボートは、3つの活動を通じてICANの核兵器廃絶の運動に関わっている。1つ目の活動は、国際NGOである「平和首長会議」と連携して、ピースボートが船で訪問した都市の首長から核廃絶に賛同す

る署名を集めてきた。2つ目は、おりづるプロジェクト「ヒバクシャ地球一周　証言の航海」の実施である。このプロジェクトでは、広島及び長崎の被爆者の声を世界に伝えるため、2008 年から 2017 年までに計 170 名以上の被爆者がこの船旅に参加している。ピースボートの船旅での長い経験を生かしたプロジェクトである。2017 年のノーベル平和賞で、ICAN 事務局長と並んで受賞スピーチを行った、広島の被爆者であるサーロー節子氏（カナダ在住）は、ピースボートに何度も乗船しているゲスト講師であり、第1回おりづるプロジェクトにも参加している。

　3つ目の活動は、日本で核兵器廃絶に取り組む NGO 間の協力と、政府との対話を促進することである。日本の NGO 約 20 団体が「核兵器廃絶日本 NGO 連絡会」を組織しており、ピースボートは世話役を務めている。日本の NGO と政府が核兵器に関する政策について意見交換する場をもち、対等に議論し、協力できるような関係性を築いている。こうした活動を続けるなか、ピースボートは、2002 年に国連の経済社会理事会との特別協議資格をもつ NGO として認定された。

②ピースボート災害支援センター[4]

　ピースボートの活動から生まれた団体として、2011 年の東日本大震災の際に災害支援活動を開始し、その後一般社団法人となったピースボート災害支援センターがある。このセンターの代表理事の山本隆氏は、ピースボートの専従職員として「先遣隊」の活動に 20 年間携わった人物である。「先遣隊」は、船旅の寄港地の調整や、寄港地で行うプログラムの調整を行う。寄港地には開発途上国、被災地や戦争の被害を受けた国もあり、そのような国に対して、船旅参加者が必要な物資を届けるという活動を実施していた。現地のニーズの把握には、現地の人々との信頼関係の構築が必要である。また、山本氏は、長年にわたり船旅1回に乗船する約 1,000 人の動きを考え、船旅の内容を構成してきたた

注4）　本項は、中原一歩（2011）『奇跡の災害ボランティア「石巻モデル」』（朝日新書）を参照した。

写真提供：ピースボート

**写真 7 - 9　ICAN のノーベル平和賞受賞
　　　　　　後ピースボートの事務所で
　　　　　　行った記者会見**

写真提供：ピースボート

**写真 7 - 10　ICANのキャンペーン
　　　　　　　会議で発言する被爆
　　　　　　　者のサーロー節子氏**

め、その経験が東日本大震災の際のボランティア派遣や、大人数のボランティアの調整に生かされた。現在、ピースボート災害支援センターは、ピースボートとは別組織となっており、国内外の災害支援や、災害に強い社会づくりのために防災・減災にも取り組んでいる。

（5）今後の展望―国際化の対応・船旅の独自性・ネットワークの構築

　今後の展望として、野平氏が挙げた点は、国際化の対応、船旅の独自性のアピール、ネットワークの構築の３点である。

　１点目は、船旅の参加者の国際化への対応である。以前は、日本からの参加者がほとんどであったが、現在は、中国、台湾、シンガポール、マレーシアなどアジアの各地からの参加者が増えている。参加者の３割が、日本以外から参加している。2005 年からは、ピースボートと韓国の環境財団が共催で Peace & Green Boat というクルーズも実施している。

　国際化が進むなかで、多様な言語への対応（通訳、多様な言語による講座）や食事への配慮が必要になっている。また、船上で、参加者同士の考え方の違いによる衝突が起こることがあるが、参加者が異なる視点や、文化の違いに気づくことが真の国際交流だと捉えている。多くの外国からの参加者を受け入れ、船上においても国際性を深化させることをピースボートは目指している。

　2点目は、ピースボートの独自性のアピールである。ピースボートが、船旅で平和や社会問題を扱い、啓発活動を実施している点について、これまで十分に表に出してこなかった一面がある。これは、競争相手である民間企業による観光客船の旅行とピースボートの船旅が遜色<ruby>遜色<rt>そんしょく</rt></ruby>ないことを強調してきたためである。しかしながら、世界一周の船旅が多くの民間企業によって実施されるなかで、ピースボートの魅力として、観光だけではない、平和活動や啓発活動をより強調し、アピールしていくことを検討している。これはスローガンである、「過去の戦争を見つめ、未来の平和を創る」に立ち返るとともに、このスローガンの拡散にもつながる。

　3点目は、関係者との間のネットワークの構築である。ピースボートは、乗船した参加者とのネットワークの構築にはこれまで力を入れていなかった。しかしながら、様々な活動をしていくと、ピースボートの船旅の参加経験者、ボランティア経験者、ゲスト講師経験者、職員経験者が多くいるという。船旅後、日常に戻った後も、ピースボートでの経験をもとに、社会問題など、お互いに語り合えるような関係性の構築が望まれる。ネットワークの構築がピースボートに求められているといえる。

　ピースボートは、船旅という国際交流事業を展開し、その活動自体が団体の目的である啓発活動と重なるとともに、団体の収入になっている

点から、大変独自性のある団体である。継続的な収入は、団体の財政的な安定性のみならず、活動の継続性にも影響する。NGO のなかには、フェアトレードなど収益事業を行っている団体もあるが、多くの NGO は収益事業の難しさに直面している。長期間にわたり継続的に続いている、ピースボートの船旅事業の経験は、収益事業を行う NGO にとって学ぶことが多いだろう。

4. おわりに

　本章では、日本に本部を置く NGO 2 団体について紹介した。この 2 団体は、国際的に活動する NGO であるが、その組織形態は大きく異なる。ここでは、その団体の設立経緯、強み、課題、今後の展望を概観することによって、その団体の活動や状況の理解を深めることを目的とした。両団体とも、日本の NGO のなかでは規模が大きく、経験が長く、比較的認知度の高い団体である。日本の国際協力 NGO は、JANIC に登録されている団体だけで、約 430 あり（外務省・JANIC 2016）、ピースボートのように登録していない NGO も多くある（なお、一般社団法人ピースボート災害支援センターは登録されている）。そして、そのような NGO の多くは、組織として小規模な場合も多い。小規模な NGO は資金調達、人材育成、広報など様々な困難に直面している。そういった小規模な NGO については、本章では触れることができなかったが、NGO には様々な団体があり、それぞれの活発な活動が国際協力に貢献している。

謝辞
　本章執筆のためにご協力いただいた、公益社団法人シャンティ国際ボランティア会事務局長の山本英里氏（インタビュー日：2019 年 12 月 4 日）、及びピースボート共同代表の野平晋作氏（インタビュー日：2019 年 11 月 1 日及び 13 日）、両名に深謝の意を表する。

参考・引用文献

外務省・特定非営利活動法人国際協力 NGO センター（JANIC）（2016）『NGO デー
　　タブック 2016—数字で見る日本の NGO—』、外務省国際協力局民間援助連携室
シャンティ国際ボランティア会（2011）『図書館は、国境を越える—国際協力
　　NGO30 年の軌跡—』、教育史料出版会
シャンティ国際ボランティア会（2020）『年次報告書 2019—本の力を、生きる力に。
　　—』、公益社団法人シャンティ国際ボランティア会
中原一歩（2011）『奇跡の災害ボランティア「石巻モデル」』、朝日新書

＊本章で言及した NGO のウェブサイト一覧
公益社団法人シャンティ国際ボランティア会　https://sva.or.jp/
ピースボート　https://peaceboat.org/home.html
特定非営利活動法人 国際協力 NGO センター（JANIC）　https://www.janic.org/
一般社団法人 ピースボート災害支援センター　https://pbv.or.jp/
ICAN（International Campaign to Abolish Nuclear Weapons）　https://www.
　　icanw.org/

学習課題

1. 日本の NGO のウェブサイトや活動報告書を見て、その NGO の活動内容（プロジェクト、活動地等）を調べてみよう。
2. 日本の NGO が主催、参加するイベントに参加して、その NGO で働く人に話を聞いてみよう。
3. 日本の NGO の事務所やイベントで、ボランティアやインターンをして、NGO の実際の活動を知ろう。
4. イベントやボランティア活動を、各 NGO のウェブサイトや、JANIC のウェブサイト（https://www.janic.org/ngo/information/）からチェックしてみよう。

8 | ソーシャルビジネス

大橋正明

《**目標＆ポイント**》 NPO・NGO にとって、持続的な資金確保は容易ではない。それゆえ、社会的課題を解決するための事業をビジネスの手法を用いて行い、それで得られる対価収入を用いて、組織と活動を維持発展させていく事業型 NPO が注目されている。

　一方、株式会社や合同会社という営利組織ではあるが、出資者への配当より社会的課題の解決をより重要なミッションとする社会的企業も盛んである。

　こうした動向を、日本とバングラデシュでみてみる。

《**キーワード**》 事業型 NPO、社会的企業、ソーシャルビジネス、フローレンス、クロスフィールド、ビッグイシュー、グラミーン銀行、マイクロ・クレジット

1. NPO・NGO にとっての資金

　何らかの社会的課題の解決を目指すのが NPO・NGO だが、その解決には何年もかかる場合がほとんどであり、そのためには組織的活動の継続が必要である。そして NPO・NGO の安定した継続には、安定した財源が不可欠である。問題は、どこからどのように資金を安定的・継続的に確保するかだ。NPO・NGO の多様な資金源は、図 8-1 に示したように自己資金と外部資金、対価性資金と支援性資金の 4 つに分類することができ、それぞれ特徴を有している。

　多くの NPO・NGO にとって最も望ましいのは、自己資金の支援性の

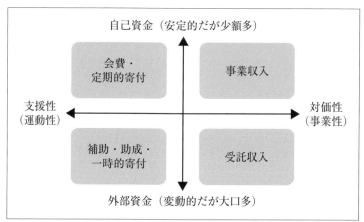

出所：（山岡、2003, p.7）を筆者が一部改変

図8-1 NPO・NGO の財源の4種類とそれぞれの特徴

強い財源、具体的には会員（正会員や賛助会員等）からの会費や個人からの定期的な寄付である。これらの拠出者はその NPO・NGO の目的を理解した上で、その使途に何らかの制約を課すこともない資金を提供する。それゆえ多くの NPO・NGO は、それを組織の一般管理費に充てる。しかも会員は、会費の支払いを長期間行うので安定する。寄付もマンスリーサポーターのように制度化すれば、会費と同様に安定化する。そうでない場合は、変動性が大きくなる。いずれにせよ会費や定期的な寄付は一般に少額が多いために、安定した組織運営のためには、それなりの数の会員や寄付者を常に保持する必要がある。しかしその実現や保持は容易ではない。

　そのせいもあり、多くの NPO・NGO は、特定の活動に向けられたドナー（資金提供）団体の資金にも頼っている。外務省と JICA（国際協力機構）と、政府資金などを緊急救援資金として提供するジャパン・プ

ラットフォーム（JPF[1]）は主に国際協力 NGO、環境省系の地球環境基金[2]は主に環境保護の NPO・NGO、日本財団やトヨタ財団などの民間の企業や財団は多様な NPO・NGO のそれぞれ特定の活動に対する補助金や助成金を提供している。これらの資金の多くは大口なので助かるが、一般管理経費に充当出来る部分がほとんどないかそれほど多くなく、かつ 3 年間程度の期限付きなので、中長期的には安定しない。ドナー団体が支援する対象地域や事業分野をドナーの都合で過度に絞ったり、NPO・NGO がドナーの審査をとおりやすい活動を優先する傾向が強くなると、現場のニードや NPO・NGO の独立性や自主性に負の影響が及ぶ危険性もある。

　ただ、合計で年間 50 億円程度を提供している外務省の日本 NGO 連携支援無償資金協力（N連）と JPF は、NGO の予(かね)てからの要求にようやく答えて、2019 年度から一般管理費率をそれまでの 5 ％から 15% に増加させたので、今後の国際協力 NGO での変化を見守る必要がある。さらに、主に日本の社会的課題に取り組む NPO に向けて、年間 700 億円ほど発生する休眠預金が 2020 年度から助成・貸付・出資といった形で提供されることになった。未だその詳細は不明だが、その額が大きいので、日本の NPO にとって正否の大きなインパクトが、今後数年間で生じる可能性がある。

　休眠預金の資金活用が始まるまでは、国内や地域の課題を扱う NPO に資金を提供するドナー団体が限られてきたこともあり、地方自治体などから業務委託や指定管理の契約を結び、数年間にわたり公的な施設の運営や管理を行うことでそれなりの額の受託収入を確保する NPO が少なくない。地方自治体からみると、自分たちがやるより費用が節約できる。受託側からみると、資金面では工夫次第で利益を生めるし、そうで

注1）　JPF 自体が「国際協力 NGO」と称する NPO 法人である。
　　　 https://www.japanplatform.org/
注2）　地球環境基金は、独立財団法人環境再生保全機構の事業である。
　　　 https://www.erca.go.jp/jfge/

なくても人件費の多くを中期的に確保できるので安定する。しかし、これに過度に依存して寄付などの自己資金確保を怠る傾向が強く、本来の自立した市民活動が損なわれる「NPOの下請け化問題」がしばらく前から指摘されている（田中弥生、2006 & 2008）。

もう1つの資金源である事業収入は、大別すると2つのタイプがある。1つは活動資金づくりを目的に、本来の活動とは直接関係のない物品販売などを行うタイプで、もう1つは、NPOが挑戦する社会的課題を解決するための活動を行い、それへの対価を受け取って組織と活動を維持や拡大をしているタイプである。

この後者が、本章が扱う事業型NPOである。それに加えて本章では、組織的には株式会社などの営利企業だが、社会的課題解決のための事業から生じる剰余金を活動に再投資して実質的に非営利である社会的企業も扱う。

なおNPOは、特定の財源に過度に依存することなく、先に挙げた4種類からそれぞれが適当と考える割合で資金を得ることによって、資金的安定性を確保しやすくなる。事業型NPOでも、それは同様である。例えば、後述する病児保育で知られるフローレンスの場合は、2018年度の事業収益は全収入27.2億円の90％で、寄付や助成金等が10％で、4年前にはその両者がほぼ半々だった状態から、明らかに事業に軸足を移している。対照的によく知られた子どもの教育支援活動を行う事業型NPOのカタリバは、2018年度の収入10.3億円の内、事業は僅か5.8％、会費・寄付・助成金が62.9％、事業委託費が31.3％である。ところが2014年度の収入は、事業が59％で会費・寄付・助成金が36％であったから、明らかに事業から寄付などに軸が移動している。

2. ソーシャルビジネスの歴史とその要件

　事業型 NPO や社会的企業は、国際的にはソーシャルビジネスやソーシャル・エンタープライズ、それらの起業者はソーシャル・アントレプレナー（社会的起業家）などと呼ばれている。欧米では小さな政府が志向され補助金が減少した 1970〜80 年代に始まり、本章が例示するバングラデシュの貧困層向けのグラミーン銀行も、78 年に NGO として活動を始めた。

　日本で社会的な注目が本格的に集まりだしたのは、15 年程前からである。例えば、2007 年 7 月 18 日号のニューズウィーク日本版が掲載した「世界を変える社会起業家100」に、病児保育のフローレンスの駒崎弘樹と有機農産物の普及を手掛けた大地を守る会の藤田和芳を含む日本人6 人が選ばれている。また、同年9 月から日本の経済産業省は、駒崎弘樹とビックイシューの佐野章二を含む11 人のメンバーからなる「ソーシャルビジネス研究会」を開始し、翌年4 月に報告書を発表している。

　この報告書は、ソーシャルビジネスの要件として、以下に述べる3 点を挙げた（ソーシャルビジネス研究会、2008 年、p.3）。

① 社会性：現在解決が求められる社会的課題に取り組むことを事業活動のミッションとすること。

② 事業性：①のミッションをビジネスの形に表し、継続的に事業活動を進めていくこと。

③ 革新性：新しい社会的商品・サービスや、それを提供するための仕組みを開発したり、活用したりすること。また、その活動が社会に広がることを通して、新しい社会的価値を創出すること。

　本章は以上の3 点に加えて、組織が営利型の社会的企業の場合は、収

益を株主や出資者に還元することを制限して、ミッションの事業などに再投資することを条件とする。いずれにせよこうしたソーシャルビジネスの定義は、未だ多様である。

3. 事例紹介

（1）事業型 NPO のフローレンス

　認定 NPO 法人であるフローレンスは、当時 25 歳の駒崎弘樹によって 2004 年に創設された典型的な事業型 NPO である。

　1979 年生まれの駒崎は、大学在学時に学生の IT ベンチャーを立ち上げ経営者として活躍していたが、その仕事を自分の心の底からやりたいとは感じていなかった。一方ベビーシッターをしていた母親の顧客が子どもの発熱のため仕事を休んだために、会社から解雇されたという病児保育の不足あるいは欠如という深刻な社会問題に触れ、強い憤りを感じた。このため、地域の力で育児と仕事を両立するのが当然の社会をつくることを決意して、IT 企業の社長を辞めた。

　病児保育とは、病気のせいでいつも通っている保育園や小学校に行けない子どもを、仕事中の親に代わって看護と保育を行うことだ。子どもの安全と健康に通常以上に注意を払い、病状変化に際して、医師に診せるかどうかの判断をする必要がある。その意味で、健康な子どもを預かるベビーシッターより難しい仕事だ。

　フローレンスの最初のメインの事業は、東京とその近辺に住む共働きやひとり親の子育て家庭を対象に、その子どもの自宅に

写真 8-1　フローレンス
理事長　駒崎氏

保育スタッフを派遣し、そこで親に代わって朝から晩まで病児の保育を行うことだ。子どもは急に病気になることが多いので、当日の朝8時までの予約には100％対応しているのは心強い。ITを十分に活用しており、その申し込みはPCやスマホなどから、そして預けた子どもの様子も午後にはオンラインで知ることができる。保育園への出迎え、病児をかかりつけ医に連れていく受診代行、スタッフが病状について相談するための看護師の本部常駐、提携医師の往診、別の保育スタッフによる支援のための巡回など、細心のサービスを提供している。そのためフローレンスでは、保育士や幼稚園教諭、あるいは子育てベテランの人たちに入念な研修や実習を施し、「病児保育のプロ」を養成している。

　このサービスを受けるために、親は入会金や毎月の会費を払う会員でなければならい。つまり、会員が会費を出し合い助け合う共済である。この月会費は、子どもの年齢と病児保育の利用回数によって年に4回見直されるシステムで、2020年2月段階で5,100円〜25,300円で、これには月1日の利用料金が含まれている。月1回以上の利用や時間延長には、それなりの料金が発生する。また1人親世帯には、大幅に安い会費や料金のシステムが用意されているが、これで発生する赤字分は寄付で賄っている。ちなみに、2018年度の寄付は1.7億円である。

　ここ数年来、資金的にみたフローレンスの中心事業は、都心の空き物件を活用した小規模保育園で、待機児童対策として広く注目された。2020年2月時点で、東京と仙台市に16の保育園を運営している。2018年度からは、これらの園に「保育ソーシャルワーカー」という園児の多様性に対応でき、相談に応じて社会資源、つまり福祉ニーズの充足のために利用・動員できる施設や設備、資金や物品、諸制度、技能、知識、人や集団などの有形・無形のハードウェアおよびソフトウェアに関する専門知識を提供出来るスタッフを配置している。

　さらに困難状況な疾病状態だったり、専門的な医療的ケアが必要なため通常の保育サービスを受けられない幼児のために、都内に6の保育園を開設・運営するほか、そうした子どもを対象に都内16の区で週2～5回利用できる自宅でのマンツーマン保育を行っている。

　こうした困難な問題に果敢に取り組む一方で講演や出版活動も盛んに行っているフローレンス理事長の駒崎は、最先頭を走る若きソーシャル・アントレプレナー（社会的起業家）なのである。

（2）新興国のNGOと日本の会社を「留職」でつなぐクロスフィールズ

　NGOのことをよく理解している1980年代生まれの2人が、起業のために外資系の経営コンサルティング会社で数年間修業を積んだ後、東日本大震災直後の2011年5月に旗揚げしたのが、NGO法人クロスフィールズである。この団体が手掛けるのが、社員が企業に留まりながら新興国のNGOや社会的企業で数か月間にわたって課題解決に取り組む、「留学」ならぬ「留職」というユニークなプログラムである。このクロスフィールズは、2014年に日経ソーシャルイニシアチブ大賞の新人賞を受賞して、最近は急速に事業を拡大しており、メディアでの露出も多い。

　日本の大企業が関係をもつことがほぼ困難な新興国のNGOや社会的企業の現場での貴重な体験を、この団体を通じることで社員に安全に体験させられる、という点が何よりの売りである。このプログラムを通じて企業には、その社員である参加者にリーダーシップの実践、現地社会の体感、活力ある組織風土の醸成という経験や実感が得られることが期待されており、日本の有数な大企業の参加が目立つ。一方、新興国のNGOや社会的企業にとっては、受け入れによって生産や販売のシステムや技術が改善するし、日本の大企業との人的ネットワークができるので、ウィンウィンの関係が実現する仕組みになっている。

　このプログラムは、その売り込みを受けた日本の企業がこのユニークな社員研修を行うことを決定した後、その詳細な設計をすることから始まる。その研修に派遣する社員が選定されると、今度はその本人と話し合いを重ね、その社員の希望やスキルなどに基づいて適切な派遣先団体を選定し、その団体と業務内容などの詳細な調整を行う。その後、その社員に対して相手国における安全管理や派遣先団体などに関する事前研修を実施して、派遣に至る。

　原則3か月から半年間程度の派遣期間では、プロジェクト開始後1週間はクロスフィールズの職員が同行し、スムーズな業務開始を保障する。帰国後には、社内で振り返りと報告会を行うだけでなく、他社との合同研修も実施する。そして終了後にも、留職経験者向けのイベントを定期的に実施して、ネットワークの保持に努めている。そうすることで、一層この輪が縦横に広がる可能性も高い。

　2018年度末までの8年間に、参加企業は49社、参加者は181人で、その多くは20〜30歳代で、エンジニアや営業職、研究職が多い。現地ではオペレーション改善やシステム開発・導入の仕事を、インドネシアやインド、カンボジアなどアジア11か国の102の受け入れ団体で実施してきた。18年度の決算をみると、収入は事業1.8億円、会費90万円、講演料などのその他166万円など、一方支出は1.7億円弱なので1,500万円ほどの黒字である。

　2019年末の時点で有給職員20名、理事5名の体制である。理事のうち、共同創業者の小沼大地と松島由佳が職員を兼ね、小沼が代表理事を務めている。

　2016年より、若手社員向けである留職プログラムに加え、日本の企業幹部を対象とした「社会課題体験フィールドスタディ」の事業も開始している。この事業は、企業幹部の社会課題への理解が深まることに加

写真8-2　ベトナムの社会的企業で太陽光調理器の
　　　　改善に取り組む

　え、それらの企業が留職プログラムなどの社会課題解決に向けた取り組
みをさらに強化することにもつながる。
　この社員の留職と幹部のフィールドスタディのプログラムは、現地の
課題への直接的貢献により、日本の大企業が抱きがちな途上国やNGO
への偏見や思い込みを改善することにより多く貢献しているようにみえ
る。その根底には、このユニークな取り組みを始めた共同創業者の2人
のそれまでの経験にあるようだ。
　小沼大地は大学を卒業後、青年海外協力隊の隊員として紛争前のシリ
アに2年間赴任。貧困層向けのマイクロ・クレジットを行う現地NGO
で情熱あふれるシリア人と働くことで、「途上国は貧しい」という思い
込みが一掃された。その後、経営コンサルタントとして3年間勤務する
なかで、日本の企業で働く社員が抱える様々な課題を知ったのだとい
う。

　松島由佳は、カメラマンの父親が代表を務める NGO がつくったカンボジアの病院を中学生の時に家族で見に行ったことが原点で、「将来はこういう仕事をしたい！」と思うようになった。しかし、日本では NGO や NPO の認知度が低く、かつ収入も十分ではない。それで「NGO や NPO で働いていると、胸を張って言えるような社会にしたい」という思いを抱いたという。つまり彼女は、NGO や NPO に対する社会的認識の改善を志している。

　この 2 人は、日本の NPO や NGO が長く直面してきた課題をよく認識し、それらに正面から挑戦するために、NPO 法人を選択している。加えて、NGO や NPO 全体の発展にも力を注いでおり、小沼は NGO やソーシャルビジネスの「業界団体」である国際協力 NGO センター（JANIC）や新公益連盟などの理事を務めている。

　この 2 人がもつ時代の風向きを読む鋭い嗅覚に、今後も注目していきたいものだ。

（3）有限会社で始まり、NPO 法人との両輪となったビッグイシュー

　ビッグイシューは、ホームレスの人たちに仕事を提供して自立を応援することを目的とした、世界的なソーシャルビジネスである。アメリカでホームレスだけが販売できるストリートペーパーと呼ばれる新聞を見かけたイギリスのザ・ボディショップの創業者が資金を提供し、自身もホームレスだったジョン・バードが創始者となって 1991 年にイギリスのロンドンでこの雑誌の発行が始まり、次第にイギリス内外で同様な動きが広がっていった。1994 年には「国際ストリートペーパーネットワーク（INSP）」がイギリスで結成され、ビックイシューを含めた 35 か国から 100 以上のストリートペーパーが参加している。

　日本では元々は都市問題のコンサルタント業で、NPO の中間支援組

織や阪神淡路大震災救援の NPO に関わってきた佐野章二や、当時は佐野の事務所のスタッフで日本版の編集長となる水越洋子、佐野の娘の佐野未来らが設立した有限会社ビッグイシュー日本によって、「ビッグイシュー日本版」として 2003 年から始まった。

　2020 年 2 月段階で全国 13 の都道府県の主要都市の駅頭や街頭で、販売者が月 2 回発行のこの雑誌を立売りしている。この販売者の人たちはホームレス、正確には路上で生活しているか、安定した住まいをもたないか、もったが安定していない人たちである。販売者としてのノルマや年齢制限はない。特定の売り場を割り当てられた彼らは、最初に雑誌を 10 冊無料で受け取り、その販売収入で次回から 1 冊 170 円で仕入れ、350 円で販売すると 1 冊当たり、180 円の収入を得る。

　少し古いデータだが 2018 年 8 月段階で、販売者は 114 人、これまでの販売者に登録したのは延べ 1,837 人、路上生活の卒業者は 200 人である。創刊から 19 年 11 月までの 16 年間で、累計 867 万冊を販売し、ホームレスの人の手に 13 億円余りの収入を提供してきた。またこの活動を、スタッフは 21 人（フルタイム 12 人、パートタイム 9 人）が支えている。

　ビッグイシューによると、販売者は 1 号あたり 150 〜 200 冊を販売し 2.7 〜 3.6 万円、つまり月に 5.4 〜 7.2 万円の収入を手にしている（ビッグイシュー 377 号、p.25）。これだけではホームレス状態からすぐには脱出できない。そのためビッグイシューは、僅かでも定期的に貯金を続けアパート入居と就職後最初の給与の受け取りまでの 1 か月分の生活費を確保し、就職して自立する、というステップを想定している。決して短期間でも容易でもないので、こうした自立に至る販売者は全販売者の 1 割強である。

　この限界はこの会社も認識しており、活動開始から約 4 年を経た 2007 年に、イギリスを真似て、就業を含めた総合的なサポートを目的

とする非営利団体ビッグイシュー基金を設立し、その翌年に NPO 法人となっている。つまり当初は会社組織だけだったが、活動のために非営利組織との両輪化をした。

このビッグイシュー基金は、当事者への情報提供や健康診断、サッカー大会や路上文学賞などを通じたホームレスの人々への生活自立応援、社会的不利・困難を抱える若者応援事業などホームレス問題の予防や解決のためのネットワークづくりと政策提言、ボランティア活動と寄付などを通じた市民参加の3本柱で活動を行っている。そうした一環として 2015 年からは、ホームレスになる原因の1つであり、さらに、そこからの脱却する障害でもあるギャンブル依存症に注目し、両者の深い関係に関する調査研究・出版を重ねている。

ビッグイシュー基金の 2018／19 年度の総収入は約 7,131 万円、この76.6％が寄付、13.3％が会費なので、自己資金が 90％を占めている。ちなみに、これを支える同年度末の会員と寄付者が 2,969 名である。2017/18 年度に比べて会費が減少傾向だが、大口の遺贈寄付で収入額を伸ばしている。

ところで日本の路上生活者の数は2007 年に 18,564 人だったものが、2019年には 4,555 人へと 75.5％減少している。ただビッグイッシューは、この調査が路上生活者に限定されており、「安定した住居がない状態でネットカフェ等を利用する人は、都内だけで一晩に 4,000人いると推計」と指摘している。

しかし図 8-2 に示されたように、ビックイシューの販売者数と販売冊数

写真 8-3　街頭での販売者

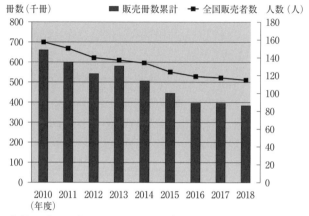

出所：ビッグイシュー No. 377 より

図8-2　ビッグイシューの販売者数と販売冊数の推移

は、どちらも減少している。このため、2018年度には営業赤字が2千万円近く、累積赤字は3千万円余りになっている。このため、2020年2月の377号は、この年の4月から販売価格を450円に値上げすると発表した。同社の期待では、これで販売者の取り分が50円上昇して230円になり、販売者が1号につき175冊販売すると月に8万円ほどの収入となり、生活保護の生活扶助費の水準になるとしている。同社の赤字の減少と販売者の収入増加の両方が、今後上手く行くことが望まれる。

　社会的企業が注目されているが、こうした社会的課題に対して行政・NPO・社会的企業が果たすべきそれぞれの役割がある、とビッグイシューの佐野は強調している。

（4）バングラデシュのグラミーン銀行とNGOによるマイクロ・クレジット

　バングラデシュのムハマド・ユヌスとその彼が創設したグラミーン（ベンガル語で「農村の意味」）銀行は、マイクロ・クレジット（以下

MC）と呼ばれるソーシャルビジネスを編み出し、世界に広く普及させたことで、2006 年にノーベル平和賞を受賞した。

　MC とは、一般の銀行が融資対象としない担保になる財産や読み書きの知識がない貧しい人々に、小額な資金を無担保で銀行より少し高い利子で貸し出し、高い回収率を上げるという革命的な手法だ。借り手たちはそれを元手に小規模な事業を行い、収入を増やして借り入れ直後から毎週返済し、それが約 1 年後に完済すると、次にもう少し大きな額が貸し出される。こうしたサイクルを繰り返すことで、借り手たちは次第に貧困から脱却していく。これによって、それまで頼っていた法外な利率を課す村の高利貸しの搾取から自由になる、という効果もある。

　なお、このマイクロ・クレジットに、貯蓄や保険といったサービスを加えたものを、マイクロ・ファイナンス（MF）と呼ぶ。現在のバングラデシュでは、このマイクロ・ファイナンスの方が主流になっている。

　話をユヌスとグラミーン銀行に戻そう。ユヌスはバングラデシュの国立ダッカ大学を卒業後、1965 年に米国に留学して博士号を取得し、米国の大学で経済学を教えていた。しかし新しく独立した故国に貢献する志を抱き、独立翌年の 1972 年にバングラデシュに帰国し、国立チッタゴン大学の経済学科長に就任した。その後彼は大学近くのジョブラ村を歩き回り、そこで竹で椅子を編んで生活していた貧しい村の女性から、彼女の収入が少ない原因が高利貸しによる搾取であることと、同様な貧困層が多いことを学ぶ。そうした 42 世帯に、ユヌスが自分のポケット・マネーから 27 ドルを貸し付けたところから、グラミーン銀行の MC が始まった。1976 年から私的なプロジェクトとして始まり、成功・拡大していく。旧知の当時の財務大臣の助けもあって、1983 年に同プロジェクトはバングラデシュの特別法による特殊銀行となり、政府や国連国際農業開発基金（IFAD）からの出資を得る。その後グラミーン銀行は、

その株式の大半を借り手、つまり村の女性たちが保有する方針を取っている。

　グラミーン銀行のMCの2019年の返済率は、バングラデシュの市中銀行より高い95％である。元々は借り手5人一組のグループをつくり、その連帯責任を担保の代わりにしていたが、今ではこの連帯責任制は取られていない。

　例えばある村の女性が、グラミーン銀行から1万円を借りて雌鶏を10羽購入した、と仮定しよう。産卵率70％とすると毎日7個、1週間で49個の卵がとれ、1個15円で販売したとすると売り上げが735円である。一方借りた1万円は50週の均等返済なので利子を除くと、1回の元本返済は200円である。売り上げからこの200円と飼料代300円程度を差し引いた235円程度が手元に残る。ここでは初期投資や労賃、鶏の病気・事故などのリスクを無視しているが、約1年後に元本と利子を払い終えたら鶏が自分の財産になる。ちなみに、年利子20％は高くみえるが、借り入れ直後から毎週返済するので、実質金利は10％、あるいは借り入れた金額の半額の20％である。

　2019年11月時点で、グラミーン銀行は2,568支店を通じて、バングラデシュ全村の9割以上の81,392村に暮らす960万人に、964億タカ（1タカ＝1.4円とすると1,350億円）、つまり1人平均11,000タカ（16,500円）を貸している。また借り手の97％は、既婚の女性である。

　しかし、グラミーン銀行が成功させ、さらに国内の多くのNGOや外国に広めたMCは、貧困問題を解決する万能薬ではなく、以下のような課題があることを理解しておく必要がある。

1）最貧層の排除：貧しい村人は1日中生活や仕事で忙しく、資金を借りて適切に活用するだけの余裕がない。さらに連帯責任制の場合には、返済が滞るリスクを避けるためにメンバーから排除され、新た

写真8‐4　グラミーン銀行の村のセンターに
集まった女性たち

　　な格差が広がる危険性がある。この指摘を受けて、グラミーン銀行
　　などは最貧困層向けに低利や無利子のMCや、他の支援を提供し
　　ている。

2）女性への重荷：忙しい村人のなかでも、特に既婚女性は家事や育児、
　　農作業などで忙しい。MCによる新たな事業収入は、その女性の発
　　言力を増すかもしれないが、一方ですでに十分忙しい女性の仕事の
　　重荷をさらに増すかもしれない。また、バングラデシュではMC
　　の資金が夫や息子などに使われる場合も多いので、MC機関が女性
　　を無償で使ってその借り入れや返済の実務と責任を負わせている、
　　ともみえる。

3）経済開発中心：MCは草の根レベルでの経済開発を目指すものだ
　　が、社会開発、具体的には教育や保健衛生、住民の組織や意識化な
　　どが軽視、あるいは後回しにされる傾向がある。

4）NGOの脱線：社会開発を目指すNGOが、MCやMFが生み出す
　　自己資金確保に魅了されこうした金融事業を活動の中心に据えるこ
　　とで、社会開発の本業が疎かになってしまう恐れがある。

　2011 年 3 月、バングラデシュ中央銀行は定年超過を理由にユヌスをグラミーン銀行総裁から解任すると発表した。その後数年間、この解任を巡ってユヌスとバングラデシュ政府の間で裁判が続いた。しかし現在は、ノーベル賞受賞直後の 2006 年に彼の思想とソーシャルビジネスの普及を目的に設立された「ユヌス・センター」という別組織の代表として、世界を飛び回っている。日本でも、いくつかの民間企業や大学が、その組織と連携してユニークな展開をしている。

4.　まとめ

　こうしたソーシャルビジネスが発展拡大していくことは、社会的課題の解決に筋道を付けたり、社会をより豊かにしていく重要なステップである。しかし、ビッグイシューの佐野が指摘しているようにすべての社会的課題が、ソーシャルビジネスだけで解決できると安易に考えることは、バングラデシュのグラミーン銀行で示したように適当ではなかろう。

　会員や支持者からの会費や寄付に立脚した NPO や NGO、あるいは社会運動だからこそ成し遂げられる課題、または、小さくなる一方の行政がもっと責任を引き受けるべき課題などもあるし、一般の民間企業の役割もあるはずだ。さらにはこれら複数のセクターがパートナーとして連携して取り組むべき課題もある。事業型 NPO や社会的企業、つまりソーシャルビジネスの今後は、こうした視点からも注目していくべきだろう。

　なお、経済産業省や日本政策金融公庫、京都市、神戸市など地方自治体がソーシャルビジネスを支援している。内閣府の 2014 年に実施された調査[3]は、日本にある社会的企業の数は 20.5 万社で全体の 11.8％、社

注3）　内閣府、2015 年、我が国における社会的企業の活動規模に関する調査報告書：https://www.npo-homepage.go.jp/uploads/kigyou-chousa-houkoku.pdf#search='%E7%A4%BE%E4%BC%9A%E7%9A%84%E4%BC%81%E6%A5%AD%E3%81%AE%E6%95%B0+%E8%A6%8F%E6%A8%A1

会的企業の付加価値額は 16.0 兆円で対 GDP 比 3.3％、有給職員数は 577.6 万人としている。こうした支援や調査の対象先の定義や実態が、本章で掲げたものと同じかどうかは断定できないが、日本でも世界でも現代の 1 つの時代の波が、ソーシャルビジネスであることは間違いない。

参考・引用文献

駒崎弘樹、2016 年、社会を変えたい人のためのソーシャルビジネス入門、PHP 新書 1022

坂本恒夫ほか、2017、NPO、そしてソーシャルビジネス、文眞堂

佐野章二、2010 年、ビッグイシューの挑戦、講談社

佐野章二、2013 年、社会を変える仕事をしよう、日本実業出版社

ソーシャルビジネス研究会、2008 年、ソーシャルビジネス研究会報告書、経済産業省
　http://www.meti.go.jp/policy/local_economy/sbcb/sbkenkyukai/sbkenkyu
　kaihoukokusho.pdf#search='METI+%E3%82%BD%E3%83%BC%E3%82%B7%E3
　%83%A3%E3%83%AB%E3%83%93%E3%82%B8%E3%83%8D%E3%82%B9%E7%
　A0%94%E7%A9%B6%E4%BC%9A'（2016 年 1 月 24 日閲覧）

すぎたとおる他、2016 年、ユヌス教授のソーシャルビジネスまんが版、滋慶出版

田中弥生、2006 年、NPO が自立する日 行政の下請け化に未来はない、日本評論社

田中弥生、2008 年、NPO 新時代 市民性創造のために、明石書店

ビックイシュー基金ギャンブル障害研究グループ、2019 年、ホームレス状態とギャンブル障害―121 人のヒアリングから、ビッグイシュー基金

谷本寛治（編著）、2006 年、ソーシャル・エンタープライズ 社会的企業の台頭、中央経済社

ムハマド・ユヌス、2010 年、ソーシャルビジネス革命―世界の課題を解決する新たな経済システム、早川書房

ムハマド・ユヌス、2018 年、3 つのゼロの世界―貧困 0・失業 0・CO_2 排出 0 の新たな経済、早川書房

学習課題

1. 身近な NPO・NGO が財政状況を公開していたら、その収入源と全体に対する割合を、本章図8-1の4つの象限に従って分類、計算してみよう。
2. 身近なところに、ソーシャルビジネスがないか、メディアの記事や検索機能を使って探してみよう。
3. バングラデシュのグラミーン銀行について、もっと調べてみよう。

9 | フェアトレードの変遷と動向

利根川佳子

《**目標＆ポイント**》　本章では、国際的に認知度が高まっているフェアトレードの変遷と動向を理解し、フェアトレードの意義や関連する議論について考察することを目的とする。本章の構成は、国際的なフェアトレードの変遷と動向とともに、日本におけるフェアトレードの変遷を概観する。また、日本におけるフェアトレードの事例を紹介し、最後に近年活発になっているフェアトレードタウンの動きについて紹介する。本章で学び、考えたことをもとに、自身の消費者行動についても考えてもらいたい。
《**キーワード**》　フェアトレード、フェアトレード認証制度、フェアトレードタウン、消費者教育、倫理的消費

1. はじめに―フェアトレードとは

　皆さんのなかには、スーパーやカフェなどで、フェアトレードのコーヒーを見かけたことがある人も多いのではないだろうか。フェアトレードは、日本においても近年、身近な存在になっている。フェアトレードの定義は多様であるが、例えば、フェアトレード・ラベル・ジャパンは、「フェアトレードとは、開発途上国の原料や製品を適正な価格で継続的に購入することにより、立場の弱い開発途上国の生産者や労働者の生活改善と自立を目指す『貿易の仕組み』」であるとしている。複数の国際的なフェアトレード組織の連合体である FINE[1]は、以下のようにフェアトレードを共同で定義している。

　フェアトレードとは、より公正な国際貿易の実現を目指す、対話・

注1）　設立当初参加した4団体の頭文字をとって名付けられた。

透明性・敬意の精神に根差した貿易パートナーシップのことをいう。フェアトレードとは、とりわけ南の疎外された生産者や労働者の人々の権利を保障し、彼らによりよい交易条件を提供することによって、持続的な発展に寄与するものである（渡辺2010：3）。

旧宗主国から見て、旧植民地が南の方角にあったことから、「南」とは、いわゆる開発途上国（以下、途上国）を意味しており、上記の定義では、特に途上国で、経済的、社会的に弱い立場にある人々の権利や自立に焦点が当てられている。また、より大きな視点では、公正な国際貿易の実施という政策提言も含まれる。途上国の生産者の状況や、貿易システムについて考えることは国際理解教育であり、自身の消費行動を見直すことは、消費者教育でもある。世界フェアトレード連盟（World Fair Trade Organization：WFTO）は、フェアトレードの10原則を示している（表9 - 1）。

表9 - 1　世界フェアトレード連盟による「フェアトレードの10原則」

> 1．経済的に不利な立場に置かれた生産者へ機会を創出する。
> 2．事業の透明性を保ち、アカウンタビリティ（説明責任）を果たす。
> 3．公正な取引を実践する。
> 4．生産者に対して公正な対価を支払う。
> 5．児童労働と強制労働を排除する。
> 6．差別をせず、男女平等と結社の自由を守る。
> 7．安全かつ健康な労働条件を確保する。
> 8．生産者のキャパシティ・ビルディング（能力強化）を支援する。
> 9．フェアトレードを推進する。
> 10．環境に配慮する。

出所：WFTO（2017）より筆者訳

2. 国際的なフェアトレードの状況と変遷

　フェアトレードの変遷については、様々な議論があるが、本節では、大きな枠組みでのフェアトレードの変遷を紹介する[2]。

（1）慈善活動としてのフェアトレード（1940年代〜）

　「フェアトレード」という概念の歴史は、1880年代の英国にまで 遡 <small>さかのぼ</small>るが、フェアトレードの活動自体の始まりは1946年のアメリカのキリスト教系の団体、メノナイト中央委員会（Mennonite Central Committee：MCC）の活動であるといわれる。MCC は、プエルトリコで、貧しい女性のための職業訓練を実施しており、その女性たちが製作した刺繍製品をアメリカに持ち帰り、教会を通してチャリティ販売したことがフェアトレードの起源とされる。

　従来の貿易とフェアトレードとの大きな違いは、仲買人の存在がある。途上国の生産者は、仲買人に生産物を買い取ってもらうことが多い。遠くの市場までの交通手段がない等の理由で、市場まで生産物を持ち込む力がないからである。仲買人同士で、縄張りを決めている場合も多く、生産者が仲買人を選ぶことも難しい。また、場合によっては複数の仲買人が入ることもあり、生産者の利益はわずかである。特に、農村部に居住する脆弱な生産者は、仲買人の言い値で買い叩かれることが多く、その場合正当な対価を得ていないことが多い。輸出入業者等、生産者から消費者までの関係者が増えるほど、生産者たちの得る利益は少なくなる状況がある。例えば、ウガンダのコーヒー生産者は、コーヒーの生豆1キロ当たり0.14米ドルで取引していた。そして、このコーヒーは複数の仲買人を通して、焙煎会社には、1キロ当たり1.64米ドルで取引された後、輸出され、イギリスのスーパーで販売される時には1キロ当た

注2）　フェアトレードの歴史や変遷は、同時期に複数の考え方が共存、対立する場合もあり、実際はより複雑である。

り 26.4 ドルになっているという（Oxfam International 2002）。つまり、このケースでは生産者との取引価格から最終的な販売価格は、約 188 倍に上がっていることになる。

　一方で、フェアトレードでは、仲買人が入らず、輸出入業者も入らないことが多い。生産者や労働者が最低限の生活をできるような正当な価格で、海外の NGO やフェアトレード団体が取引する。また、途上国には、コーヒーやバナナ、綿花といったプランテーション（大規模農園）での過酷な労働条件で働いている人々がいる。フェアトレードによる正当な価格による貿易は、そのような劣悪な労働環境の改善に貢献できると考えられる。

　ヨーロッパでは、イギリスにおいて NGO「オックスファム（Oxfam）」が、1950 年代後半から、支援先の途上国産品を販売し始めた。オックスファムは、寄付された洋服や雑貨などを販売し、途上国の支援金を集める「オックスファム・ショップ」の運営を 1948 年から開始している。そのショップにおいて、途上国産品として、最初に扱ったのは、香港の中国人難民が作った手工芸品であった。

　このように、フェアトレードは、途上国の生産者に対して収入の機会を創出し、途上国で生活する貧しい人々を救うための、人道的な動機に基づく慈善活動として始まったのである。

（2）生産者の自立を目指すフェアトレード（1960 年代～）

　慈善活動として始まったフェアトレードは、1960 年代に入ると、役割を拡大していく。一時的ではなく、フェアトレードの生産者の収入が持続的で安定的であることが求められるようになった。さらに、生産者の自立のために、組織化と能力強化が重視されるようになる。組合などの組織化や、現地の NGO やフェアトレード団体による取りまとめに

よって、団結し、協力し合うことで、生産の持続性を高め、収入の安定につなげるようになった。また、生産者個人の情報交換が、生産物の質の向上に貢献する場合も多い。

　フェアトレード専門のNGOやフェアトレードに特化した部門や事業を始めるNGOもこの時期に現れた。先述したMCCは、1967年に「セルフヘルプ・クラフト」という、途上国の生産者の自立を支えるNGOとなり、現在は、「テン・サウザンド・ビレッジ（Ten Thousand Villages）」として、フェアトレード活動を継続している。

　1970年代には、生産物の取引活動において、不利な条件を強いられている途上国の生産者に対して、より公正な取引条件を提供するための活動も増加した。1964年に開催された第1回国連貿易開発会議（The United Nations Conference on Trade and Development：UNCTAD）では、貿易や開発に関して議論され、UNCTAD初代事務局長は、より公正な貿易政策に向けた報告書を取りまとめた。このような国際的な動きも影響して、例えば、オランダの財団S.O.S（現 Fair Trade Organisatie）は、公正な取引であることを示すため、1973年にグアテマラの小規模農業組合から輸入したコーヒーを「公正に取引したコーヒー」として販売を始めた。1980年代以降、コーヒーだけでなく、砂糖や紅茶などの一次産品もフェアトレード産品であることを明示して販売されるようになった。また、これらのフェアトレード産品は、フェアトレード団体による店舗だけでなく、スーパーのような一般の店舗でも販売されるようになった。

（3）品質と顧客志向のフェアトレード（1980年代〜）

　フェアトレード産品は、1970年代には売り上げが伸びていたが、1980年代末になると、その売り上げが低迷していった。その原因は、

関税の引き下げの影響で、途上国の手工芸品や衣料品が先進国に入って
きたこと、商品の安全性や健康の影響に対する基準が厳しくなったこと
などが挙げられる。さらに、フェアトレード産品の売り上げ低迷の原因
として、顧客の視点の欠如が挙げられる。これまで顧客の多くは、途上
国への寄付という観点から、いわば慈善行為として、フェアトレード産
品を購入している傾向があった。そのため、たとえ品質が悪くても、そ
のような顧客は「寄付」としてフェアトレード産品を購入していた。し
かしながら、そのような「寄付者」の顧客層は限定的である上、結果的
に質の悪い製品は継続的には購入されない。フェアトレード産品は、よ
り広い一般の顧客層を考慮した、より良い品質を追求することが求めら
れるようになった。途上国の貧困層を支援するというフェアトレードの
目的が重視されるあまり、ビジネスであれば当然の観点が欠けていたと
いえる。

　同時に、1980年代後半になると、先進国において、フェアトレード
産品を扱う企業や、フェアトレード産品を購入する顧客層を広げるた
め、フェアトレードの理念の理解促進や、啓発活動も積極的に行われる
ようになった。また、フェアトレード産品は、生産者に対して適正な対
価を支払うことから、通常商品よりも価格が高くなる傾向がある。その
ため、一般の顧客層が割高なフェアトレード産品を購入するには、フェ
アトレード産品であることを証明することが求められた。そのような背
景から、1988年に、オランダでコーヒーを中心とした認証団体「マッ
クス・ハーヴェラー」が生まれ、フェアトレードの認証制度（フェアト
レード・ラベル制度）が構築されていった。

　フェアトレード認証制度とは、生産物がフェアトレードであることを
客観的に証明する仕組みである。第三者によって検査され、フェアト
レードであることが一定の基準によって証明されると、生産物に認証ラ

ベル（マーク）をつけることができる。検査は、生産者への公正な対価や労働条件、そして環境への配慮などが基準とされている。認証ラベルがついた生産物は、スーパーなどで、フェアトレード産品として販売される。フェアトレード団体や企業はその売り上げに応じて、ラベル使用料を支払うという仕組みである。

　客観的にフェアトレード産品と判断されることによって、他の商品と区別ができ、消費者は多少高価格であっても、より信頼性をもって購入することができる。これにより、「フェアトレード」というブランド化に成功したといえる。認証ラベルがついた商品の売り上げが伸びたこともあり、イギリス、ドイツ、日本、アメリカ等の先進国においても同様のフェアトレードの認証を行う団体が生まれている。

　数多くのフェアトレード認証団体が設立されるなかで、認証制度を基準化し、国際的に統合する動きが生まれた。1997年には国際的な団体である「国際フェアトレードラベル機構（Fairtrade International）」が設立された。国際フェアトレードラベル機構は、ドイツに本部を置き、様々な国で活動する25のフェアトレード認証団体のネットワーク組織である。ただし、国際フェアトレードラベル機構が完全に認証制度を統一しているわけではなく、各国のメンバー団体の自主性は残されている。日本においては、フェアトレード・ラベル・ジャパンがメンバーとなっている。

　国際フェアトレードラベル機構が定める、国際フェアトレード基準は、最低価格やフェアトレード・プレミアム（奨励金）の保証をはじめ、児童労働の禁止等、社会、環境、経済的基準から構成されている。フェアトレード・プレミアムとは、地域をより良くするために生産者に支払われ、生産者のなかで話し合って使い道を決める。例えば、学校や井戸の建設費用に充てられている。フェアトレードの価格には、このプレミ

アムも含まれている。なお、国際フェアトレード認証の対象産品は、コーヒー、カカオ、コットン、紅茶、バナナ、花などに限られている。また、2003年には、共通ラベル（図9-1）の使用を決め、多くの団体はそれまで使っていたラベルから共通ラベルに移行した。

このような国際基準に基づく認証ラベルによって、消費者にとってわかりやすい形でフェアトレード産品が認識でき、フェアトレードがより身近なものとなった。その結果、消費者のフェアトレードに対する関心を高めることに貢献した。一方で、議論となっている点もある。1点目は、基準の複雑化である。基準は詳細であり、また年々新たな規定が増加し、より複雑になっている。また、2004年より、生産者は認証を得るための費用を自身で負担しなければならなくなった。この有料化は、国際フェアトレードラベル機構の運営の持続性を高めるために必要とされているが、生産者にとっては負担となっている。

2点目は、スターバックスなど多くの巨大企業がフェアトレード認証産品を扱うようになったことである。巨大企業の参入によって、消費者にとってフェアトレード産品がより身近になったが、一方で、長年にわたり純粋にフェアトレード産品を扱ってきたフェアトレード・ショップの経営を困難にしている状況がある。また、巨大企業によっては、フェアトレード産品を扱うことを企業のイメージ戦略とし、フェアトレード商品を扱うことで、その他の商品に対する消費者批判を回避しているという否定的な意見もある。どのようにフェアトレードを促進し、生産者

図9-1 国際フェアトレードラベル機構による認証ラベル
（人が手を挙げて応援している姿）

を支援していくのか、その方法を今後も模索していく必要がある。

　国際フェアトレード認証の生産者団体は、2017年には世界75か国の1,599団体（前年比13％増）まで拡大している（Fairtrade international 2019）。また、2016年には国際フェアトレード認証産品の推定市場規模は、約78億8千万ユーロ（約9,470億円）にまで達している。主な認証対象産品は、コーヒー、紅茶、カカオ、サトウキビ、バナナなどである。日本においては、その市場規模は、2016年には約110億円（前年比13％増）にまで伸びている（Fairtrade international 2018）。なお、国際フェアトレード認証産品を含む、フェアトレード産品全体でみた場合には、日本では2015年度には小売市場規模は約265億円である（増田 2018）。このようなデータから、フェアトレード市場が拡大していることがわかる。

3.　日本におけるフェアトレード

（1）日本におけるフェアトレードの変遷

　日本におけるフェアトレードは、日本の国際協力 NGO（以下、シャプラニール）である特定非営利活動法人シャプラニール＝市民による海外協力の会による活動がその始まりだといわれている。シャプラニールは、1972年に設立され、バングラデシュ、ネパール、インドでの活動や緊急救援などを行っている。シャプラニールは、バングラデシュの女性を対象としたジュート製品[3]生産組合プロジェクトを1974年に開始し、そのジュート製品を日本国内の協力者に販売したことがフェアトレードの始まりだといわれている。フェアトレードという概念が日本にはまだなかった頃である。前述のフェアトレードの段階で考えると、「慈善活動としてのフェアトレード」の始まりであり、また組合を組織していることから、「生産者の自立を目指すフェアトレード」であるともい

注3）　ジュートとは黄麻という植物から作られる繊維。

える。その後、公益社団法人シャンティ国際ボランティア会（当時は曹洞宗ボランティア会、第7章参照）など、日本の国際協力NGOが同様のフェアトレード活動を開始した。

　フェアトレード専門団体としては、1986年に第3世界ショップが設立された。これが日本の本格的なフェアトレード活動の始まりである。そして、1989年に設立された株式会社オルター・トレード・ジャパン（ATJ）は、NGOである日本ネグロス・キャンペーン委員会の活動を基盤にしており、生活協同組合（生協）が設立に関わり、現地の生産者協同組合と日本の消費者である生協を結びつけた。その他にも、衣料品やアクセサリー等のファッションを中心に扱うフェアトレード専門ブランド「ピープル・ツリー」を有する、フェアトレードカンパニー株式会社が1995年に設立された。このように、1990年代以降、フェアトレード団体はNGOから法人化する団体も増え、日本においてもフェアトレードはNGOによる慈善活動にとどまらず、多様な形態に拡大した。

　先述したように、2015年に実施されたフェアトレード市場調査によると、日本の小売市場規模は、約265億円である。商品別内訳の約9割が食品であり、特にコーヒーが約64％を占めている。仕入先はアジア地域が中心となっている。認証制度によって、カフェやスーパーにおいてもフェアトレード産品が多く扱われるようになり、日本においてもフェアトレードの市場が拡大している。

（2）事例—公益社団法人シャンティ国際ボランティア会 「クラフトエイド」[4]

　上述したように、国内のフェアトレード創成期から活動している、公益社団法人シャンティ国際ボランティア会（以下、シャンティ）のフェアトレード部門クラフトエイドで、筆者は勤務経験があるため、その活動内容を紹介したい。シャンティでは、1985年に支援先であったタイの難民キャンプで、ラオスのモン族の女性たちが副収入を得るために作っていた手工芸品を難民支援バザーで販売したことがフェアトレード事業の始まりである。クラフトエイドは、タイ、カンボジア、ラオス、ミャンマー、アフガニスタンなどのアジアの女性たちが作ったバッグやポーチ、洋服といった手工芸品を日本で販売し、得られた収益は、シャンティが行うアジアの子どもたちの教育・文化支援に活用している。

　現地には、生産者を取りまとめている団体が存在し、クラフトエイドと生産者を結ぶ重要な役割を担っている。ラオスでは、カマ・クラフトというフェアトレード団体とパートナーを組んでいる。カマ・クラフトは、タイ国内にあった難民キャンプ時代からラオスのモン族を支えている団体である。定期的に農村を訪問し、刺繍を行う女性たちに、仕事の発注、材料の提供、技術指導などを行っている。

　筆者は、モン族の村であるタンピアオ村の女性たちを訪問した経験がある[5]。タンピアオ村は首都ヴィエンチャンから約50キロに位置する。村へ到着すると、村の女性たちが出来上がった刺繍を持って、続々と

注4）　本項のクラフトエイドの事例は、利根川佳子（2015）「クラフトエイドのタイ・ラオスの生産者を訪ねて」シャンティ国際ボランティア会『国際ボランティアの寺』（Vol.10）11-14. を大幅に加筆修正を行ったものである。本項執筆のためにご協力いただいた、公益社団法人シャンティ国際ボランティア会国内事業課課長岡本和幸氏及び元クラフトエイド担当職員渡辺ちひろ氏、両名に深謝の意を表する。

注5）　筆者が訪問したのは、2013年であるが、カマ・クラフトによると村の状況は2020年現在もほとんど変わりないということから、その時の様子を記述する。

やって来た。カマ・クラフトの職員が刺繍の枚数と品質をチェックし、女性一人一人にその場で現金を支払う。村の中には、刺繍をした布を市場で売る人もいるが、その場合買い叩かれてしまうので、得られる収入は低くなる。カマ・クラフトは、刺繍をする労力に見合った公正な値段で、市場よりも高く刺繍を買い取っている。タンピアオ村では約60人の女性たちが刺繍をしている。

タンピアオ村で、スーさん（当時31歳）に話を聞いた。スーさんは、5人の子どもがいる。タイにあった難民キャンプに両親が逃れたため、幼少期はラオス北部の祖父母の家に預けられていた。両親が難民キャンプから帰還後、一緒にこの村へ移り住んだ。12歳の頃から、村の女性たちに習って刺繍をはじめた。タンピアオ村の住民の多くは、彼女の両親のように、タイの難民キャンプから帰還したモン族の人々である。スーさんの夫は、家畜の世話をしたり、魚を獲ったり、稲作をして生計を立てている。しかし、家族が食べる分を確保するのが精一杯で、現金収入源はスーさんの刺繍だけであるため、スーさんは家族のために毎日刺繍をしている。刺繍で得た収入で、子どもたちの服や、調味料、石鹸など、生活に必要なものを購入している。スーさんのように、タンピアオ村の人々は、刺繍以外に現金収入を得る手段がない。時には、日雇い労働をしたり、いつもより少し多くできた米を市場に売ることもあるが、それは不定期である。刺繍が家族を支える重要な手段になっているのである。

クラフトエイドでは、通信販売やイベントで販売を行い、フェアトレード事業を展開している。生産者である農村部に居住する女性の多くは、家事や畑仕事等の合間に刺繍などの手仕事を行っている場合が多い。得られた現金収入は、生活費や子どもの学費などに充てられ、人々の生活を支え、経済的、社会的な自立の手段となっている。また、この

ような伝統的な手工芸品をフェアトレード事業で扱うことは、現地における伝統技術や文化の保護と継承にも役立っている。

　一方で、課題もある。例えば、日本の顧客が求める品質を現地生産者に要求することの難しさや、納期の遅れ（期日感覚の文化的な違いや、副業であることの影響が考えられる）には、筆者の勤務当時には悩まされることが多くあった。近年では、現地の物価の高騰により、原材料費も高騰している。現地の生産者の収入を維持するためには、クラフトエイドが一般市場に出て、単価を上げていく必要があり、単価を上げられるような販売先の開拓、ブランディングづくりが大きな課題になっている。そういった状況もあり、クラフトエイドでは、定期的な新商品開発会議を開いていたが、日本の顧客が求めるデザインや顧客層の拡大戦略

出所：いずれも筆者がラオスにて撮影

写真9-1　刺繍を持って集まってきた女性と品質を確認するカマ・クラフト
　　　　　の職員〈右上〉
写真9-2　刺繍をするスーさん〈左〉
写真9-3　スーさんと息子〈右下〉

などを考えることは、そのような経験や知識が十分にない筆者や担当職員にとっては、苦労が多かった。

　打開策としては、プロボノ（自らの専門知識や保有しているスキルを活かす社会貢献活動）として企業からインターネット通販の方法や顧客分析の支援を受けることもあった。また、現在のクラフトエイドでは、デザイナーと共同での商品開発を行っている。シャンティ全体で考えると、クラフトエイド事業は決して大きな部門ではないが、課題を乗り越えながら、現地の生産者の生活や伝統を支えるために、活動を継続している。

4. フェアトレードのさらなる広がり　　―フェアトレードタウン（2000年〜）

　日本でいう市区町村などの自治体を中心に、その地域全体にフェアトレードを広めていく運動が世界的に広がるなかで、「フェアトレードタウン」を宣言する自治体が生まれた。「フェアトレードタウン」は、人々が、一時的ではなく、持続的にフェアトレードに関心をもち、日々の生活のなかにフェアトレードを根付かせることを目的とする。これは、より良い社会に向けて、人や社会、環境に配慮した消費行動である倫理的

出所：ともに筆者撮影
写真9-4　生産者の女性たち（ラオス）〈左〉
写真9-5　伝統的な刺繍をするミェン族の女性（タイ）〈右〉

消費にもつながる。

　フェアトレードタウンになるための基準として、イギリスに本部があるフェアトレード財団（Fairtrade Foundation）にて定められた5つの基準が、他国にも基本的には使用されている（表9−2）。ただし、国によっては認証制度がなく、自主宣言によるフェアトレードタウンも存在する。イギリス北部の小さな町ガースタングが、2001年にフェアトレードタウン第1号となった。その後、急速にイギリス全土、ヨーロッパ諸国、アメリカ、オーストラリアと、世界中に広がり、日本においても2011年に熊本県熊本市が日本初と同時にアジア初のフェアトレードタウンとなった。現在では、アフリカ、中南米、アジアにも広がり、フェアトレードタウン数は世界で2,030か所にのぼる。フェアトレードタウン数の多い国は、ドイツの687か所、イギリスの425か所、オーストリアの207か所である（2020年8月時点、Fairtrade towns international n.d.）。

　日本においては、2011年に設立された「フェアトレードタウン・ジャパン」（のちの「日本フェアトレード・フォーラム」）が、6つの基準か

**表9−2　フェアトレード財団にて定められたフェアトレードタウンの
　　　　 5つの基準**

① 地元自治体がフェアトレードを支持する決議を行うとともに、自治体内（職場、食堂、会議等）でフェアトレード産品を提供していること。
② 各種のフェアトレード産品が、地元の小売店（商店、スーパー、ガソリンスタンド等）で容易に購入でき、地元の飲食店（カフェ、レストラン、バー）で提供されていること。
③ 地元の職場や団体（宗教施設、学校、大学等）がフェアトレードを支持し、フェアトレード産品を利用していること。
④ メディアへの露出やイベントの開催によって、地域全体でフェアトレードへの関心と理解が高まっていること。
⑤ フェアトレードタウン運動が発展を続け、新たな支持を得られるよう、フェアトレード推進委員会が組織されていること。

出所：Fairtrade Foundation の（n. d.）及び渡辺（2018：14）の訳を基に筆者作成

ら日本におけるフェアトレードタウンの認定を行っている（表9‐3）。
フェアトレード財団の基準との違いは、地域活性化という観点（表9‐
3④）が含まれていることであり、フェアトレードの普及だけでなく、
その地域の発展も結びつけたことは、まちづくり、地産地消、障害者支
援などにもつながり、日本のニーズに対応している。当初は、フェアト
レード認証産品が対象であったが、現在は環境に配慮したエコ産品など
の普及も含まれている。

　熊本市に続き、2015年に愛知県名古屋市、2016年に神奈川県逗子市、
2017年に静岡県浜松市、2019年に北海道札幌市と三重県いなべ市が
フェアトレードタウンとして認定され、現在では計6都市が認定されて
いる（2020年8月時点）。さらに、このようなフェアトレード推進の動
きは、規模を縮小した形で、大学や小中学校、教会や寺院などの宗教施
設、職場レベルでの認定に拡大している。日本では、2018年に、静岡
県浜松市にある静岡文化芸術大学が、日本初のフェアトレード大学を宣
言し、その後、北海道の北星学園大学・北星学園短期大学部、札幌学院

表9‐3　日本におけるフェアトレードタウン基準

① フェアトレード推進組織が設立され、フェアトレード支持層の拡
　大を目指していること。

② フェアトレード運動の展開と市民の啓発を行っていること。

③ 地域社会へのフェアトレードの浸透に努めていること。

④ 地域活性化へ貢献していること（地場の生産者や店舗、産業の活
　性化を目指す）。

⑤ 地域の店（商業施設）においてフェアトレード産品が幅広く提供
　されていること。

⑥ 自治体によるフェアトレードの支持と普及が行われていること
　（地元議会がフェアトレード支持の決議を行い、自治体の首長が
　フェアトレード支持を公式に表明していること）。

出所：日本フェアトレード・フォーラム（2018）を基に筆者作成

大学がフェアトレード大学の認定をうけている。フェアトレードタウンの動きは、次項で述べる持続可能な開発目標（Sustainable Development Goals：SDGs）にも一致し、今後の拡大が期待される。

5.　おわりに

　2015 年に、国連で合意され、国際社会が 2030 年の達成に向けて取り組んでいる SDGs は、フェアトレードの考え方と合致する。ベルギーに本部を置く、フェアトレードの啓発団体であるフェアトレード・アドボカシー・オフィス（FTAO）の 2016 年の報告書[6]によれば、フェアトレードを推進することによって、SDGs の全 17 の目標の内、以下の 8 つの目標の達成に貢献できるという。

　　目標1 「あらゆる場所のあらゆる形態の貧困を終わらせる」
　　目標2 「飢餓を終わらせ、食糧安全保障及び栄養改善を実現し、持続可能な農業を促進する」
　　目標5 「ジェンダー平等を達成し、全ての女性及び女児の能力強化を行う」
　　目標8 「包摂的かつ持続可能な経済成長及び全ての人々の完全かつ生産的な雇用と働きがいのある人間らしい雇用（ディーセント・ワーク）を促進する」
　　目標10「各国内及び各国間の不平等を是正する」
　　目標12「持続可能な生産消費形態を確保する」
　　目標13「気候変動及びその影響を軽減するための緊急対策を講じる」
　　目標17「持続可能な開発のための実施手段を強化し、グローバル・パートナーシップを活性化する」

　さらに、フェアトレード・プレミアムの活用によって、その他の目標

注6） Fair Trade Advocacy Office（FTAO）2016 *Localising the Sustainable Development Goals（SDGs）through Fair Trade-toolkit*. Brussels：FTAO.

にもつながる。国際社会のニーズと合致した、フェアトレードの役割は今後ますます注目されていくだろう。日本におけるフェアトレード自体の認知度は、年々上がっているものの、欧米諸国と比較するとまだ十分でない。フェアトレードの意義に対する理解の必要性とともに、フェアトレード産品の魅力を高める努力が今後も必要であろう。フェアレード産品の購入は、毎日の生活のなかで、簡単にできる社会貢献である。この機会に自身の消費行動を振り返るとともに、消費行動からつながる公正な世界の実現について考えてほしい。

参考・引用文献

〈日本語文献〉

佐藤寛編（2011）『フェアトレードを学ぶ人のために』、世界思想社

長坂寿久編（2008）『日本のフェアトレード：世界を変える希望の貿易』、明石書店

日本フェアトレード・フォーラム（2018）『フェアトレード基準』、一般社団法人フェアトレードタウン・ジャパン、2011年5月14日制定

畑山要介（2016）『倫理的市場の経済社会学：自生的秩序とフェアトレード』、学文社

増田耕太郎（2018）「日本のフェアトレード市場調査2015報告(1)」長坂寿久編『フェアトレードビジネスモデルの新たな展開：SDGs時代に向けて』、明石書店

渡辺龍也（2010）『フェアトレード学―私たちが創る新経済秩序』、新評論

渡辺龍也編（2018）『フェアトレードタウン："誰も置き去りにしない"公正と共生のまちづくり』、新評論

〈外国語文献〉

Fairtrade Foundation n. d. *The Fairtrade Town Action Guide*. London：The Fairtrade Foundation.

Fairtrade International 2018. *Monitoring Report 9th edition*；*Monitoring the scope and benefits of fairtrade*. Fairtrade International.

Fairtrade International 2019. *Monitoring Report 10th edition*：*Monitoring the scope and benefits of fairtrade*. Fairtrade International.

Fairtrade Towns International n.d. *Goals and Action Guides*, http://www.fairtradetowns.org/resources/goals-action-guides（2020 年 8 月 31 日アクセス）

Oxfam International. 2002. *Mugged：Poverty in your coffee cup*. Oxfam International.

World Fair Trade Organization（WFTO）2017. *10 Principles of Fair Trade*. Resolution Document 2. World Fair Trade Organization.

＊本章で言及したフェアトレード団体のウェブサイト一覧

テン・サウザンド・ビレッジ（Ten thousand villages）
　　https://www.tenthousandvillages.com/

特別非営利活動法人シャプラニール＝市民による海外協力の会「クラフトリンク」
　　http://www.craftlink.jp/

公益社団法人シャンティ国際ボランティア会「クラフトエイド」
　　https://craftaid.jp/

第 3 世界ショップ　http://www.p-alt.co.jp/index.php/onlineshop/

オルター・トレード・ジャパン（ATJ）http://altertrade.jp/shops

フェアトレードカンパニー株式会社「ピープル・ツリー」
　　http://www.peopletree.co.jp/index.html

学習課題

1. スーパーやカフェなどで、フェアトレード認証ラベルがついたフェアトレード商品を探してみよう。その商品の生産地をもとに、生産者の状況について調べてみよう。

2. あなたはどのようなことを考えて買い物をしていますか。自身の買い物の仕方を振り返り、今後の消費行動を考えてみよう。

3. 本章の「おわり」で述べた、フェアトレード推進が貢献できるSDGsの8つの目標について、フェアトレードに関連して具体的にどのようなことが目標の実現につながるか考えてみよう。

10 | 大規模で全国規模の非営利公益組織

大橋正明・早瀬　昇

《**目標＆ポイント**》　本章では、全国的ネットワークをもつ非営利公益組織の
なかから、主要な組織を紹介する。

　営利を目的とせず、広く公衆の利益のための活動をする団体として、最も
伝統的な団体は宗教団体である。日本にも約18万の宗教法人が存在するが、
極めて個別性が高く、本書では扱わない。近代議会政治のなかで誕生した政
党も非営利公益団体だが、同様に本書では解説しない。

　全国にネットワークをもつ非営利公益団体は極めて多数存在するが、以下
では長く日本社会で活動してきた日本赤十字社、社会福祉協議会、共同募金
会と、近年の災害多発状況に対応して創設された全国災害ボランティア支援
団体ネットワーク（JVOAD）について学ぶ。

《**キーワード**》　日本赤十字社、赤新月社、社会福祉協議会、赤い羽根募金、
歳末助け合い、災害ボランティアセンター

1. 日本赤十字社について

（1）日本赤十字社という組織について

　日本赤十字社（以下日赤）は、NPOやNGOと同類だろうか？

　日赤は全ての都道府県に支部があり、血液事業では2018年度に470
万人ほどから献血を得て約100万人に輸血を提供し、皇族が名誉総裁や
名誉副総裁に就任している。さらに、日赤は「日本赤十字社法」という
特別な法律に基づいて設立され、かつその設立に関して行政官庁の認可
を要する「認可法人」である。日本との国交関係がない北朝鮮などとの

交渉の際には、政府に代わって両国の赤十字社が人道的な事柄について話し合いをすることもある。だから公的な組織のようにみえる。

　一方、病院・血液・福祉の事業会計などを除いた、災害救護や国際活動を含む日赤の一般会計の2019年度予算をみると、収入300億円のうち政府の補助金や委託金は2億円程度で、会員の会費や一般からの寄付やNHK海外たすけあい救援金が主な収入源だ。つまり、一般の人々の善意が日赤を支えている。さらに、日本赤十字社法は「社員をもって組織する」と規定しており、一般のNPO法人や社団法人と同じく会員、つまり社員がその構成員である。2019年3月末の会員数は、個人が14.1万人、法人が7.6万法人で、47都道府県の支部で開催される評議員会が全国で223人の代議員を選出し、その代議員による年次会議が開催され、日赤の事業や予算の決定や役員選出などを行っている。さらに国際赤十字には、中立・公平・独立といった原則があり、政府の人道的事業の補助機関で、その国の法律に従うが、自主性を保っている。それゆえ、非営利の公益を目指すNPOやNGOのようでもある。

　日赤は、政府とNPOやNGOの中間に位置するユニークな組織である。総務省が所管するNHKは、国営放送でも民間放送でもない公共放送と呼ばれているが、日赤もそれに多少似ている。

（2）赤十字の歴史と国際赤十字運動

　赤十字は、スイス人の青年実業家アンリー・デュナンが、4万人もの兵士が犠牲になった1859年のイタリア統一戦争の決戦となった「ソルフェリーノの戦い」に遭遇したことから、「苦しみのなかにいる者は、敵味方の区別なく救う」ことを目的とした民間救護組織の創設と、そのための国際条約の締結を提唱したことに始まる。この結果、1863年にジュネーブで赤十字国際委員会（International Committee of the Red

Cross：以下 ICRC）が設立され、その翌年には 16 か国が参加した最初の国際会議がスイスのジュネーブで開催され、赤十字条約とも呼ばれる最初のジュネーブ条約を採決した。このことから、各国に戦時救護団体がしだいに組織され、国際的な赤十字運動に発展していった。

日赤の前身である博愛社は、1877 年 2 月から 9 月にかけて政府軍と薩摩軍が激しい戦闘を繰り広げた西南戦争の際に、当時の立法機関である元老院の議官の佐野常民と大給 恒によって、官薩両軍の傷病者の救護のために創設された団体である。その 9 年後の 1886 年に日本政府がジュネーブ条約に加入し、翌 1887 年に日本赤十字社と改称した。

1919 年には、米国、イギリス、フランス、イタリア、日本の赤十字社が赤十字社連盟を結成し、現在では国際赤十字・赤新月社連盟（International Federation of Red Cross and Red Crescent Societies：以下 IFRC）として、192 の国と地域の赤十字社やイスラム教国に多い赤新月社などが加盟している。多くの国の赤十字社や赤新月社のメンバーからなる IFRC は主に災害救援、難民救援、疾病予防などを行うその国の加盟社の活動の調整や支援にあたっている。一方、ICRC の理事機構は、永世中立国であるスイスの国民によって構成され、戦争や紛争で生じた負傷者や傷病者の救護や、捕虜の保護にあたっている。

また 4 年に 1 回、国際赤十字の最高議決機関である赤十字国際会議（International Conference of the Red Cross）が開催される。これには、各国の赤十字社・赤新月社、ジュネーブ条約に加盟する政府、ICRC と IFRC が参加して、その次の回の会議までの間の国際赤十字の方針などを協議する。1965 年のこの会議では、人道・公正・中立・独立・奉仕・単一・世界性という赤十字

IFRC の徽章には、赤十字と赤新月のマークが並んでいる。

基本7原則を採択している。

（3）日赤の主な活動

　日赤は、2018年度の事業規模が医療や血液などの事業を含めた全体で1兆3千万円、2019年4月の全職員数は約67,000人という大規模な事業体である。主な事業は全国に102の病院などの施設をもつ医療、231の施設を有する血液事業、28の児童施設や介護施設などでの社会福祉事業、看護師などの教育、国内外での災害対応、青少年赤十字、赤十字ボランティア、救急法等の講習など多岐にわたる。

　国内の大規模な災害の対応には、日本赤十字社の本社が調整にあたり、赤十字病院や支部にある約500の常備救護班が対応する。例えば、2011年の東日本大震災では、発災2時間後には本社から仙台市に向かって先遣隊を送り出し、さらに同日中に全国から55の救護班も被災地に向かった。その後の1か月間では、どこの医療機関よりも多い2,700人の医療要員を被災地に派遣した。被災地に位置した石巻日赤病院が、発災後長期間にわたって不眠不休で医療救護にあたったことは高く評価されている。加えて、東日本大震災では救援物資の配布、約3,400億円に上る義援金の受付と配布にも携わった。また、海外の赤十字社などから寄せられた約1,000億円の救援金による救護活動を行い、2019年も復興支援活動を継続している。

　国外の例では、2017年8月から74万人余りの難民がミャンマーから流入したバングラデシュ南部に、同年9月から2019年10月までに153人の医師、看護師、事務職員を派遣し、バングラデシュ赤新月社やIFRCに協力する形で難民への医療支援、地域保健、心のケアなどを継続している。

　特筆しておくべきことは、福島の原発災害時の救援活動の経験に基づ

日本赤十字社の支援でバングラデシュ南部の難民キャンプに開設されたバングラデシュ赤新月社の診療所の表示は、英語とミャンマー語で書かれている。2019 年大橋撮影

写真 10 - 1　日赤の支援でバングラデシュに開設された診療所

いて、2013 年に「原子力災害における救護活動マニュアル」を作成・発表し、同様な活動を行う諸団体の助けになったこと、そして 2017 年 7 月に国連で採択された核兵器禁止条約のために、国際赤十字と日赤は人道の立場から積極的な活動を繰り広げたことであろう。

2.　社会福祉協議会

　社会福祉協議会（以下、社協）は、全国の全ての自治体にあり、市区町村社協は 1,839、職員数は約 14 万人に上る。その社協とは「地域福祉において民間の自主的な福祉活動の中核となり、住民の参加する福祉活動を推進し、保健福祉上の諸問題を地域社会の計画的・協働的努力によって解決しようとする公共性・公益性の高い民間非営利団体で、住民が安心して暮らせる福祉コミュニティづくりと地域福祉の推進を使命とする組織である」。これは全国社会福祉協議会（以下全社協）発行の『改訂 概説 社会福祉協議会』[1] での定義だ。

　この定義にある「地域福祉」と「住民の参加」は、現在、社協の重要なキーワードとなっている。しかし、このキーワードは社協の創設時点から中核的なものだったわけではない。その経緯を以下でたどる。

注 1)　2018 年発行。和田敏明の記述。

（1）社会福祉協議会のあゆみ[2]

① 民間社会福祉活動の振興連絡機関としての社協

　急速に近代化が進んだ明治期、「慈善事業」「救済事業」と呼ばれた当時の社会福祉事業は民間の宗教家や篤志家を中心に行われていた。そのなかで、貧民の救済や貧困防止、犯罪者の矯正などに関する研究や新たな事業への気運が高まり、全国的連絡組織設立の必要性が指摘され始め、1903（明治36）年、大阪で開かれた全国慈善大会で全国的連絡組織「日本慈善同盟会」の設立が決定。1908（同41）年に「中央慈善協会」（初代会長・渋沢栄一）が設立された。その後、「中央社会事業協会」に名称を変更し、1951年、社会福祉事業法の施行により、同胞援護会、全日本民生委員連盟と合併し、「中央社会福祉協議会」（現在の全社協）が発足した。

　この社会福祉協議会の名称は、敗戦後の1949年、占領軍が厚生省に示した「厚生行政6原則」のなかで提案されたものだった。

　日本国憲法第89条は「公金その他の公の財産は、宗教上の組織若しくは団体の使用、便益若しくは維持のため、又は<u>公の支配に属しない慈善、教育若しくは博愛の事業</u>に対し、これを支出し、又はその利用に供してはならない。」（下線筆者）と規定し、宗教団体と共に、"公の支配に属しない"、つまり民間の福祉団体や私立学校への公的補助などを禁じた。この条文はマッカーサー草案の訳語を一部改めただけで現憲法に取り入れられ、占領当局の意向がそのまま反映されたものといえる。

　戦時中、日本政府は、宗教団体や民間福祉団体、教育団体を"挙国一致"の名の下に管理し、戦争遂行のための"国民精神総動員体制"をとった。日本の非軍事化と民主化を目的とした占領当局は、この経緯をふまえ、国家が財力を利用して民間団体の管理的活用を排除するとともに、行政責任として取り組むべき事業を、わずかな補助金で民間に転嫁する

注2）　本節の憲法解釈部分は拙著『「参加の力」で創る共生社会』を、社協の動きは全社協のホームページ掲載の「100年のあゆみ」の記述を参考にしている。

ことを防ぐため、このような厳しい公的補助禁止規定の導入を求めたと考えられる。つまり、この"公私（官民）分離"原則により、日本社会に政府から自立した健全なボランタリズムの発達を期待したといえる。そこで全国レベルから市町村段階まで、民間社会福祉活動に対する振興連絡機関として発足することになったのが社協だった。

② 住民主体の福祉増進組織へ

　実際、1951年公布の社会福祉事業法（現・社会福祉法）で社協の事業とされたのは、社会福祉を目的とする事業に関する「調査」「総合的企画」「連絡、調整及び助成」「普及及び宣伝」「その他、社会福祉を目的とする事業の健全な発達を図るために必要な事業」であり、「社会福祉に関する活動への住民の参加のための援助」は最後に示されていた。

　特に、全国→都道府県→市町村の順に行政主導で設立され、財政的に行政の委託・補助金収入が多く、組織的にも首長が会長であったり職員に行政からの天下りが多かったりするなど、当初は行政からの独立性、すなわちNGOとしての特性が弱い社協も少なくなかった。

　もっとも、法の施行から10年を経て1962年に発表された社協基本要項では、「社会福祉協議会は一定の地域社会において、住民が主体となり、社会福祉、保健衛生その他生活の改善向上に関連のある公私関係者の参加、協力を得て、地域の実情に応じ、住民の福祉を増進することを目的とする民間の自主的な組織である」（下線筆者）とし、住民主体が社協に固有の特性として位置づけられるようになった。

③ ボランティア・市民活動センターの運営

　1961年、後に全社協の全国ボランティア活動振興センター初代所長となる木谷宜弘が徳島県社協職員時代に、心配ごと相談所業務とボランティア普及活動を担当。その際、「助けて」というニーズも「役に立ちたい」というニーズもあると気づき、2つのニーズを結びつけるため、

銀行に似た窓口構想を提案。1962年に全国初の「善意銀行」が発足し、その後、「奉仕銀行」などの名称も使われつつ全国に普及していった。

1960年代後半から「コミュニティ」への関心が高まり、1969年に東京都社会福祉審議会が「東京都におけるコミュニティ・ケアの進展について」を、1971年には中央社会福祉審議会も「コミュニティ形成と社会福祉」を答申し、コミュニティ・ケアの推進を提言した。

こうした動きを受け、厚生省（現在の厚生労働省）は、1973年、都道府県と政令指定都市の社協が開設する「奉仕銀行」[3]に補助を開始。1975年からは市町村社協への補助を通じて社協系ボランティアセンターの育成を進めた。その後、1985年の「福祉ボランティアの町づくり事業」、1991年からの「ふれあいのまちづくり事業」と国庫補助の拡大が続き、地域福祉の推進に市民の参加を進めるボランティアセンター機能の充実とボランティアコーディネーターの配置が進んだ。

1998年のNPO法成立後は「ボランティア・市民活動センター」と改称し、NPO活動への支援も重視する社協が増えている。

なお、社協はかつて収入の7割以上が行政からの補助金や委託費で占められていたが、介護保険制度や障害者総合支援制度が始まって以降、それらの制度の事業者となった社協では自主事業収入が増え、全国の社協全体では会費を含む自主事業収入の比率は約5割になっている。

（2）地域福祉の推進主体と住民の参加促進

2000年に社会福祉事業法は社会福祉法に改正され、社協は地域福祉の主体と位置づけられた。すなわち、市町村社協を規定する同法第109条で、社協は「地域福祉の推進を図ることを目的とする団体」と明記され、その事業は、市町村社協の場合、以下の4事業に集約された。

1. 社会福祉を目的とする事業の企画及び実施

注3）厚生省の補助事業名は、奉仕銀行、奉仕活動センター、ボランティアセンターと変わっていった。

２．社会福祉に関する活動への<u>住民の参加のための援助</u>（下線筆者）

３．社会福祉を目的とする事業に関する調査、普及、宣伝、連絡、調整及び助成

４．前３号に掲げる事業のほか、社会福祉を目的とする事業の健全な発達を図るために必要な事業

　地域福祉活動は住民の参加なしには実現できないから、社会福祉活動への住民の参加促進が重要な役割となったのだ。

　もっとも、住民参加促進の場は「ボランティア・市民活動センター」部門だけに留まらない。住民参加による「地域福祉活動計画」の策定、中学校区域などで組織される地区社協の支援などの「小地域福祉活動」の推進、障害者やひとり親、認知症（家族）などの「当事者組織」の支援、共同募金委員会や分会、老人クラブなどの「地域団体の事務局支援」、成年後見支援センターでの「市民後見人」の養成・支援など、様々な場面で住民の参加促進と住民活動の支援を行い、さらに「福祉教育」の推進にも取り組むなど幅広い事業が展開されている。

　スタッフの呼称もボランティアコーディネーターだけでなく、コミュニティソーシャルワーカー（地域福祉コーディネーター）、生活支援コーディネーターなどが分立しているが、いずれもボランティアコーディネーション力[4]を発揮して住民の主体的な参加を応援する役割がある。

　なお、社協では、従来の心配ごと相談事業を発展させた「総合相談・生活支援事業」、低金利や無利子貸付を行う「生活福祉資金貸付事業」[5]、自立相談支援や住居確保給付金の支給などの「生活困窮者自立支援事業」、判断能力が不十分な人の地域生活を支援する「日常生活自立支援事業」、社会福祉施設利用者の権利を守る「第三者評価事業」、福祉従事

注4）　日本ボランティアコーディネーター協会で体系化したボランティアコーディネーションの専門的技術。３級から１級の検定も実施されている。

注5）　民生委員活動のなかで創設が求められ、1955年に世帯更生資金貸付制度として開始。1990年に現行制度に移行したが、制度設立の経緯から社協が窓口を担っている。

者養成のための「研修センター」事業などにも力を入れている。

（3）災害発生時の役割

　近年、社協には災害時に「災害ボランティアセンター」を設置し、住民、NPO、企業、行政などと協働して運営するなど、災害発生時の役割も注目されるようになった。

　日本最初の災害ボランティアセンターは阪神・淡路大震災時に創設された「被災地の人々を応援する市民の会」であり、その運営の中心はボランティアコーディネーションの蓄積があった大阪ボランティア協会であった。「市民の会」の設立は、大阪ボランティア協会、大阪 YMCA、地域調査計画研究所の共同で始まり、その後、日本青年奉仕協会が全国のボランティアコーディネーターの参加を調整し、経団連 1 ％^{ワンパーセント} クラブが企業からの支援を調整。大阪工業会も参加企業の社員を運営スタッフとして派遣するなど、市民団体と企業が連携し、のべ約 2 万 1 千人のボランティアと共に、約 4,800 件の応援依頼に応えた。

　その 2 年後に起こった日本海重油流出事故で現地社協がボランティアコーディネーションにあたったことを契機に、ボランティアセンター部門を有する社協が、災害時のボランティアセンターとなる動きが広がり、事前に社協と協定を結ぶ自治体もでてきた。また、社協も全国のネットワークにより被災地の社協の運営支援（地域ブロックごとで交代で応援する「ブロック派遣」）などを担うなど、組織力を活用した支援を展開するようになっている。

　もっとも、災害ボランティアセンターを経由しなくても災害支援活動はできるし、NPO がボランティアを募って被災地で活動することもよくある。内閣府も自治体・社協・NPO の「3 者連携」を求めており、社協が平時から地域内外の NPO との連携を高めておく必要がある。

　また、社協に災害ボランティアセンターの役割が期待されるのは、平時にボランティアコーディネーションを実践している経験の蓄積が評価されているからだ。逆に言えば平時のボランティアコーディネーション実践が豊富でない場合、災害ボランティアセンターとしての役割を十分に果たせないことになる。平時のボランティアセンターの体制を充実することは、非常時の備えにもなるといえる。

　なお、社協の災害対応は災害ボランティアセンターの開設だけではない。高齢者世帯の安否確認や要援護者の避難支援、仮設住宅を含む地域コミュニティづくりなど、空間的、時間的に幅広い。

3.　共同募金会

（1）　共同募金のあゆみ

　共同募金は、共同で募金への寄付を呼びかけ、集まった募金を配分する仕組みだ。米国のコミュニティ・チェストをモデルに、民間社会福祉活動の資金確保のため、1947 年に始まった全国的な募金運動である[6]。

　コミュニティ・チェスト（community chest）は、1913 年に米国オハイオ州クリーブランドで始まったが、翌 1914 年には世界最初のコミュニティ財団も同じクリーブランドで開設した。これらの仕組みはともに草の根のNPO や少額の寄付しかできない人々の目線から発想されている。つまり、共同募金は寄付募集力の弱い草の根団体の寄付を増やすため共同で募金活動をするものであり、コミュニティ財団は少額の寄付者の寄付を、それぞれ基金として、共同の事務局が管理する仕組みだ。ちなみ

COMMUNITY
CHEST

注6）　全国的な制度となる以前の大正期の 1921 年、22 年の秋に、長崎県でそれぞれの年に 2 週間だけ共同募金が実施されている。

に community chest は「コミュニティの募金箱」と訳せよう。

共同募金は、憲法第89条の規定により民間社会福祉事業への公費助成が難しくなったなかで、民間事業を財政的に支える仕組みとして、占領軍が招聘した E. J. フラナガン神父の助言も受けて始まった。1947年11月25日から12月25日まで41の都道府県で「第1回 国民たすけあい共同募金運動」が取り組まれ、約5億9,297万円が集まった。当時の平均月給が1,950円、郵便はがきが50銭の時代で、募金総額は現在の貨幣価値で約1,200億円から1,500億円に相当するといわれる[7]。

なお、共同募金に協力した印（しるし）として赤い羽根が寄付者に渡されるが、これはイギリスの伝説上の英雄ロビンフッドが赤い羽根を付けていたように、赤い羽根が勇気や希望の表れとして世界的に広がっていたことを受け、寄付者を勇者として讃える意味が込められている。

共同募金会（以下共募）は、都道府県に1団体ずつ設立され、47都道府県共募の連絡調整機関として中央共募がある。共募は都道府県レベルにしかないため、市区町村には区域ごとに共同募金委員会が組織されており、その多くは事務局を社協が担っている。

ところが、1967年に行政管理庁から「共同募金に関する勧告」がなされ、市町村共同募金委員会の事務局を務める市町村社協への事務費、人件費の配分が批判された。社協と共同募金会の違いが十分に理解されないなかでの勧告だったが、これにより社協への配分額が減り、社協が行政資金に全面的に依存する傾向が広がった。これは人事や事業面での社協の自主性を弱め、行政委託の増加などをもたらすことになった[8]。また、共同募金への漠然とした不信感が広がった点でも禍根（かこん）を残した。

もっとも、その後も少しずつ募金実績は増えたが、1995年度の266億円をピークに近年は減少が続き、2019年度は174億円となっている。

注7） 今田忠『概説市民社会論』p69 参照。

注8） 井岡勉『地域福祉 今問われているもの』p18、1984年、ミネルヴァ書房

（2）共同募金の仕組み

　共募は、「赤い羽根共同募金」、「地域歳末たすけあい」「NHK 歳末たすけあい」という 2 種類の歳末たすけあい募金、「災害義援金」、「災害ボランティア・NPO 活動サポート募金」、「赤い羽根福祉基金」などを実施している。

　「赤い羽根共同募金」は各都道府県共募が実施するもので、「じぶんの町を良くするしくみ。」というキャッチフレーズが示すように、募金額の 7 割が寄付のあった市区町村での活動に活用され、3 割は市区町村を越えた広域での活動や災害時の備えのためなどに使われている。2000 年の社会福祉法改正以降、NPO への配分額も増えている。2019 年度は約 128 億円の寄付が寄せられた。

　「地域歳末たすけあい」は毎年 12 月に民生委員・児童委員や社協、共同募金委員会が中心となって生活困窮者や災害被災者のために進められている募金運動。2019 年度は約 46 億円が寄せられた。

　「赤い羽根共同募金」と「地域歳末たすけあい」は、各世帯からの寄付である戸別募金、企業などからの法人募金、職場の役職員からの職員募金、街頭募金、学校募金などによって支えられている。このうち個別募金は自治会経由で集められる場合が多いが、慣習的な形で募金が集められる場合も少なくなく、自治会加入率の低下も影響して、特に減少幅が大きい。2019 年度は合計で約 174 億円が寄せられた。しかし、もっとも募金額が多かった 1995 年度は約 266 億円だったから、約 3 割も減少している。

　「NHK 歳末たすけあい」は中央共募、NHK、NHK 厚生文化事業団の共催で毎年 12 月に行われており、2019 年度は約 6 億円が寄せられた。

　「災害義援金」は災害救助法が適用された災害の被災者への見舞金として募集されるもので、日赤と中央共募に集約後、配分委員会を経て、

全額が被災者に届けられる。なお、災害時に義援金の配分が遅いとの批判がある。しかし、義援金総額という「分子」も、義援金を贈るべき被災者の全体像という「分母」も発災後しばらくはよくわからない状況が続く。配分に一定の時間を要するのは仕方ないことだといえる。

「災害ボランティア・NPO活動サポート募金」（ボラサポ）は、被災地で活動するNPOに助成する「活動支援金」として、東日本大震災以降、大災害時に中央共募が募集し助成するものだ。活動支援金は長期間にわたり助成することで、NPOが継続的に活動でき、NPOに参加するボランティアの力も得て活動支援金の効果が増幅する特徴もある。

「赤い羽根福祉基金」は共同募金運動70年を期に、2016年度から中央共募が始めた大型助成事業である。社会福祉制度の対象外でありながら求められるニーズへの対応、新たな社会資源の創出、ニーズに即した分野を超えた対応、全国的・広域的な広がりが期待される事業、複数の団体などの連携・協働事業や活動などへの助成を始めた。最長3年間の継続助成を最大1件1,000万円まで助成し、2019年度は総額1億3,981万円の助成を行った。

共同募金を運動として展開し直すため、現在、種々の改革が進められている。

4. 全国災害ボランティア支援団体ネットワーク（JVOAD）

2011年3月11日の東日本大震災発災直後、民主党政権下の政府は、復旧・復興支援段階でボランティアやNPO等による支援活動が重要になることを認識し、発災当日に辻元清美衆議院議員を災害ボランティア担当の首相補佐官という新しいポストに任命し、続く16日に内閣官房内に初の「震災ボランティア連携室」を設置した。また広域な被災地に、

消防や自衛隊などの政府機関に加えて、医療関係者、電気やガス、通信などのライフラインを提供する会社、NPO や NGO、宗教団体、そして個人ボランティアなどが駆けつけた。

とはいえ、緊急支援段階で NPO・NGO が果たせる能力や役割についての政府や地方自治体の認識は不十分だった。例えば、発災直後から被災地に向かう高速道路の通行は、警察から許可を得た救援関係団体の車両に限られたが、この対象に NPO・NGO の多くは含まれていなかった。

被災地には国内外で緊急救援の経験をもつもの、それなりの輸送や動員、サービス提供などの能力を有する NPO・NGO が駆けつけたが、協力の申し出に訪れた地方自治体の災害対策本部から、「ボランティアさんね、社会福祉協議会はあっち」といった対応をされることが多く、能力を十分に発揮するまでに時間を費やしたり、集積された救援物資へのアクセスも得られなかった。一方救援の現場では、支援の過不足や不適合などがみられた。

このため NPO・NGO は、災害時に多様な官民の機関・組織、関係者などが協働・協力して被災者支援を行うことの強化が必要なことを、東日本大震災発災直後から強く認識した。そのため、東日本大震災の被災者・避難者への支援活動に携わる NPO・NGO、企業、ボランティアグループ、被災当事者グループ、避難当事者グループ等で形成される全国規模の連絡組織「東日本大震災支援全国ネットワーク（JCN）」を、2011 年 3 月下旬に立ち上げ、翌 4 月からは関係省庁との定例連絡会議を開始した。

こうした活動を全国規模に広げ、災害時に政府を含めた支援諸団体が互いに連携・協働し、被災した人々のくらしの再建により効果的に向かうことを目的に、2013 年 7 月に「第 1 回広域災害調整機関設立に関す

る準備会」が始まり、NPO・NGO、社会福祉協議会、内閣府、経済界などとの話し合いが続いた。翌2014年には、NPO・NGOによる東日本大震災救援を支援していた米国NGOの勧めもあり、米国の「全国災害ボランティア支援団体ネットワーク（NVOAD）」等を訪問し、災害対応における官民連携や支援のコーディネーションの仕組みについての学びを深めた。そして2015年には「関東・東北豪雨水害」、2016年には「熊本地震」が発生し実際に活動してみたことで、被災地における支援者間の連携や調整機能をより効果的に果たすことの必要性がより明確に認識された。

　この結果、2016年に、震災がつなぐ全国ネットワーク、全国社会福祉協議会、日本青年会議所、日本生活協同組合連合会、国際協力NGOセンター（JANIC）、JCN、ジャパン・プラットフォーム（JPF）などのネットワーク系29団体が中軸を担う「全国災害ボランティア支援団体ネットワーク（JVOAD）」がNPO法人として発足して、活動を開始している。

　気候変動の影響で頻発する災害が起きるたびに、JVOADは現地にスタッフを急派し、現地の自治体、社協、NPO支援センターを始めとした被災地域の関係者と協力してニーズや支援に関する情報を集約し、支援活動の調整機能の役割を担っている。また平時においても、災害時の活動が効果的に行われることを目的に、年次に「災害時の連携を考える全国フォーラム」を開催するなど、NPO・NGOなどの連携強化を目指した諸活動を行っている。

5. その他の全国ネットワーク

　以上、4つの全国的ネットワークをもつ非営利公益組織を紹介したが、この他にも、極めて多くの団体が全国各地で活動しており、また多

数の全国ネットワークがある。

　思いつくままに列記するだけでも、全国各地で活動している団体は、消防団、YMCA、YWCA、青年会議所、ロータリークラブ、ライオンズクラブ、キワニスクラブ、さわやか福祉財団、ニッポンアクティブライフクラブ、いのちの電話、チャイルドラインなどが挙げられる。また、地域女性団体連合会、主婦連合会、全国 VYS 連絡協議会、日本病院ボランティア協会、日本 BBS 連盟、おもちゃの図書館全国連絡会、全国食支援活動協力会、日本ユネスコ協会連盟、CAP センター・ジャパン、子ども食堂ネットワーク、おてらおやつクラブ、全国フードバンク推進協議会、助成財団センターなどの全国ネットワーク組織が活動している。

参考・引用文献

日本ボランティア社会研究所ボランティア学習事典編集委員会編（2003）『まある
　　い地球のボランティア・キーワード 145 ―ボランティア学習事典』、春風社
岡本榮一他編著（2014）『日本ボランティア・NPO・市民活動年表』、明石書店
井上忠男著（2015）『戦争と国際人道法―その歴史と赤十字のあゆみ』、有信堂
和田敏明編著（2018）『改訂　概説社会福祉協議会』、全国社会福祉協議会
熊本日日新聞（2018）『熊本地震　あの時何が』、熊本日日新聞社

学習課題

1. あなたがよく知っている、あるいはあなたの身の回りにある、全国
　　規模で活動する非営利公益組織には、どういう団体があるのか、ど
　　んな働きをしているのか、調べてみよう。
2. 赤十字国際委員会、赤十字社、赤新月社、国際赤十字・赤新月社連
　　盟とは何か、それぞれはどんな関係なのか、理解しておこう。
3. 赤い羽根共同募金に寄せられた募金の 7 割がどこで使われるのか、
　　またなぜ寄付者に赤い羽根が提供されるのか、覚えておこう。

11 | 大規模で全国規模の非営利共益組織

早瀬　昇・若林秀樹・大橋正明

《**目標＆ポイント**》　この章では、非営利で公益を目指すNPO・NGOとは、非営利ながらメンバーの共益を目指すという点で少し異なる共益組織、具体的には生活協同組合、労働組合、自治会、PTA、農協などについて、基本的な理解を深める。なお日本の労組は、世界の標準的な産業別労組とは違い、企業内組合を構成単位とし、企業グループでの労連組織であることが構造的な特徴になっていることを示す。

《**キーワード**》　協同組合、日本生活協同組合連合会、賀川豊彦、日本協同組合連携機構、国際協同組合同盟、農業協同組合、総合農協、JA全中、JA全農、JA共済連、専門農協、農地改革、自作農、減反政策、農産物自由化、企業別労働組合、終身雇用、年功序列、組織率、春闘、メーデー、連合

　本章では、全国的ネットワークをもつ非営利共益組織のなかから、主要な組織を紹介する。

　相互扶助の精神のもと、その事業によって組合員の最大幸福を追求する民間非営利の共益組織は、身の回りに様々なものがある。本章ではそのうち、全国的な規模やネットワークをもつ生活協同組合、農業協同組合、そして労働組合を取り上げる。前2者は協同組合である。

　協同組合とは自発的な人々の組織が共同所有し民主的に管理運営する事業体を通じ、共通の利益の実現を目指した組織である。それゆえ、生協や農協、そして労働組合という具体例に入る前に、まず協同組合について説明を行う。

　協同組合の筆頭格の1つである生活協同組合は、組合員数約6,600万人と国民の約半数が加入し、私たちの暮らしに深く根づいた存在だ。

　生協と並ぶ協同組合の筆頭格は、JAと呼ばれる農業協同組合である。日本の大半の農民が加盟する大組織で重要な役割を果たしてきたが、農業人口の減少、高齢化、農産物輸入の自由化、気候変動など困難な課題に向き合っている。

　一方、労働組合は、労働条件の改善を目的とする労働者の連帯組織である。日本の労働組合は、時代の変化とともに非正規労働者が増え組織率が下がるなかで、克服すべき課題も多い。

1. 協同組合[1]

　協同組合とは、共通する目的のために個人や中小事業者などが集まり、組合員となって事業体を設立して共同で所有し、民主的な管理運営を行う非営利の相互扶助組織である。「一人はみんなのために、みんなは一人のために」（One for all、All for one）が組織理念で、社会連帯を基盤とする経済活動の総称「連帯経済」の主要な担い手である。生活協同組合や農業協同組合が著名だが、林水産業・金融・共済・就労創出・福祉・医療・住宅などの分野で活動している。ただし、農業協同組合法、消費生活協同組合法、水産業協同組合法、中小企業等協同組合法、森林組合法、信用金庫法、労働金庫法など分野ごとに種別協同組合法が分離され、別々の主務官庁が監督指導している。このため、官庁の縦割りに連動して、協同組合としての横の連携が弱められてきた。

(1) 日本における協同組合の源流

　日本における協同組合の源流は、鎌倉時代に始まり江戸時代に広がった「頼母子講（無尽ともいう）」（金銭の融通を目的とする相互扶助組織）

注1)　1節、2節は『概説 市民社会論』（今田忠、2014、関西学院大学出版会）を
　　　参考としている。

や、それ以前から各地に存在した「結」（労働力を対等に交換し合い、
田植え、稲刈りなど農や生活の営みを維持していく共同作業）である。
ただし、これらを体系的な思想としたのは、江戸末期に活躍した二宮尊
徳（通称 金次郎、1787〜1856）と大原幽学（1797〜1858）である。

　二宮尊徳は、道徳と経済を一致させ，富国安民を図る報徳の道（報徳
思想）を説いた。自助努力による農村復興を指導し、二宮の死後、1847
年に静岡県浜松市で下石田報徳社が設立されて以降、全国約 1,000 社で
報徳社が結成され、現在の信用金庫の原型となる活動などが展開され
た。学校法人報徳学園も報徳思想に基づいて運営されている。

　一方、大原幽学が創設した先祖株組合（1838 年開設）は、組合員が
一定の土地を出し合い共有財産として管理し、農業技術の指導や耕地整
理も行うなど、世界初の農業協同組合ともいえる取り組みを行った。

（2）協同組合の起源

　日本での源流を紹介したが、世界的な視点では、1844 年、イギリス
の工業都市マンチェスターの北東にあるロッチデールという町で、織物
工など 28 人の労働者が、自らの手でより良い社会を生み出すために設
立した「ロッチデール公正開拓者組合」が協同組合運動の起源とされる。
ロバート・オーエン思想の影響を受け、世界で最初の協同組合の店舗を
開店した。彼らは 1 年に一人 1 ポンドを積み立て、生活必需品である小
麦粉、バター、砂糖、オートミールを販売した。

　組合は、公開の原則（加入自由）、民主的運営の原則（一人一票制）、
利用高に応じた剰余金の割戻し、出資金利子の制限、政治的・宗教的中
立、現金取引、教育活動促進の 7 原則を定めた。これは「ロッチデール
原則」と呼ばれ、今日の世界の協同組合の原則として受け継がれている。

（3）協同組合の日本国内外のネットワーク組織

　ちなみに、協同組合間の連携を進めるため、国内には日本生協連や全国農協中央会など協同組合17組織が参加する日本協同組合連携機構（Japan Cooperative Alliance：JCA）が2018年に発足した。国際的には、世界109か国から様々な分野の311協同組合組織が加盟する国際協同組合同盟（International Co-operative Alliance：ICA）があり、それらの組合員の総数は12億人である。

2. 近代日本の生活協同組合

　以下、代表的協同組合である生活協同組合の日本での展開を解説する。

（1）生活協同組合の歩み

　共同出資、共同利用、共同運営の原則に則った日本最初の協同組合は、ハヤシライスの考案者とされる早矢仕有的ら福沢諭吉門下生や関係者が1879年（明治12年）に創設した共立商社・同益社とされる。同じ年、後に朝日新聞の創刊に参加した村山龍平らが大阪共立商会を設立している。

　その後、1900年に公布された産業組合法を基に、吉野作蔵を指導者に1919年（大正8年）に東京で設立された家庭購買組合、1920年に賀川豊彦、西尾末広らを中心に大阪で設立された共益社、1921年に賀川の助言で市民組合として設立された神戸消費組合、その1か月後に賀川の助言を受け実業家らが設立した灘購買組合などが次々と設立された。

　終戦直後の1945年、協同組合運動の復興を目指して、日本生協連の前身である日本協同組合同盟が設立され、賀川豊彦が初代会長になった。続く1948年に生活協同組合法が成立し、産業組合法は廃止された。この新法に基づいて、1951年に日本生活協同組合連合会（日本生協連）

が設立され、その初代会長も賀川豊彦が務めた。なおこの生協法成立時に、当時与党の日本自由党の支持基盤である小売業者の反対もあり、預貯金貸付などの信用事業が外され、都道府県域を超えた事業活動と組合員外の利用が禁止された（共に 2007 年の生協法改正で規制緩和）。

　その後、スーパーマーケットの登場で停滞した時期もあるが、生協店舗の大型化などで対応。1956 年には山形県の鶴岡生協が家庭班を基盤とする「班」方式を導入し組合員活動が活性化した。その後、全国に広がり、国際的な生協運動でも注目され「HAN」が国際語にもなった。

　一方、1960 年代になると大学生協で活躍した人材が地域の生協づくりを推進し、家庭の主婦層を中心とする市民生協が誕生していく。例えば、1964 年に同志社生協から京都洛北生協（今の京都生協の前身）が、1965 年に北海道大学生協から札幌市民生協（今のコープさっぽろ）が、設立されている。

（2）生協の現状

　生協の設立には 20 人以上が発起人となり、通常 300 人以上の賛同人を組織して創立総会を開き、行政庁の認可を得て設立登記し成立する。組合員は一口以上の出資を行い、利用料に応じて割戻しを行うが、議決権は平等である。2018 年度に厚生労働省が実施した消費生活協同組合（連合会）実態調査によれば、活動中の生協は地域生協 412、職域生協 401、連合会 82、合計 895 で、組合員数は 6,620 万人に達している。規模拡大のための合併により生協数は減少し続けているが、組合員数は漸増している。

　生協の事業は、供給事業（店舗などによる供給）、利用事業（医療、住宅、理容、保育など）、共済事業に大別されるが、全国の生協の総供給事業高は、2018 年度調査では 3 兆 34 億円で、ここ数年、3 兆円前後

で伸び悩んでいる。

（3）特徴的な生協群
① コープこうべ

　1921年（大正10年）設立。1962年に灘購買組合と神戸消費組合が合併。兵庫県、大阪府北部、京都府京丹波市を事業範囲とする。2018年度末で組合員数170万人。兵庫県内での世帯加入率は62％。供給高約2,440億円。店舗数159。職員数約9,600人（うち総合職員2,100人、専門職員約800人）を擁する。日本生協連初代会長に賀川豊彦が就任し、コープみらいが結成されるまで日本最大の生協であったこともあり、長年、日本の生協をリードする存在となっている。

② コープみらい

　2013年に、ちばコープ、さいたまコープ、コープとうきょうの3生協が組織合同（合併）して誕生し、日本最大規模の生協となった。2018年度末で組合員数347万人、事業圏域内での世帯加入率は26％。総事業高約3,900億円、宅配センター77、店舗数134、介護福祉事業所34。職員数約1万3,500人（うち正職員3,100人）を擁する。

③ みやぎ生協

　1982年設立。宮城県、福島県を事業範囲とする。2018年度末で組合員数94万人。世帯加入率は全国トップの72％。総事業高約1,260億円。店舗数63。職員数約8,400人（うち正職員1,400人）を擁する。2016年にコープあきた、いわて生協、北都銀行などと風力発電所「コープ東北羽川風力発電所」を運営するとともに、同年国内生協で初めてレストランの運営にも着手した。

④ 生活クラブ生協

　1965年に東京で発足。組合員は「商品を買うお客さん」ではなく「出

資・利用・運営」に参加する構成員であるとしている。日生協が開発した商品を扱う生協が多いなか、同生協では提携生産者と組合員が協力して、独自規格の「消費材」を開発している。また、「生活者ネットワーク」、「市民ネットワーク」などの名称で各地に政治団体を設立し、1～3期単位の交代制で「代理人」を地方自治体の議会へ送り込んでいる。

⑤ 大学生協

1898年（明治31年）に初の大学生協として同志社大学で消費組合が結成された。戦後、東京大学、早稲田大学、慶應義塾大学などで生協が結成。1947年に全国学校協同組合連合会が発足し、1958年、法人化を期に全国大学生活協同組合連合会に改称した。各大学生協の理事会の元に学生委員会が設置され、学生が主体的に自らの悩みや不安を解消し、魅力ある大学生活を実現するために「たすけあい」「学びあい」「コミュニティづくり」の活動を進めている。なお、再販売価格維持契約を遵守する義務を負わないため、各生協の経営判断により、書籍・雑誌・CDなどを市販価格（定価）の1割引程度の価格で組合員に提供している所が多い。

⑥ 全労災（全国労働者共済生活協同組合連合会）

1954年、共済事業を行う労働者生協として設立。1957年に18都道府県の労働者共済生協で本連合会を結成。1980年代に労働者中心であった事業を地域に広げるため「こくみん共済」など広く勤労者向けの活動を展開している。愛称はこくみん共済coop。2018年度末の契約件数は約2,900万件、契約口数は約3,900万口にのぼっている。

⑦ 全国生協連（全国生活協同組合連合会）

県民共済、都民共済、府民共済、道民共済、神奈川県の全国共済の元受団体。1971年に首都圏生活協同組合連合会として設立され、当初は生活必需物資の卸売事業に取り組んだが、1982年に生命共済事業を始

めて以降、各種の共済事業に取り組んでいる。全国43都道府県で事業を展開し、2018年度末の共済加入数は約2,100万件にのぼっている。

（4）生協の社会活動

　戦後の生協運動は「平和とよりよき生活のために」をスローガンに展開され、地域問題に関わる運動にも積極的に参加してきた。それらは、食品添加物規制緩和反対運動、灯油価格値上げ反対運動、消費税への反対運動、平和運動、地域の環境整備運動、環境保護活動、教育・文化活動、福祉・助け合い活動など、多様に取り組まれている。

　1983年にコープこうべが始めた「コープくらしの助け合いの会」は、買い物や料理などの家事援助を求める組合員を、コーディネーターを介して、他の組合員が低額の報酬で手助けをする互助活動で、短期間に全国の生協に広がった。近年は生活困窮者自立支援サービスやフードバンク事業に取り組む生協も増えている。

　なお、生協が核になった制度改革として「被災者生活再建支援法」制定運動がある。1995年に発生した阪神・淡路大震災時、住宅を失った被災者から公的補償を求める声が広がったが、国は個人資産の形成に関与しないとの立場から当時の村山富一首相は衆議院本会議で「自然災害により個人が被害を受けた場合には、自助努力による回復が原則」であると発言した。これに対し、コープこうべをはじめとする全国の生協関係者らが積極的な被災者支援策を政府に要求。「地震災害等に対する国民的保障制度を求める署名推進運動」を開始し、実に約2,400万人もの署名を集めた。この署名が大きなテコとなり、1998年に全壊・半壊住宅の再建資金の一部を助成する被災者生活再建支援法が議員立法で成立した。これは、生協の組織力が生かされた好例だといえる。

3.　農業協同組合

（1）　農業協同組合と JA

　農業協同組合（農協）は、日本の農民あるいは農業を営む法人が組織する協同組合である。これは農業協同組合法に基づく非営利法人で、事業内容などがこの法律で制限・規定されている。なお、総合事業を営む農協グループのほとんどを、愛称として JA（Japan Agricultural Cooperatives）と呼び、略称として地域名などを付けた「JA ○○」を使っており、大半の農民や農業法人が加入している。

　（図 11 - 1）にあるように、市町村段階には、2020 年 4 月段階で 584 の農協が存在し、全国レベルでみると、総合的指導機関として全農協の指導や農政活動を行ってきた JA 全中、農畜産物や資材の販売・購買の JA 全農、生命保障と損害保障を扱う JA 共済連、貯金や貸出しといった信用事業の農林中金（JA バンク）などの組織に分かれている。2018 年に JA の正組合員は 425 万人、農業に従事していない准組合員は 624 万人、合計 1,049 万人である[2]。

　しかし、農家には JA などの農協への加入義務はなく、ある農協が連合会や中央会、あるいは JA グループに属すべきという法的な定めもない。ただ、農協の活動範囲は定款で定められ、農協を認可する都道府県知事は活動区域の重複を認める際、当該市町村や農協中央会の意見を聞かなければならないという規定が 2001 年まで残っており、規制や農水行政の慣行も近年まで存在していた。2019 年の時点で JA 以外の総合農協は、北海道有機農業協同組合のような例外に留まる。

　一方戦後に同時に生まれた専門農協は、別に存在している。これらの農協は原則として信用事業を行わず、畜産、酪農、園芸といった特定の農業生産物の販売・購買事業を行うものである。全国レベルの専門農協

注 2）　農林水産省「平成 30 年度総合農協一斉調査結果の概要」：https://www.maff.go.jp/j/keiei/sosiki/kyosoka/k_tokei/sougou30.html

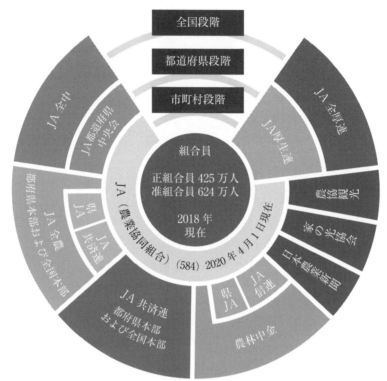

出所：農林水産省「平成 30 事業年度総合農協統計」及び JA
（https://org.ja-group.jp/about/group）

図 11-1　農業協同組合の組織構造

組織は多くはないが、乳業工場や飼料工場を有する全国酪農専門農業協
同組合連合会（全酪連）は、その代表格だろう。

（2）JA のこれまでと今後

　終戦直後の 1947 年から開始された農地改革の結果、地主層が没落し
代わりに 470 万余という多数の小規模自作農家が誕生した。一方、当時

の深刻な食糧不足に対処するために、政府は戦中の農業統制機関「農業会」を実質的に引き継いだ農協組織を維持し、米や麦の食糧管理体制を続けた。また、その後も農業と他産業との所得格差是正のために、経済成長に合わせた食糧価格の継続的上昇が図られ、そのために JA、特に、JA 全中が大きな役割を果たしてきた。

　しかし、米余りから 1970 年から減反政策が始まり、その後米流通の自由化などが起こる一方、高齢化と同時に農業人口の減少が続いてきた。例えば、図 11－1 にあるように、JA の総組合員の過半数は農業者でない准組合員で、しかも農業者の多くも兼業だ。このため、日本の農業と JA の今後は容易ではなかろう。

　これに対応して、JA の農協では合併が続いている。例えば、東京郊外で人口 40 万人余りが暮らす町田市では、1988 年と 1992 年に市内 5 つの農協が合併して規模を一旦は確保した「JA 町田市」になった。しかし、2019 年では正組合員が 2,295 人と小規模になり、ここ数年は販売・購買額、共済の契約件数などの減少が続いている。山口県では、「1 県 1 JA」構想のもと、2019 年に県内の 12 の総合農協が合併し、正組合員 78,305 人（2018 年末）の大規模な「JA 山口県」が発足している。

　それに加えて、2010 年代前半に政府が進めた環太平洋戦略的経済連携協定（TPP）の交渉過程で、重要農産物 5 品目の保護を強く求めた JA 全中に対して、政府・与党から強い反発が生じ、安倍政権は農協の性急な改革を求めた。これに対応するかたちで、「JA グループ自己改革」を実施することにより、JA 全中は 2019 年に指導の役割を有さない一般社団法人に改組している。

　今後農産物の輸入自由化が一層進み、他方では気候温暖化で生じる農業生産における新たな課題にも対応を迫られる可能性が高い。このため市場競争力を有する農協が一層求められているが、同時に協同組合の基

本精神である相互扶助をどう生かしていくのか、基盤である地域とどう付き合っていくのか高齢化とどう向き合うのかなど、困難な挑戦が待ち構えているようにみえる。

4. 労働組合

（1）労働組合の歴史

日本は 1868 年の明治維新後、「富国強兵」・「殖産興業」のもとで近代化の道を進んだが、産業の中心を担った炭鉱や繊維産業等で働く労働者による暴動やストライキが発生していた。1897 年（明治 30 年）、片山潜らが初めて労働組合の準備組織としての「労働組合期成会」をつくり、その後「鉄鋼組合」、「日本鉄道矯正会」等が結成された。しかし政府は、労働組合は工業化の足かせになるとして、1900 年に治安警察法を制定し、労働者の権利である結社の自由を奪い、団結権や争議権を刑事罰の対象として、労働運動を徹底的に弾圧した。

戦後は GHQ[3] が、民主化の一環として、労働組合結成を奨励し、1945 年（昭和 20 年）労働組合法が制定され、1946 年から爆発的に労働組合が結成された。1948 年末に組合員は 650 万人、労働者の組織率は55.8％と戦後最高を記録した。しかし、その後 GHQ は占領政策を転換させ、1947 年 2 月のゼネラルストライキを禁止し、その後も公務員労働者のストライキ権のはく奪、1950 年から始まった共産党員や進歩派の職場追放を進めたレッド・パージ等で、労働組合規制を強化していった。

しかし、労働運動はその後も活発になり、1953 年の三井三池をはじめとした炭鉱などにおける解雇撤回闘争などで存在感を増した。1955年には春闘がスタートし、1974 年には、史上最高の 32.9％の賃上げを実現させたが、次第に戦闘的な労働運動に代わる労使協調路線に転換

注3） GHQ（General Headquarters, the Supreme Commander for the Allied Powers）：連合国軍最高司令官総司令部のことで、進駐軍とも呼ばれた。第二次世界大戦終結に伴うポツダム宣言を執行するために日本で占領政策を実施した連合国軍機関。

し、1955 ～ 1973 年の高度経済成長を後押しする結果となった。

　1973 年（昭和 48 年）と 1979 年の 2 度のオイルショックを経て、日本経済は高度成長から減速し、政治的に分断されていた複数の労働組合組織のどれも、組織率の低下傾向に歯止めがかからず、数の力を背景とした労働組合の全国組織ナショナルセンター結成の機運が高まっていった。まず、1987 年に民間労組が結集して全日本民間労働組合連合会（民間連合）が発足し、1989 年（平成 1 年）に、官公労系の労組を含めて一本化し、組合員 800 万人（現在 700 万人）の「日本労働組合総連合会（連合）」が誕生した。地域の運動を支える 47 の地方連合も設置され、2019 年、「連合」は結成 30 周年を迎えた。「連合」は、国際組織の「国際労働組合総連合（ITUC）」にも加盟し、世界 163 か国、組合員数 2 億700 万人の労働運動の一翼を担っている。

　また 1989 年には、「全国労働組合総連合（全労連）」、「全国労働組合連絡協議会（全労協）」が連合とは別の全国組織として結成されて、今日に至っている。

（2）日本の労働組合の特徴

　日本は、企業単位に従業員が組織化された「企業別組合」を労働組合組織の基本単位としており、職能別、産業別の組合が基本である欧米の労働組合とは、大きな違いがある。

　企業別組合は、通常ブルーカラー（主に生産現場の労働者）やホワイトカラー（事務職・技術職）といった職種に関係なく組織化されており、労働条件等の交渉の権限をもっているのは、企業内の経営側と企業別組合にある。したがって労使が協調して企業の利潤を上げ、結果として労働者の取り分を増やそうとする原理が働きやすく、時に会社の言いなりになる「御用組合」と批判されることもある。しかし「企業別組合」は、

「終身雇用」、「年功序列」とともに日本の高度成長を支えてきたのは事実であり、当時は日本的経営の「三種の神器」とまで呼ばれた（アベグレン 1958 年）。

　また、日本の大手企業を中心に、多くの労使が「ユニオン・ショップ制」を採用している。企業に雇用された場合は、一定期間内に労働組合に加入しなければならず、また、加入した組合員が労働組合から脱退した時は解雇される、という労働協約を締結している場合が多い。さらに組合費は、給与から自動的に天引き（チェック・オフ）されている場合が通常であり、これは労使の協定があれば「賃金の全額払いの原則（労基法第 24 条）」に反せず、そのことが労使関係の安定にも寄与しているといわれている。

（3）日本の労働組合の課題と今後

　日本の労働組合の組織率は、1948 年に最高の 55.8％に達したが、その後下降傾向が続き、2019 年 12 月に発表された推計組織率は 16.7％で、過去最低を更新した。長期的な組織率低下の要因は、製造業を中心に海外展開などで生産現場が減って組合員が減り、一方で増加したパート、派遣などの非正規労働者の組織化が遅れたことにある。2019 年も組合員数は若干伸びて 1,008 万 8,000 人となったが、労働者全体が増えたので組織率は下がった。パート労働者の組合員は 133 万人で過去最多になったが、パート労働者の推定組織率は 8.1％と低水準である。

　2018 年の労働力調査によれば、雇用者 5,596 万人のうち、正規従業員は 3,476 万人であり、一方で非正規従業員は増加傾向にあり、2,120 万人となり、全体の 37.9％を占めている。

　日本の労働組合は、基本的に「正社員」で構成されており、契約社員、派遣労働者などの雇用形態が多様化するなかで、パートなどの非正規労

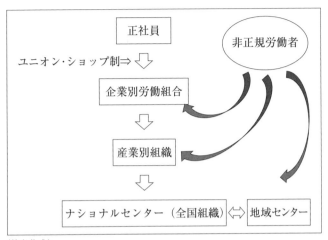

（筆者作成）
図 11 - 2　日本の労働組合の組織構造

働者は、景気変動の調整弁として扱われ、労組もそうした労働者の組織化には熱心でなく、それが組織率の低下を招いてきた。しかし最近では、労組もパート等の非正規労働者の組織化に力を入れており、着実に組合員数は増加してきている。また、労組に個人で加盟できる「個人加盟ユニオン」も、地域コミュニティ単位で増えてきている。今後は、基幹的業務を担うようになってきた非正規労働者を組織化し、公正な処遇や労働条件の向上等の面で、労働組合の役割が期待されている。

　労働組合員の大半は、欧米のように自らの意志で労働組合に加盟したわけではなく、一定の組合費を給与から自動的に引かれ、組合費を支払っている意識も薄いことが、労組への帰属意識の低さの要因になっている。しかし今後組合費は、労組が提供するサービスとの対価として見合わなければ、組合員の厳しい目に晒され、自らの意志で組合への入会・退会ができない「ユニオン・ショップ制」の在り方も問われていく

かもしれない。

　労組の組合員も、海外生産等が進んで、生産現場などのブルーカラーの割合は劇的に減り、ホワイトカラー中心の組合になっている。今後一層高齢化が進み、テクノロジーやAIの発展により、雇用形態や仕事の中身は変容し、従来型の仕事は減っていくであろう。労働組合の基本的役割は、雇用を守り、労働者の総合的な生活を向上させることである。今後、「仕事の未来」、「ディーセントワーク」、「働き方改革」、「雇用問題」などで、労働組合の役割は益々高まることが想定される。労組がこうした時代の変化に対応し、組織率を大幅に引き上げることができれば、さらに発展し、社会への影響力を増していくであろう。

参考・引用文献

ジェームズ・C. アベグレン、1958年、「日本の経営」、日本経済新聞社
今田忠、2014年、「概説市民社会論」、関西学院大学出版会

学習課題

1. 協同組合とは何か、またそれが世界的な存在であることを、よく把握しておこう。
2. 日本にも多様な協同組合やそのネットワークが存在しているので、整理しておこう。
3. 日本の農協の全体図を理解した上で、巨大なJAグループにはどのようなものがあるか、また最近農協が直面している課題をよく整理しておこう。
4. 労働組合とは何か、そして日本の労働組合にはどんな特徴があり、課題があるのか、十分理解しよう。

12 | 東アフリカの NGO の状況と課題

～エチオピアとケニアを中心に～

利根川佳子

《**目標＆ポイント**》 東アフリカに位置するエチオピアとケニアの2か国における、近年の NGO に対する法規制を比較し、両国の NGO の活動領域を含む市民社会スペースの状況の理解を深めることが本章の目標である。
《**キーワード**》 東アフリカ、エチオピア、ケニア、NGO 法、市民社会スペース

1. はじめに

　近年、市民が自由に活動できる環境「市民社会スペース」の縮小が世界的におこっている。その要因の1つは、NGO に対する法規制である。サハラ以南アフリカにおいては、マラウイ（2000年）、ルワンダ（2008年）、シエラレオネ（2009年）などで、2000年代から法律が策定されており、例えば、2015年から2017年のわずか2年弱の間に14もの NGO に関連する法規制が新たに制定されているという報告がある（ICNL 2013a；2013b；2013c；2016）。そして、近年制定された法規制は、NGO の活動領域を含む市民社会スペースの縮小につながっていることが指摘されている。国際的には、NGO の多様化と拡大が注目を集めている一方で、規制的な政策の下で、多くの NGO が困難な状況に直面している可能性がある。

　本章では、東アフリカに注目し、エチオピアとケニアを事例として紹介する。近年の NGO に対する法制度などの状況を概観し、市民社会スペースの状況の理解を深めることが本章の目的である。なお、第15章

で言及されている「シビカス・モニター」によると、エチオピアは「抑圧されている国」、ケニアは「妨げられている国」に分類されており、ケニアの方が比較して状況が良いものの、両国とも市民社会スペースが制限されているといえる。

2. NGO の活動領域

　東アフリカの NGO に限らず、NGO 全般の活動領域に関して、デビッド・コーテン（Korten 1990）は NGO の世代論で説明している（表12－1参照）。第一世代の NGO は、受益者の人々の不足を補うサービスの直接供与を行う。第二世代の NGO は、受益者が自立できる能力を高める

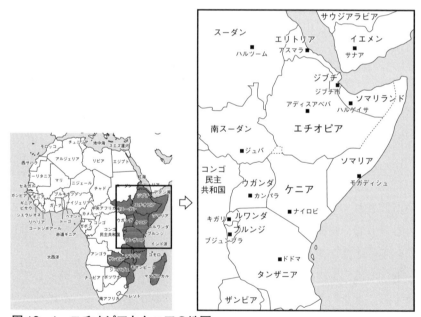

図12-1　エチオピアとケニアの地図

ためのエンパワメントの活動を行う。第三世代のNGOは、政策や制度を変革するための活動を行う。これには政府への提言活動や能力強化も含まれ、啓発活動が重要となり、人権、民主主義やガバナンスといった考え方が重視される。第四世代のNGOは、国を超えて地球規模の視点をもち、制度や地域住民の生活の変革を促す、と説明し、活動領域の拡大を示した。1つの団体が、コーテンの示す複数の世代の機能をもっている場合もあり、また、必ずしも第一世代が第四世代より劣るというわけではない。第一世代には災害時の緊急支援も含まれ、緊急時に柔軟で迅速な支援ができるNGOの役割は大きい。現在のNGOの活動領域は、サービスの供与といった一時的な活動から、エンパワメントや持続可能な開発を目指す啓発活動などの長期的な活動まで範囲が拡大している。

　マイケル・エドワーズも、NGOは単なるサービスの提供者ではなく、柔軟で革新的な存在であるべきであり、「NGOは考える者、人を動かす者、革新する者、主張する者」でなければならないと指摘し（2006：98）、この考え方は、コーテンの議論と重なる。エドワーズ（2006）は、政府には、国民に対して必要なサービスへのアクセスを保証する役割があり、NGOには人々の声を集約し、変革へ向けて政府に影響を及ぼす役割があると主張し、政府とNGOの役割を分けて議論した。そして、NGOがその役割を果たすためには、NGOが「必要なときは介入できるように、法律と社会政策の枠組みをつくる責任」を政府が負うと議論している。しかしながら、多くの国々において、NGOがそのような役割を果たすための法制度は整備されておらず、NGOが政府に影響を及ぼすことに対して、政府側が寛容でない状況がある。

表12-1　NGO の世代論

第一世代	受益者の人々に足りないものを補うサービスの直接供与。
第二世代	受益者が自立できる能力を高めるためのエンパワメントの活動。
第三世代	持続可能性を念頭に、政策や制度といったシステムの変革のための活動。政府への提言活動や能力強化、啓発活動。
第四世代	国を超えて地球規模の視点をもち、制度や地域住民の生活の変革を促す活動。

出所：Korten（1990）、三宅（2016）を基に筆者作成。

3．エチオピアにおける NGO

（1）エチオピアの基礎情報

　エチオピア連邦民主共和国（以下、エチオピア）は、国の面積が109.7万平方キロメートル（日本の約3倍）であり、人口は約1億922万人（2018年）を有する。人口は、アフリカにおいてナイジェリアの次に多い。民族は、オロモ族34.4％、アムハラ族27％、ティグライ族6.1％など約80の民族があり、言語も多様である。宗教は、エチオピア独自の宗教であるエチオピア正教43.5％や、イスラム教33.9％、キリスト教（プロテスタント）18.5％などがある（CIA 2020a）。一人当たりの国民総所得（GNI）は、790米ドル（2018年）である（外務省 2019a）。また、保健、教育、所得という3つの側面に基づく指標である人間開発指数（HDI）の2018年の順位をみると、190か国中173位であり（UNDP 2019）、世界のなかでも低い。2016年の時点で、正式に登録しているNGOは、3,084団体である[1]。

（2）エチオピアにおける NGO の発展

　エチオピアは、イタリアによる占領期間があるものの、植民地化され

注1）　2016年のNGO担当庁職員への聞き取り調査より。

ていない国である。1974 年まで続いた帝政下、及び社会主義軍事政権下においては、NGO 数は限られていた。しかしながら、1973 年と 1984 年の大干ばつが起こると、多くの国際 NGO が緊急支援を開始し、この動きが国内の現地 NGO[2]の設立を促した。コーテン（1990）が示す、サービスの直接提供を実施する第一世代の NGO がこの時期に活動を始めたことになる。しかし、当時の軍事政権は、NGO の活動を積極的に認めたわけではなかった。

　1994 年に樹立された連邦共和制政権は、民族自治に基づく連邦制を採用しているが、前政権を打倒したエチオピア人民革命民主戦線（EPRDF）[3]が、過去 5 回の選挙において勝利し、EPRDF 一党による統治が続いている。政府は 2000 年代に入るまで NGO に対する規制を緩めることはなく、1990 年代の NGO は、第一世代の NGO の特徴を有し、物資やサービス提供に限定した活動を中心に行った。

　しかしながら、2000 年代に入り、政府は NGO とのパートナーシップを配慮した政策に初めて転換した。この背景には、重債務貧困国であったエチオピアが債務救済を得る条件として、市民社会との良好な関係性を示す必要があったという指摘がある。そのような状況から、1994 年には 70 団体であった NGO 数は、2007 年には 1,976 団体まで増加し、2009 年には約 4,000 団体まで急増した。2000 年代にエチオピアでの NGO の活動環境が好転し、多くの NGO が第二世代のエンパワメントに基づく活動を行い始めた。さらに、2005 年の選挙では、選挙監視員のトレーニング、主権者教育、啓発活動などを実施する第三世代の NGO が現れた。このように、現地 NGO が活動領域を拡大していた最中、2009 年に「慈善団体及び市民団体に関する布告[4]」（以下旧布告）

注 2）　本章では、開発途上国の人々によって自国で設立された NGO を現地 NGO とする。

注 3）　2019 年 11 月に EPRDF は解散し、新政党「繁栄党」が成立した。

注 4）　Federal Democratic of Ethiopia 2009. "Charities and Societies Proclamation No.621/2009" *Federal Negarit Gazette*, 5th Year, No.25：4521-4567.

が制定された。

（3）「慈善団体及び市民団体に関する布告」（旧布告）制定の背景

　2009 年の旧布告制定まで、NGO に限定した法制度はエチオピアには存在しなかった。そのため、旧布告が制定されると知った多くの NGO は、政府による NGO に対する公的な認識を大いに喜んだ。旧布告は、憲法第 31 条に示されている、結社の自由の権利の実現と、エチオピアの人々の発展のために、NGO の活動の支援及び促進を目的とすることが明記されている。しかしながら、旧布告の内容は規制的であったため、多くの NGO は落胆した。

　明記されていないが、旧布告の目的には、NGO による反政府活動の規制が含まれていると考えられている。先に述べた 2005 年の選挙の際の、複数の NGO 団体による選挙監視員のトレーニングや、民主主義に関する啓発活動が影響していると推測されている。NGO によって実施される予定だった、選挙監視員へのトレーニングは、国家選挙委員会によって突如中止された。その後、この不当な扱いに対して、裁判ではNGO 側が勝利したが、裁判結果が出たのが投票日直前であったため、選挙監視員を投票所に派遣することができなかった。

　このような政府側による選挙時の NGO 活動への妨害はあったものの、2005 年の選挙では、野党が躍進した。この選挙結果の背景には、長期政権である EPRDF に対する人々の不満や都市での失業を理由とした若年層の不満がある。選挙後には、多くのジャーナリストが逮捕され、NGO に対しても、秘密裡に野党へ資金提供を行い、野党と共謀したと認識した政府が、NGO 職員の逮捕や NGO の活動停止の警告を行っており、NGO の国政介入に対する政策として旧布告が制定されたという指摘がある。そのほかにも、2007 年に修正された選挙法は、選挙に関

わる NGO の活動を制限する内容が含まれた。選挙や民主主義に関連するような、第三世代の活動をしていた NGO はごく一部に過ぎなかったが、次項で述べるように規制的な内容を含む旧布告の成立によって、多くの NGO の活動領域が狭められたのである。

（4）「慈善団体及び市民団体に関する布告」（旧布告）の規制的な内容

　旧布告には、様々な規定が含まれているが、そのなかでも特に２つの規定が多くの NGO からの批判の対象となった。それは、①「管理費」の上限の設定、②資金源による NGO の分類と活動制限である。具体的には、NGO の年間支出に占める管理費の割合を 30％までに制限すると定められた。NGO 側から批判があった点は、「管理費」と「事業費」の基準が曖昧である点である。例えば、プロジェクト実施のために雇用したスタッフの人件費が「管理費」に含まれた。

　そして、資金源による NGO の分類である。国外からの支援金が 10％以下の団体と 10％より多い団体に分けられ、子どもの権利や障害者の権利、人権や民主的権利などに関連する活動や、啓発活動などを行ってよいのは、国外からの資金が 10％以下の団体のみとされた。エチオピアの約 95％の現地 NGO は、国外からの資金が 10％より多く占めているというデータもあり（OMCT 2009）、多くの現地 NGO は、国外からの資金援助によって運営されている。そのため、多くの NGO は、第三世代の活動のみならず、エンパワメントの考え方に基づく第二世代の活動までも実施できなくなり、サービス提供中心の第一世代の活動に制限されることになった。

　また、同様に国外からの資金によって活動する国際 NGO も人権や民主的な権利に関する活動などを実施できなくなった。旧布告によって、多くの NGO が活動の縮小や閉鎖を余儀なくされ、困難に直面した。実

際に、2009 年から 2011 年の間に、現地 NGO 2,275 団体のうち、547 団体が再登録できなかったという（Jalale and Wolff 2019）。2000 年代以降、海外からの NGO に対する援助が増加するなかで、「ブリーフケース NGO」といわれる、支援を必要とする人々のためではなく、自身の利益を追求するような NGO がエチオピアにおいても出現していた。旧布告の制定後、活動資金の大半を職員の給与に充てていたようなブリーフケース NGO は減少した。この点は、旧布告の評価できる点といえるかもしれないが、それ以上に NGO 全体の活動を限定している状況がある。旧布告の内容は、NGO に対して弾圧的であるとして、国内外から多くの批判を受けた。

（5）「市民社会組織に関する布告」（新布告）による
##　　今後の市民社会スペースの行方

　旧布告によって NGO の活動領域の縮小が進んで 10 年、2018 年に就任したアビイ・アハメッド・アリ首相[5]は、国内外での和平や民主化に向けた改革のなかで、旧布告を修正した「市民社会組織に関する布告[6]」（以下新布告）を 2019 年 3 月末に制定した。新布告には、国際的な視野が含まれると同時に、これまで旧布告で制限してきた人権分野への寛容さも示した。また、新布告は、民主主義に関わる活動への寛容さを示すと共に、旧布告の欠点を認めた。実際に旧布告において批判された、資金源に基づく活動内容の制限などが、新布告では削除された。また、新布告には、政府の補助金などから成る基金の設立が含まれており、今後の運用が注目される。

注5）　1998 年以来国交断絶していたエリトリアとの 2018 年 7 月の国交回復における、アビイ首相の和平に向けた活動が評価され、同首相は 2019 年にノーベル平和賞を受賞した。

注6）　Federal Democratic of Ethiopia 2019. "Organizations of Civil Societies Proclamation No.1113/2019", *Federal Negarit Gazette*, 25th Year, No.33：11006-11057.

　一方で、新布告による規制の程度や方法は、執筆時点（2020 年 4 月）では明らかでない。旧布告には、具体的な実施ガイドラインがあり、新布告に関しても今後ガイドラインが示される予定である。その内容がNGO の実際の活動に大きく影響する可能性がある。また、今後の選挙の際の政府による NGO への対応に注目する必要がある。

　新布告の制定後、NGO は再登録をすすめ、新布告に基づいて活動を始めている。2020 年 2 月に筆者が行ったエチオピアの現地 NGO への聞き取りによると、新布告に基づく再登録手続きは大変順調であり、新設された担当庁も NGO に対して好意的な態度を示しているという。また、これまで制限のあった人権に関する活動や啓発活動を積極的に実施し始めている NGO もあった。新布告では、管理費の上限が 30 ％から 20 ％に下げられたものの、以前は管理費に含まれていたプロジェクトスタッフの給与は、新布告では事業費として認められることになったため、状況は好転したという。新布告によって、第二世代の NGO の活動である自立を促す活動や、第三世代の活動である政策や制度の変革のための活動を再度実施できることになったのである。このように、聞き取り調査を行った NGO 4 団体すべてが、新布告に対して肯定的な意見を述べた。ただし、そのうちの 1 団体によると、地方自治体の職員（特に年長者）は、NGO に対する否定的な印象を持ち続けており、現在も風当たりが強いという点も述べられた。これまでの旧布告をとおして 10 年にわたり醸成された NGO に対する否定的なイメージを改善するには、まだ時間が必要だろう。新布告の実態は NGO が今後活動するなかで、より明らかになっていくと思われるが、現段階では、エチオピアは NGO の活動領域の拡大に向けて動き出したといえる。

4. ケニアにおける NGO

（1）ケニアの基礎情報

　ケニア共和国（以下、ケニア）は、国の面積が 58.3 万平方キロメートル（日本の約 1.5 倍）であり、人口は 4,970 万人（2017 年）を有する。民族は、キクユ族 17.2％、ルヒヤ族 13.8％、カレンジン族 12.9％、ルオ族 10.5％、カンバ族 10.1％などで構成され、スワヒリ語と英語のほか、多様な言語が話される。宗教は、キリスト教 83％（プロテスタント 46.7％、カトリック 23.4％、その他 11.9％）、イスラム教 11.2％、伝統宗教 1.7％などがある（CIA 2020b）。一人当たりの国民総所得（GNI）は、1,440 米ドル（2017 年）である（外務省 2019b）。また、人間開発指数（HDI）の 2018 年の順位をみると、189 か国中 147 位である（UNDP 2019）。正式に登録している NGO は 1 万 1,262 団体である（2019 年 6 月 30 日時点、NGO Coordination Board 2019）。

（2）ケニアにおける NGO の発展と NGO 連携法

　1963 年のイギリスからの独立前から、ケニアには民族を中心とする青年協会や労働組合などが存在し、そのような市民社会組織がケニアの独立に貢献したといわれる。1968 年に設置された結社法によって、NGO は登録と活動が管理されるようになった。ジョモ・ケニヤッタ初代大統領の共和制時代であった 1974 年時点で NGO 数は 125 団体であったといわれている（Brass 2012）。

　1980 年代に経済状況が悪化した際、貧困に苦しむ人々を支援するために多くの NGO が設立された。当時は、NGO はサービス提供を中心とする、コーテン（1990）の第一世代の NGO の活動を主に行っていた。しかしながら、そのなかで民主主義や人権、政府のアカウンタビリティ

などを求めるような第三世代の活動をする少数のNGOが現れると、一党制時代（〜1991年）のダニエル・アラップ・モイ第二代大統領は、第三世代のNGOに対する統制を行った。1980年代末頃から、特に現地NGOが活動を拡大し、NGOの多くは、この頃には自立の考え方に基づく第二世代の活動を中心に実施していた。また、同時に少数であった第三世代の活動を行う現地NGOが、モイ大統領の一党独裁制に対し、複数政党制を求めた啓発活動を積極的に行うようになった。そのようななか、NGO側との十分な議論がないまま、モイ大統領は1990年にNGO連携法[7]を成立させた。

　NGO連携法は、NGOの活動の監視と統制が真の目的であるともいわれている。現在においても法律として効力を有するNGO連携法は、詳細な説明が欠落しており、特に、NGO登録認可の基準の不透明さと、登録の審査期間の不明確さが指摘されている。同時にNGO連携法によって設立されたNGO連携局がNGOに対して差別的であり、大きな権力を持つと批判されている。例えば、NGO連携法によれば、NGO連携局は、NGO登録の申請却下の理由や根拠を示す法的義務がないため、多くのNGOは理由が不明のまま登録申請を却下されている。NGO連携局は、NGO連携法を都合良く解釈し、特に政治に関わるような第三世代の活動を行うNGOを厳しく取り締まっている状況がある。NGO連携法制定の直後、国内NGOによる複数政党制を求める運動と共に、国際的な民主主義推進の圧力もあり、モイ大統領は1991年に複数政党制を再導入したが、その後も政治に関連する活動を実施するNGOの代表や関係者が逮捕され、第三世代のNGOに対する管理統制は継続された。

注7）　Republic of Kenya 1990. *NGO Coordinatian Act*, No.19 of 1990. Date of Assent : 14 January 1991.

（3）新たな法律―公益団体法

　複数政党制の復活をそれまで後押ししてきた先進諸国は、今度は市民社会スペースを拡大するよう、ケニア政府に盛んに要請した。同時に、先進諸国は、人権やガバナンスに関する第三世代の活動をする NGO に対してより積極的に支援するようになった。このような外国からの支援もあり、1997 年には 836 団体であった NGO 数は、2006 年には約 4,500 団体にまで急増した（CSRG 2012）。国内の NGO の拡大、そして民主主義の拡大を求める国際的な圧力によって、政府は NGO と良好な関係性を構築する必要に迫られていったのである。

　さらに、2010 年に成立した新憲法に基づき、言論や集会の自由を反映した法的な枠組みを構築することが国内外から求められるようになり、NGO 連携法に代わる新しい法制度構築のために多くの NGO が議論に参加した。その後、2012 年に法案が作成され、議会を通過し、ムアイ・キバキ第三代大統領が、2013 年 1 月に公益団体法[8]を承認した。

　公益団体法は、6 つの附則を含めて全 62 頁から構成され、詳細にわたる内容となっている。公益団体法は NGO 連携法と比較すると、大きく 3 点の違いがある。具体的には、① NGO に期待する役割の拡大、②人権や政治に関わる活動の強調、③政府と NGO の協調体制の重視である。1 点目は、NGO に期待する役割の拡大である。公益団体法では、NGO が国にとって重要な役割を果たしていることが全体として強調されている。NGO 連携法においては、NGO とは、「社会福祉、開発、慈善活動や研究など促進する」活動を行う団体と説明されているのに対し、公益団体法では「公益のために活動し、開発、社会的結束、社会的寛容を促進し、そして、民主主義を促し、法の支配を尊重し、ガバナンス向上に貢献できる説明責任を果たす構造を有する」組織と説明され、その役割は大きく広がっている。

注8）Republic of Kenya 2013. *Public Benefit Organizations Act*, No.18 of 2013. 14 January 2013.

　2 点目は、1 点目とも関連するが、人権や政治に関わる活動の強調である。公益団体法では、NGO が従うべき 15 項目の活動指針が示されており、そのうちの 1 つは、「ケニアの全国民のために民主主義、人権、法の支配、グッド・ガバナンス、そして正義を促進すること」（第 27 条）と示されている。政策決定の場への NGO の参加を促すことが、政府の役割とする一文もある。さらに、NGO は、政策や政府の活動などに対して、公共の利益に影響するものであれば批判してもよいとされ、NGO は政治的なキャンペーンや選挙のなかで議論されている政策について意見を表明してもよいことが明記されている。つまり、公益団体法では、民主主義やグッド・ガバナンスなどの観点が加えられ、NGO が第三世代の活動を担うことが期待されている。

　そして、3 点目は、政府と NGO の協調体制の重視である。公益団体法制定の目的として、8 つの観点が明記されており、そのなかには、「国際的に認識されている表現の自由、結社の自由の保障」に加え、政府と NGO やその他のアクターとの協調の促進が挙げられている（第 3 条）。

　さらに、NGO 連携法で批判されていた点については、登録手続きに透明性をもたせて、NGO の設立を促すことが公益団体法の目的の 1 つに含まれている。NGO 連携局に代わる新たな担当機関が NGO 登録を拒否した場合には 14 日以内にその理由も示すことが加えられたほか、担当機関の決定を不服とする場合には決定の 30 日以内に、決定の見直しを要求することができるとし、NGO 連携法から大きく改善された。公益団体法は、法案作成に至るまで NGO と十分に議論され、NGO 連携法における批判点を修正したのみならず、NGO にとってより良い活動環境を約束したため、多くの NGO から支持を得た。しかしながら、公益団体法は簡単には施行されなかったのである。

（4） 未施行の公益団体法―政府による NGO に対する抑圧的な姿勢

　2013 年 1 月に公益団体法がキバキ大統領によって承認された後、3月に大統領選挙が行われ、初代大統領の息子であるウフル・ケニヤッタが第四代大統領に就任した。ケニヤッタ大統領は、就任直後から、特に人権分野で活動する NGO などに対して公に敵意を示しているという。その背景の 1 つには、2007 年の選挙後の NGO の活動との関連が推測される。当時選挙で勝利したキバキ大統領側が不正を行った可能性があるとして、若者を中心に起こった抗議運動が暴動に発展し、その後死者1,000 人以上、数十万人に上る国内避難民を出す国内紛争となった。その後鎮圧されたものの、暴動を扇動した疑いで、当時副首相であったケニヤッタを含め 6 名が国際刑事裁判所に 2011 年に起訴された。ケニヤッタに対する訴追は 2014 年に取り下げられたが、この国際刑事裁判所へ判断を促す働きかけに、人権分野で啓発活動を行う第三世代のNGO などが大きく関与したといわれている。

　そのような背景をもつケニヤッタの大統領就任後、多くの NGO が公益団体法の施行を待っていた最中、2013 年 10 月に公益団体法の 68 か所の加筆・修正案を含む成文法案が提出されたのである。そのなかには、海外援助など外国からの入金には政府機関を通す仕組みや、特別な許可がない限り、国外からの資金は全資金の内 15％を上限とする内容も含まれている。この国外からの資金に上限を設ける方法は、エチオピアの旧布告に倣ったといわれている。この法案は新憲法に反するとして、NGO 側は抗議し、政府に対する不信感を高めた。NGO 側は、法案への抗議活動を行い、12 月に法案は撤回された。

　しかしながら、その後も政府は 4 度にわたり公益団体法の修正を必要とする法案を提示しており、2014 年には、54 か所の修正箇所を上程したという報告がある。そして、その修正内容は、NGO の活動の制限を

目的としているという。公益団体法の未執行に対して、NGO 側は高等
裁判所に訴えている。高等裁判所は、NGO 側を支持し、政府に対して
公益団体法の施行を 2 度にわたって期限付きで命令したものの、近年で
は、政府は 2018 年に公益団体法に代わる規制的な法案を示しており、
2020 年 8 月現在においても公益団体法の施行に至っていない。

　それどころか NGO に対する規制が強まっているという。2017 年の選
挙が近づくとガバナンスやアカウンタビリティなどの NGO による啓発
活動が、選挙に関係した違法な活動にあたるとして、NGO 連携局から
少なくとも 6 団体が NGO 閉鎖の警告を受けた。さらに、選挙に関連し
た NGO の活動は違法であるという印象を与えるようなネガティブ・
キャンペーンを政府が行っていたという。公益団体法では、政治や民主
主義に基づく活動が奨励されているが、現行の NGO 連携法にはそのよ
うな記載はなく、NGO 連携局は政治に関連する NGO の活動を取り締
まっている様子がわかる。

　2018 年から 2019 年の政府の開発計画において、ケニアの社会経済の
発展における NGO との強固なパートナーシップの重要性が示されてい
る。しかしながら、特に人権や政治に関連する活動を行う第三世代の
NGO に対する干渉、公益団体法施行の先延ばし、法律の規制化が政府
によって継続的に試みられている。ジェマイマ・ムワキシャ（Mwakisha
2015）による NGO に対するインタビューにおいても、公益団体法の修
正法案は、啓発活動や人権に関する活動をしている第三世代の NGO に
対する圧力であることが言及されている。公益団体法によって、NGO
の活動範囲が人権や政治関連に拡大することを、政府が積極的に支持し
ない状況があると考えられる。また、筆者の聞き取り調査によると、
NGO 連携局は、政府が脅威や不快に感じるような政府批判や活動を行
う NGO に対して、登録解除という手段で威嚇していると現地 NGO 代

表は指摘した。さらに、NGOが政権に対抗する反対勢力になる可能性を、政府は脅威として捉えている点も述べられた。このような状況は、公益団体法に含まれているような、NGOの役割の拡大を期待する姿勢はおろか、政府とNGOの協調体制とはかけ離れた現状がうかがえる。

5. 考察—エチオピアとケニアのNGOの活動領域の変化

　2009年に成立したエチオピアの旧布告がNGOに対する規制的な内容であったのに対し、ケニアにおいて2013年に大統領によって承認された公益団体法は、NGOの役割を期待し、NGOの活動環境の向上を目指し、政府とNGOとの良好な協調関係を強く打ち出しており、エチオピアの旧布告とは正反対の性格を有している。しかしながら、公益団体法は、規制的な法律への修正が複数回にわたって試みられ、施行されないまま、年月が経過している。さらに、高等裁判所による判決に対する軽視から、NGOに対する政府の強硬な態度がうかがえる。

　エチオピアとケニア両国において、第三世代の活動、つまり人権や政治に関わるような啓発活動を行うNGOが出現し、NGOの活動領域は拡大していた。ただし、両国ともに、多様な活動を行うNGOが存在し、すべてのNGOが第三世代の活動を行っているわけではない。エチオピアでは、第三世代までの活動を行っていたNGOはごく一部であったが、旧布告の制定後、多くのNGOの活動は第一世代の活動、つまり物資の提供や建設などの行政サービスの補完が中心となり、NGO全体の活動領域が急激に縮小した。

　他方、ケニアにおいては、エチオピアのようなNGO全体の活動領域を縮小させるような法制度はない。ケニア政府は、公益団体法の修正によって、エチオピア同様NGO全体の活動領域の縮小を試みているが、NGOの抗議運動などにより修正案はこれまで撤回されている。そのよ

うな状況において、政府は、特に人権やガバナンス、民主主義など、選挙や政治体制に影響を及ぼす可能性のある活動を行う NGO に焦点をあて、NGO 連携法のもと、第三世代の NGO の活動領域の縮小化を図っていることが推察される。

　また、ケニアの NGO 連携法には、エチオピアの旧布告のような活動の制限や資金源の上限などは含まれていない。エチオピアにおいては、旧布告によって、人権や民主的権利に関する活動や啓発活動を行うためには国外からの資金を全資金の 10％以下に抑えなければならず、現地 NGO のみならず、それまでエチオピアで活動していた国際 NGO や現地 NGO を支援していた外国の援助団体はエチオピアでの活動を大幅に縮小した。それに対し、ケニアでは、NGO の人権や政治関連活動への政府による取り締まりがあるなかでも、ガバナンスや人権分野で活動し続ける NGO が多く存在する。ケニアでは、第三世代の活動を継続している NGO が存在しているとともに、外国の援助団体が継続して NGO を支援し、さらにはその支援を拡大していることが推測される。また、多くの国際 NGO がケニアで継続して活動しており、外国の援助団体や国際 NGO が活動を縮小化したエチオピアとは大きく異なる。

　ケニアでは修正法案の提出のたびに、NGO による抗議運動が起き、そして法案が見送られるという、政府と NGO の攻防が続いている。この状況は、エチオピアのような抑圧的な旧布告の一方的な制定といった、NGO に対する圧倒的かつ強硬な政府の姿勢とは異なる。ケニアでは歴史的に独立時そして独立後においても NGO を含む市民社会組織が政治的な影響力を有してきた。前述したように、複数政党制の復活の際も、国際 NGO だけでなく、現地 NGO の啓発活動の影響の大きさが指摘されている。プリシラ・ワミュジ（Wamucii 2014）も、ケニアにおけるメディアの自由化に対する NGO の貢献など、NGO の政治的な啓

発活動の影響力の大きさを指摘している。NGO 数においても、ケニアの人口はエチオピアの人口の半数であるにもかかわらず、ケニアで正式に登録している NGO は 1 万 1,262 団体まで増加しており（2019 年 6 月 30 日時点、NGOs Co-Ordination Board 2019）、エチオピアの NGO 数の約 3.6 倍である。ケニアにおける NGO は、2012 年には同国の GDP の約 15％に当たる資金で活動をし、20 万人以上が NGO で働いているという報告もある（Mwakisha 2015）。公益団体法が大統領によって承認されるまでに至ったことも、ケニアの NGO の影響力の大きさを示しているといえよう。つまり、エチオピアと比較し、ケニアにおいては NGO 全体の影響力が大きく、政府による規制的な対応のなかでも、NGO が第三世代の活動を継続していることがわかる。

6. おわりに

　本章では、エチオピアとケニアの NGO に関連する法規制に基づき、NGO の活動領域を考察した。新布告に基づいて、エチオピア政府が良好な関係性を NGO と構築できるのか、エチオピアの NGO を支援する外国の援助団体が再び増加するのか、そして、これまで規制されてきた NGO の活動領域はどこまで広がるのか、という 3 つの観点からエチオピアの市民社会スペースに今後注目が集まるだろう。さらに、エチオピアの新布告の成立が、ケニアの公益団体法施行を促進するのか、そしてケニアを含めた東アフリカの国々にどのような影響をもたらすのか、という点にも注視していく必要があるだろう。

＊本章は、利根川佳子（2017）「エチオピアにおける NGO の活動領域の検討―市民社会に関する法律の影響と NGO の対応」『アジア太平洋討究』第 28 号、pp.293-320、及び、利根川佳子（2020）「東アフリカにおける市民社会スペースの検討―エチオピアとケニアにおける法規制から見る NGO の活動領域」『アフリカレポート』No.58、pp.54-66 に加筆修正を行ったものである。

参考・引用文献

〈日本語文献〉

エドワーズ, マイケル（2006）『フューチャー・ポジティブ―開発援助の大転換』杉原ひろみ・畑島宏之・鈴木恵子・粒良麻知子訳、日本評論社（Edwards, Michael 2004. Future Positive : International Co-operation in the 21st Century. London : Earthcan Publications）

外務省（2019a）「エチオピア連邦民主共和国（Federal Democratic Republic of Ethiopia）基礎データ」http://mofa.go.jp/mofaj/area/ethiopia/data.html#section2（2020 年 6 月 15 日アクセス）

―― (2019b)「ケニア共和国（Republic of Kenya）基礎データ」http://mofa.go.jp/mofaj/area/kenya/data.html#section3（2020 年 6 月 15 日アクセス）

三宅隆史（2016）「非政府組織（NGO）による教育協力」小松太郎編『途上国世界の教育と開発：公正な世界を求めて』、上智大学出版：133-146.

〈外国語文献〉

Brass, Jennifer 2012. "Blurring Boundaries : The Integration of NGOs into Governance in Kenya." *Governance : An International Journal of Policy, Administration, and Institutions*, Vol. 25, No. 2, pp. 209-235.

CIA（Central Intelligence Agency）2020a. "Africa : Ethiopia". *The World Factbook.* https://www.cia.gov/library/publications/the-world-factbook/geos/et.html（2020 年 2 月 22 日アクセス）

―― 2020b. "Africa : Kenya". *The World Factbook.* https://www.cia.gov/library/publications/the-world-factbook/geos/ke.html（2020 年 2 月 22 日アクセス）

CSRG (Civil Society Reference Group) 2014. *A guide : The Public Benefit Organizations Act, 2013*. Nairobi : Civil Society Reference Group.

ICNL (International Center for Non-for-Profit Law), 2013a, "Malawi," *Civic Freedom Montior* http://www.icnl.org/research/monitor/malawi.html (2016 年 11 月 14 日アクセス)

—— 2013b. "Rwanda," *Civic Freedom Montior* http://www.icnl.org/research/monitor/rwanda.html (2016 年 11 月 14 日アクセス)

—— 2013c. "Sierra Leone, *Civic Freedom Montior*" http://www.icnl.org/research/monitor/sierraleone.html (2016 年 11 月 14 日アクセス)

—— 2016. "Survey of Trends Affecting Civic Space : 2015-16," *Global Trends in NGO law.* 7（4）, September 2016. International Center for Not-for-Profit Law.

Jalale Getachew Birru & Jonas Wolff 2019. "Negotiating international civil society support : the case of Ethiopia's 2009 Charities and Societies Proclamation," *Democratization*, 26 : 5, 832-850.

Korten, David 1990. *Getting to the 21 Century : Voluntary Action and the Global Agenda*, Sterling : Kumarian Press.

Mwakisha, Jemimah 2015. *The Fight for Democratic Space by CSOs in Kenya : The Case of Public Benefits Organization Act 2013 Amendments*. Nairobi : Civil Society Reference Group.

NGOs Co-Ordination Board. 2019. *Annual NGO sector report 2018／19*. Nairobi : NGOs Co-Ordination Board.

UNDP (United Nations Development Programme) 2019. *Human Development Report 2019*, NY : UNDP.

Wamucii, Priscilla 2014. "Civil Society Organizations and the State in East Africa : From the Colonial to the Modern Era", pp109-124, in E. Obadare (ed.). 2014. *The Handbook of Civil Society in Africa*, Springer. Nonprofit and Civil Society Studies 20.

OMCT (World Organization Against Torture) 2009. *Ethiopia : Law on Charities and Societies : Freedom of Association in Jeopardy!* 9 January. https://www.omct.org/human-rights-defenders/urgent-interventions/ethiopia/2009/01/d19771/ (2020 年 2 月 26 日アクセス)

学習課題

1. アフリカの国々では、NGO に対して、どのような政策がとられて
   いるか調べてみよう。
2. アフリカの現地 NGO について、ウェブサイトや活動報告書をみて、
   その NGO の活動内容（プロジェクト、活動地など）を調べてみよ
   う。
3. 日本の NGO で、アフリカで活動している NGO はどのぐらいある
   のか、そしてどのような活動をしているのか調べてみよう。

13 | 南アジアのNGOの状況と課題

～インドとバングラデシュを中心に～

大橋正明

《**目標＆ポイント**》 私たちは、南アジアのことをあまりよく知らないし、その地域のNGOについてはもっと知らない。しかし、その大半を植民地にしていたイギリスは、日本では安政の大獄が起きた1860年に「協会登録法」を制定してNGOの法人化を認めたことから、南アジアの政府や社会はNGOや市民社会を古くから認識している。つまり、南アジア各国のNGOには多様性と共通性が存在する。このため本章では、インドとバングラデシュを取り上げた。

《**キーワード**》 南アジア、協会登録法、外国NGO、自国NGO、外国資金、政府の管理、VANI、ガンディー、SEWA、団結協会、民衆科学運動、エクラビヤ、ラーマクリシュナミッション、FCRA、総理府NGO局、FDRA、マイクロ・クレジット、BRAC、PAPRI

---

1. はじめに

（1） 南アジアとは

日本に暮らす私たちにとって、南アジアは遠くて馴染みも薄い。だから多くの人は、南アジアとは大国インドと、それとよく似た周辺の小さな貧しい国々からなる、カレーを手で食べる地域、といったような大雑把なイメージしかもっていない。

逆に南アジアや欧米の人から見ると、東アジアは大陸の中国が中心で、それと大して違わない日本や韓国といった周辺国がある、といったイメージであろう。

しかしそう言われると、私たちは不満を感じる。中国と韓国と日本では大きく異なる点が多いし、中国のなかでも社会主義ではない香港や仏教徒が多いチベット、イスラム教徒が多い新疆ウイグルでは、大きな違いがあるからだ。でも、南アジアのカレーや手食に当たる醤油（しょうゆ）や箸食のように、東アジアならではの共通点が多いことも事実だ。このように南アジアの

図 13-1　南アジアの7か国

NGOにも、共通性とそれぞれの国の独自性が存在する。

　ちなみに南アジアには、図13-1の地図にあるように、インド、パキスタン、バングラデシュ、スリランカ、ネパール、ブータン、モルディブの7か国があるが、本章では人口が百万人未満のモルディブとブータンには触れない。また、アフガニスタンを南アジアに含む場合もあるが、本章は日本の外務省を見習ってこの7か国に限定する。なお本章の後半は、NGO大国とも呼ばれるインドと、NGOの規模がとりわけ大きなバングラデシュを取り上げる。

（2）南アジアのNGOに共通する点

　まず、南アジアのNGOの共通点からはじめよう。これは、東アジアとは対照的な点でもある。

　それは、南アジアの市民社会あるいはNGOの歴史や政府や社会によ

る認識は、日本や東アジアのそれよりずっと先進的であるという点だ。日本ではNGOやNPOは第2次世界大戦後の比較的新しいもので、特にNPOは1998年にNPO法（正確には特定非営利活動促進法）が制定されて以降、一般的になった。本論第1章と第10章で触れたとおり、近代日本の最初のNGOは、1877年（明治10年）に設立された日本赤十字社（当初は博愛社）である。本テキスト第14章は東アジアで韓国と台湾を取り上げているが、両国とも市民の自発的なNGOの活動が本格化するのは、独裁的政権が衰退した1987年以降である。東アジアでは、一般的に政府は強くて正しいという権威主義的な傾向が強い、ともいえよう。

　対照的に南アジアは、ネパールを除く広範な地域を植民地支配していた英領インド政府が、日本赤十字社設立より17年も前の1860年に制定した「協会登録法（Societies Registration Act 1860）」によって、市民によるNGOの設立が認められるようになったのだ。特に、マハトマ・ガンディーが率いた独立を目指した民族運動が強かったインドでは、カースト制といった民衆の間に分断があるなかでも、市民による自発的な活動が一貫して活発である。イギリスの支配や保護の下にあった他の南アジア諸国の政府も同様な法律を有してNGOや市民社会を独立当初から認知し、自国のNGO活動を奨励している場合が多い。

　東アジアと対照的に、南アジアやフィリピンでは、NGOあるいは市民社会は古くから強力である。つまりNGOやNPOは、先進国や途上国という開発段階にしたがって発展していくものではなく、それぞれの社会の風土や政府の考え方や制度によって異なるのだ。

（3）南アジアのNGOで異なる点
　南アジアでは、各国政府の外国NGOに対する姿勢が、国によって大

きく異なる。ごく簡単に述べると、インドは原則として外国 NGO を歓迎しないが、バングラデシュは 1971 年の独立以降、ネパールは 1990 年の民主化以降、受け入れている。実際日本の NGO で、インドで事務所を構えて活動しているところはほとんどないが、バングラデシュとネパールには多い。ただし、1990 年に民主化して NGO を積極的に認知し始めたネパールは、2010 年代の共産党政権の成立で外国 NGO への規制が厳しくなっており、今後は導入された連邦制によってどのように変化していくか、読みにくい状況である。2009 年まで内戦が続き、その後タミール人への人権侵害問題で外国 NGO などから批判されたスリランカと、イスラム過激派と中国の影響力が強まるパキスタンも、外国 NGO に対する警戒姿勢を強めている。

　ちなみに、NGO 向けの外国資金に対する南アジア各国政府の管理は、当初は各国でバラバラだったが、ここ数年で、ほぼ同様な厳しい管理や規制が導入され、新たな共通点になっている。具体的には、インドが 1976 年に外国資金管理を制度化し、1980 年頃にバングラデシュがそれに似た制度を導入した。さらに、ネパールでも 1990 年代初めに同様な制度を導入し、2010 年代からの共産党政権下では一層強化されている。加えて最近では、スリランカとパキスタンが、類似の外国資金管理制度を導入している。その結果、外国資金に頼っていた国内 NGO の活動が低下するといった事態となっている。この点の詳細は、本章の後半の 2 か国の事例で触れておく。

2. インドの NGO の状況

（1）インドにおける NGO の数と呼称

　13 億人の人口を擁するインド国内には、推定で 350〜400 万の非営利団体があり、それらの多くは、① 1860 年協会登録法（Societies

Registration Act 1860）、②1882 年インド信託法（India Trusts Act 1882）、③インド会社法（India Company Act 2013）のどれかに登録されているが、大半は①、②法のどちらか、あるいは州によってはそれらの両方である。より正確には、これらの全国法に基づいて各州がつくった同様な州法による登録である。

　しかしこの数には、機能停止のものが多く含まれている。また機能していても、宗教団体、私立学校、私立病院、親族が保有する遺産管理団体が多く含まれており、私たちがもっている NPO や NGO のイメージとは相当異なる。

　インド全国の社会的活動を行う NGO のネットワークであるインドボランティア団体ネットワーク（Voluntary Agency Network India：以下 VANI[1]）は、このうち社会活動 NGO は約 30 万団体で、そのうちの約 20 万団体が免税措置に必要な税法上の届け出（Tax Registration）をしている。さらに、これらのうち VANI が直接的・間接的に関係するのが 1 万団体弱である、と 2019 年に見積もっている。

　さて、NGO のネットワーク団体 VANI の名称が、インドの NGO のある特徴を示していることに気付いただろうか。VANI をはじめとしたインドの NGO の多くは、自らを NGO ではなくボランティア団体と自称することを好んでいるのだ。インドの NGO 関係者の多くは、自らの組織名をノン（Non）という否定形ではじめることは適切に思わず、そもそも自分たちは政府の存在の有無に拘わらず存在し、自発的（ボランタリー）に活動してきたのだ、と主張してきた。VANI より 10 年前に結成されたガンディー思想を共有する北インドの農村開発系 NGO のネットワークの名称も、農村開発ボランティア団体協会（Association of Voluntary Agencies for Rural Development：以下 AVARD）である。ただ最近は、新聞などのメディアでは NGO と表現されることも多い。

注 1 ）　VANI の HP：https://www.vaniindia.org/

（2）インドの NGO の歴史と現在

　インドの1947年の独立以降のNGOの主な源流は、インド独立の父マハトマ・ガンディーなどが主導した民族運動に由来する多様な社会改革運動、社会主義思想などの影響を受けた進歩派の諸活動、宗教家や宗教改革者がはじめた慈善的な実践活動など3つに分けられる。

① ガンディー主義系の NGO

　インドの独立運動の指導者マハトマ・ガンディーの思想に従った社会改革運動は、サルボダヤ運動と総称される。その活動家が、一生独身で清貧な暮らしを送りながら社会活動に献身する拠点はアーシュラムと呼ばれるが、組織的にはNGOと同じ登録がされている。サルボダヤ運動全体はリーダーの老齢化から衰退が進んでいるが、今日でも活発なものには、以下の団体が代表的である。

　1972年からインド西部のグジャラート州アーメダバード市を中心に、女性の仕事上の問題解決や労働環境の向上、酪農や手工芸品などの協働組合の運営、各種の訓練や教育などのサービスを提供している女性自営者協会（Self Employed Women's Association：以下 SEWA[2]）は、ガンディー主義を信奉する女性弁護士エラ・バッタ（Ela Bhatta）が中心

写真 13-1　女性自営者協会 SEWA

注2）　SEWA の HP：http://www.sewa.org/

になって設立し、労働組合として登録されている。その SEWA が 1974年に設立した SEWA 銀行は、貧困層を対象とした小規模無担保金融（マイクロ・クレジット：以下 MC[3]）の世界的先駆けで、零細自営業の女性たちの出資金を基に設立された、「女性による女性のための銀行」として知られている。今や SEWA は会員数 70 万人強を誇り、グジャラート州と北インドのいくつかの州でも活動する大規模な NGO である。

　ガンディー平和財団の元副理事長のラージャーゴパール（Rajagopal P.V.）が、1991 年に開始した貧しい人々の自然資源に対する権利を要求する非暴力運動体が、「団結協会（Ekta Parishad：以下 EP[4]）」である。マハトマ・ガンディーに見習って数千から数万の貧農や先住民族の人々が参加する大行進や断食、それらのための訓練や集会などを定期的に行い、政府に対して生活基盤である農地や森林、水などへの諸権利を要求している。

　例えば EP は、インド中央部のマディヤ・プラデーシュ州の州選挙直前の 2018 年 10 月に、農地改革と先住民の諸権利を求める「民衆運動2018」というキャンペーンで、25,000 人の貧しい村人が同州グワーリヤル市からインドの首都デリーに向かう行進を計画した。その出発直前に、当時の与党インド人民党の州首相が「農地改革に関する委員会を設立する」と参加者に向けて演説をしたが、参加者はそれに納得せず行進を開始した。途中の同州最北部のモレナ市で、今度は最大野党コングレス党の指導者が、「選挙で勝利したら要求を実現する」と約束したことを受け入れて、同地で行進を止めた。ここで EP は参加者の数を力として、自分たちの要求を選挙に絡めて政治家の約束を取り付けることに成功している。

注3）　マイクロ・クレジット（MC）については、本テキスト 8 章（4）を参照すること。

注4）　団結協会（Ekta Parishad）の FB：
　　　https://www.facebook.com/ektaparishad/

② 進歩派の NGO

　インドでは「民衆科学運動」が全国各地で繰り広げられ、インドの非識字問題や科学を民衆に役立つものにする活動に取り組んでいる。

　そのなかで最もよく知られている NGO は、インド最南西部のケーララ州の「ケーララ科学文献協会（Kerala Sasthra Sahithya Parishad：以下 KSSP[5]）」である。元々は、難解なサンスクリット語や支配者の英語で書かれていた学術文献を、ケーララ州のマラヤーラム語に翻訳・出版して科学の大衆化を目指すという目的で、1962 年に出発した小さな運動体であったが、1972 年には「社会革命のための科学」というスローガンを掲げる民衆科学運動となった。現在では州内に２千の支部と４万人の会員をもつ組織となり、主に環境、健康保健、教育、エネルギー、識字、小規模開発計画、及び開発一般の分野において、教育活動・政策提言・実践的改善の側面で様々な活動を展開している。例えば教育では、楽しめる授業のための教師研修、教授法の改善、カリキュラムや教科書の見直し、子どものための科学書・雑誌の出版などである。

　この KSSP がリードして 1988 年に結成されたのが、全インド民衆科学ネットワーク（All India Peoples Science Network：以下 AIPSN[6]）という協会登録法に基づく全国組織である。このネットワークの加盟団体がインド中央政府に協力して、1985 年から始まった国民総識字活動を各地方で大きく前進させたことも知られている。2020 年 1 月現在でこのネットワークでは、38 の主に州レベルの民衆科学運動団体がメンバーである。

　このなかには、マディヤ・プラデーシュ州で 1982 年から教育改善に取り組んでいる著名なエクラビヤ財団（EKLAVYA Foundation：以下エクラビヤ[7]）も含まれている。この NGO が著名な理由は、1972 年からキリスト教のクエーカー系のフレンズ農村センター（Friends Rural

---

注5）　KSSP の HP：http://www.kssp.in/page/about-us
注6）　AIPSN の HP：https://aipsn.net/resources-2/
注7）　エクラビヤの HP：https://www.eklavya.in/about-us-eklavya

Center[8])とキショリー・バ
ラティー（Kishori Bharati）
という2つのNGOが、名
門のデリー大学やインド工
科大学などの教員などを巻
き込み、かつ同州政府の許
可を得て、同州ホサンガ
バード県の農村地区にある
16の中学校で実施した、
「ホサンガバード科学教育
プログラム（Hoshangabad
Science Teaching
Programme：以下HSTP)」
の実績を受け継いでいるか
らだ。この教育改善活動は
「発見を通じた学習」を導
入し、それが他の公立学校

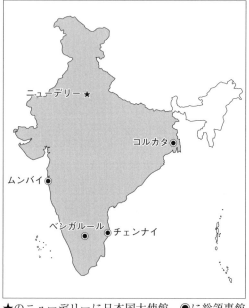

★のニューデリーに日本国大使館、◉に総領事館
が置かれている。

図13-2　インドの主な都市

でも受け入れられるようなモデル化を目指していた。

　こうしたインドの教育分野の進歩派NGOの活動の大きな成果は、
2010年に施行された「無償義務教育への子どもの権利法（Right of
Children to Free and Compulsory Education Act：以下RTE）である。
進歩的なNGOの多くが主張する「権利ベースアプローチ」に基づいた
この法律は、無償の義務教育を全ての子どもに提供することを、教育行
政側の義務と明記している。デリー大学教員の職をなげうち、HSTPと
エクラビヤ、そしてAIPSNを中心的に担ってきたヴィノード・レイナ
（Vinod Raina）博士は、このRTEの立役者ともいわれている。その彼

注8）　Friends Rural Center の HP：http://www.quakersintheworld.org/quakers-
in-action/361/Friends-Rural-Centre-Rasulia-India

は、開発系 NGO がドナー資金に頼って期間も対象も限定されたサービスを提供するより、こうした制度や政策への提言活動による変革の方が、より広範な人々に持続的に役に立つことを繰り返し強調していた。

③ 宗教系の NGO

　日本で最も知られたインドの宗教系の社会活動は、西ベンガル州コルカタ市にあるマザーテレサ創立の「神の愛の宣教者会」が運営する「子どもの家」や「死を待つ人の家」であろう。日本からも、ボランティア活動のためにこれらの施設を訪れる人は少なくない。しかし、カトリックのシスターたちが組織的に動くこれらを NGO 活動と捉えることは、日本でもインドでも一般的ではない。

　同じ西ベンガル州で最大規模の NGO は、あらゆる宗教は 1 つと主張して世界的に注目されたヒンドゥー教の僧ヴィヴェーカーナンダ（Swami Vivekananda）によって、1879 年に設立されたラーマクリシュナミッション（Ramakrishna Mission：以下 RKM[9]）である。RKM は、生まれに基づくカーストを否定する改革派で、社会活動に大変熱心である。その主なものは、災害緊急救援、14 の病院と 100 か所以上の青空診療拠点を有する医療、総合大学 1 校、7 つの学部レベルのカレッジ、500 校の初等中等教育学校、79 の職業訓練校、100 の学生・生徒寮、6 つの孤児院、障がい者向けの 2 つのセンターを有する教育、2 つの農業訓練校や 8 つの訓練所をもち農業の改良を図る農業、奨学金や様々な弱者の支援を行う社会福祉などである。

（3）NGO への外国資金に対するインド政府の管理

　インドの独立の父マハトマ・ガンディーの運動の継承者とされる J. P. ナラヤンは、1974 年に始まった反腐敗・反政府の大衆運動をリードして、当時与党だったコングレス党政権を 1977 年末に退陣に追い込

注 9 ）　RKM の HP：https://belurmath.org/

んだ。ところが、この強力な反政府の大衆運動の背景には外国資金があると疑った政権は、団体や個人が外国から資金を受け取るためには、事前許可を取ることを1976年に義務付けた。

　この許可制度は、外国貢献規制法（Foreign Contribution［Regulation］Act：以下FCRA）という法律で定められ、NGOに大きな影響を与えている。インドのNGOは、外国から資金を受け取る前にこのFCRAの許可を原則として年度単位で事前に得ておかないと、銀行に届いた資金を口座から引き出せない。また、この許可を得るために提出した活動及び支出の計画に沿ってしか、外国資金を使用できない。つまり、外国のドナーに申請した現場の状況が大きく変化しても、それに柔軟に対応した資金の利用ができない。

　この制度は、2010年の改正とそれ以降のプロセスによってより厳しくなり、他のNGOが有するFCRAを名義借りして外国資金を受け取ることが禁じられた。さらに使途がより厳しく制限され、管理費に一定額以上を使うことも許されなくなった。また審査や条件が厳しくなり、2015年には1万1千団体以上のFCRAが更新されず、10年当時には4万団体以上あったFCRA許可団体は、15年に半減した。

　この制度がNGO活動の振興より管理、あるいは政治的コントロールの道具として使われていることは、治安維持を管轄する内務省がこれを担当していることに示されている。この許可を政府から得るために、NGOは地元警察の発行する無犯罪証明書を提出する必要がある。

　最近では原発建設反対に関わる団体や、政府に批判的なNGOのFCRAが、様々な理由でキャンセルあるいは更新が拒否される動きが続いている。こうした動きは市民社会の自由な活動を制限するものだ、という批判記事がしばしば現地のメディアを賑わしている。

　インドのNGOのネットワーク団体VANIは、利益を目的とした外国

資本は自由に移動するのに、人々の厚生を目的にした資金の受け取りが規制されるのは不合理として、長らく FCRA の廃止運動に取り組んでいる。

3.　バングラデシュの NGO の状況

（1）バングラデシュの NGO の全体状況と規模

　1971 年にパキスタンから独立した、インドとミャンマーに挟まれたデルタ地帯に位置するバングラデシュは、自国の NGO を奨励するだけでなく、外国の NGO も歓迎する南アジアでは例外的な国である。その背景には、独立戦争で多大な損害が発生しそこからの復興に多くの支援が必要なこと、インドと中国というアジアの 2 大大国に挟まれているので、多方面との友好関係を保って、独自性を確保しようとする狙いがあると思われる。

　バングラデシュでも様々な公益や共益のためのクラブや同好会などが、インドと同じ 1860 年協会登録法などに基づいて数 10 万団体登録されている。これらのうち外国からプロジェクトのための資金を受け取る団体は、インドの FCRA と同様に、バングラデシュ政府の総理府 NGO 局（NGO Affairs Bureau the Prime Minister's Office）に登録された NGO である。2019 年 11 月の時点で 2,494 の外国資金を受け取る資格を有した NGO が存在し、そのうち自国籍 NGO が 89.8％の 2,239 団体、外国籍 NGO は 81 年の 54.9％から減少して 10.2％、255 団体である。外国籍 NGO がほとんどないインドと異なり、この国では 10 団体に 1 つは外国籍 NGO である。

　インドで 2015 年にこの FCRA を有した NGO が約 2 万団体で、インドの 8 分の 1 の人口を有するバングラデシュが 2019 年に約 2500 団体というのは、比率的にほぼ同じである。

234

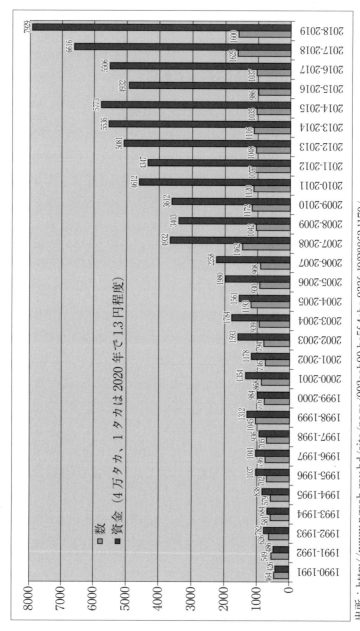

出所：http://www.ngoab.gov.bd/site/page/092eab90-ba5f-4cba-933f-d928863d170/-

図13-3 バングラデシュのNGOが外国資金を受け取るプロジェクト数と金額の経年変化

　図 13-3 のグラフは、政府の NGO 局が発表している外国資金を受け取る NGO のプロジェクト数とそのための外国資金額である。統計が始まった 1990/91 年度に 464 プロジェクトに 42.6 億タカ（平均 918 万タカ）だった外国資金の NGO プロジェクトは、その 25 年後の 2015/16 年度に 986 プロジェクトに 493.2 億タカ（平均約 5 千万タカ）となっている。この間にプロジェクト数は 2.1 倍、総額が 11.6 倍、平均額が 5.4 倍に伸びている。総額が 11.6 倍にも伸びているのは、タカが主要外貨に対して下落する傾向とインフレの影響だろう。それにしても、個々の NGO プロジェクトの平均額が 5 千万タカ（2019 年のレートで約 6,500 万円）というのは、バングラデシュの NGO プロジェクトの大型化を感じさせる。ちなみに、国内資金が NGO に用意されているインドとは異なり、バングラデシュでは外国資金が主要な収入源で、NGO が実施するマイクロ・クレジット（小規模無担保融資）がそれに続いている。

　ちなみに、2014/15 年度にバングラデシュ政府が受け取った外国資金は 3,272.5 億タカなので、同年度の NGO の外国資金はその 17.6％に相当し、また同年度バングラデシュ政府の総歳入の 2.1％に相当する。日本政府の 2019 年度の一般会計総歳入は 101.5 兆円なので、その 2.1％は 2.1 兆円。日本の NGO の総支出は大よそ 500 億円で、これに NPO の分を加えても 1 兆円を超えることは決してないので、バングラデシュの NGO の巨大さがわかる。

（2）バングラデシュの NGO の特徴と事例

　前にも述べたように、バングラデシュの NGO の資金規模は相当に巨大である。実際、バングラデシュの巨大 NGO や非営利のマイクロ・ファイナンス機関[10] は、政府組織と匹敵するほど大規模な活動を行っている。以下では、バングラデシュの NGO の特徴を物語る、大小の

注 10）　マイクロ・ファイナンス機関とは、マイクロ・クレジット（MC）の提供に加えて、貯蓄や保険などのサービスを行う組織のこと。

NGO を 1 つずつ、簡単に説明しておく。1 つは世界最大規模で全国規模で活動する NGO、もう 1 つは外国 NGO のプロジェクトから生まれた県レベルの NGO である。どちらも収入の多くが、自分たちで実施するマイクロ・クレジット（以下 MC）や、それに貯蓄や保険などのサービスを加えたマイクロ・ファイナンス（以下 MF）の収益である、というバングラデシュの NGO に固有の特徴を有している。

① 世界最大の NGO の BRAC[11)]

しばしば第二政府と揶揄（やゆ）されるほど巨大なバングラデシュ NGO が、BRAC である。この NGO は、1970年当時の東パキスタンのシェル石油の重役を務め、30 万人以上が死亡したその年の大型サイクロンの被災者救援と、翌年の独立戦争でインドに避難した 1 千万人の難民救援に奔走し、2019 年 12 月 に 逝去 し た ア ベッ ド（Fazle Hasan Abed）が、1972 年 に設立したバングラデシュ農村向上委員会（Bangladesh Rural Advancement Committee：以下 BRAC）がそれで、今では略称 BRAC を正式名称としている。

写真 13 - 2　BRAC の建物
（BRAC の HP より）

多国籍企業の役員という経歴と実績が信頼感を呼び、この NGO に対して国連や先進国政府、そして大規模な国際 NGO から多くの支援が供せられ、多方面で目覚ましい活動を行って、短期間にアジア最大、そして今では世界最大の規模に成長した。首都ダッカの一角に高層ビル数棟を所有し、本業としての社会開発に加えて、BRAC 大学、アーロン

（Aarong：ベンガル語で「村の市」）という巨大な手工芸品や伝統服飾品などの生産・販売、印刷、冷蔵倉庫、種苗販売などの社会的企業や、BRAC から投資を受け本体に収益を提供している銀行、不動産会社、ネットプロバイダーなどの 7 つの企業がある。

　社会開発では、農業から MC や MF、医療保健、教育など実に多くの分野で活動している。特筆すべきは、かつて成人の非識字者が多かった時代に大規模に実施していた成人識字教育のテキストを通じて、下痢疾患の患者に、塩と砂糖を一定量溶かした水を頻繁に飲ませて脱水症状を防ぐ経口補水療法を普及させたことであろう。また 1985 年からは、普及が遅い政府の初等教育に代わって、小さな寺子屋のような 5 万の学び舎での教育を進め、最近では 15 万人の児童が学んでいる。MC は 620 万人が 38.2 億ドル（一人平均 61.6 ドル）を受け取っており、仮にこの 10%が利子だとすると、やはり巨大な収入をもたらしている。

　BRAC の収入は 2017 年で、672 億タカなので、14/15 年度にバングラデシュの全 NGO が受け取った外国資金の 493.2 億タカより多い。かつそのうち外国ドナーからは 17.4%だけで、最大収入はその 56.4%を占める、マイクロ・ファイナンスからの収益である。つまり、資金的にかなり自立した組織である。正スタッフの数が 4 万人余り、パートタイムを含めると 11 万人以上が毎月給与を得ている。そして世界各地の 10 の途上国で活動し、さらに英米に事務所を構えて収入を確保している。つまり BRAC は、先進国の NGO が資金支援し、途上国の NGO がその資金を受け取って活動する、という構図を完全に変えている。

② **日本の NGO のプロジェクトから独立した PAPRI**

　シャプラニール＝市民による海外協力の会（以下シャプラニール）は、1971 年のバングラデシュ独立直後の 1972 年にバングラデシュを支援するために、日本の青年たちによって結成されたベンガル語の組織名をも

つ老舗の国際協力 NGO で、現在ではバングラデシュとネパールで活動している。シャプラニールは、1980 年頃からノルシンディ県、マニクゴンジ県、マイメンシン県の 3 県の農村部で、地元のワーカーたちのイニシアチブで、貧困層の組織「ショミティ」を軸とした開発活動を始めた。80 年代後半には、日本政府の資金も得られたことでシャプラニールの活動規模が拡大し、ショミティを通じた MC の提供、児童教育などの活動にも取り組み始めた。これらの 3 県では、1997 年時点で 5 か所の地域開発事務所を有し、150 名ほどのスタッフが活動していた。

しかし、同年末からシャプラニールの地域開発事務所で働くバングラデシュ人スタッフの大半が、雇用不安を主な理由としたストライキに入り、3 か月間に渡って紛糾した事態に陥った。この事態への対処策として、上記 3 県のプロジェクトがそれぞれ地元の NGO として独立していくこと、シャプラニールはその 3 つの新 NGO を適当な期間、経済的に支援していくことが合意された。

ノルシンディ県出身の 10 数人のスタッフたちは、同県北部に位置して隣接する 2 つの郡にある地域開発事務所とそこの活動を引き継ぎ、1999 年に PAPRI（参加型農村イニシアチブを通じた貧困削減、Poverty Alleviation through Participatory Rural Initiatives）として独立した。

当初 PAPRI は、シャプラニールが行っていたショミティを通じた貧しい村人の社会的発言力の強化やショミティを通じての MC、そして児童教育活動などを行っていた。しかし、当然のことながら、しだいに他の資金提供団体からも資金を獲得して活動を広げ、10 年ほど前から同県の地元 NGO としては最大規模になっている。

2020 年の活動は、MC あるいは MF に加えて、シャプラニールの支援を受けた遠隔地での小学校全員入学活動、自己資金で運営する 6 年生～10 年生が学ぶ地元の中・高学校の運営、イギリスの NGO の Sense

International からの資金で視覚・聴覚に障がいがある子どものリハビリテーション、英国政府の資金を他のバングラデシュNGO 経由で受け取っての障がい者のケア、自己資金での青少年へのコンピュータ基礎研修、バングラデシュ政府の支援による成人識字教育などである。これらの活動のために、2020 年段階で PAPRI には 140 人のスタッフがおり、このうち 103 人が MF を担当している。

　2018－19 年度の総収入は合計 7,772 万タカ（大よそ 1 億円）で、その大半が MF の利子や様々な手数料の収入である。MF を行うバングラデシュNGO の多くは、その原資を政府系金融機関からの低利の借り入れに頼ることが多いので、その貸付けの金利からの利益が減少する。ところが PAPRI の MF の原資の一部は、シャプラニールが以前に村人に貸し付けていた 450 万タカを無償で貰い受けたのに加えて、2008 年に日本政府から得た無償資金を加えて増やしてきたため、現在借り手が払う利子の多くが収入となっている。

写真 13 - 3　PAPRI 本部の前の
　　　　　　幹部職員たち
　　　　　　（筆者撮影）

写真 13 - 4　シャプラニールが支援した
　　　　　　児童教育活動
　　　　　　（シャプラニールの HP より）

20 年段階での MF の貸し付資金は、おおよそ 4 億タカ（約 5.2 憶円）で、20,462 人が受益者である。仮にこの資金全部を年利 12％で貸し付けて、毎週返済される場合、利子収入は順次減少する貸付金の半額に対するものになるので、4 億タカ × 1/2 × 12％ = 2,400 万タカ（約 3 千万円）になる。しかし現実には、返済された資金はすぐにまた貸し出されるし、その他の手数料を徴収しているので、実際の利子収入はこの 2 倍程度になる。ただし、MF 資金の 38％は受益者からの預金であり、これには年利 6％の利子を支払っている。いずれにせよこの収入が、PAPRRI の経済的土台を安定させており、今後はその利益をさらに社会開発事業に使っていくことを志向している。

（3）外国資金に対するバングラデシュ政府の管理

インドで 76 年に導入された FCRA 制度は、その数年後に隣国バングラデシュでも外国寄付規制法（Foreign Donation Regulation Act：以下 FDRA）という名前で導入された。その内容も、その後の経緯もインドと大同小異だが、インドより唯一良い点は、バングラデシュでは総理府 NGO 局が一括してこの FDRA を取り扱っていることである。

この制度では、インドと同様に自国 NGO も外国 NGO も事前に許可を取らない限り、外国からの資金を受け取ることができないし、その使用も事前に申請した内容に沿ったものでなければならないために、事業活動は柔軟性を欠くことになっている。

先述のように、インドでは FCRA が 2010 年に改正され管理が強化されたが、バングラデシュでも 2016 年にこの FDRA を改訂して厳密に適用すると同時に、政府がより強く NGO に介入できることを認めている。特にその 14 条は、外国資金を受けた NGO は、同国の憲法や議会や政府に対して、敵意ある及び傷つける意見を述べることを禁止している。

この改訂に対して、アムネスティ・インターナショナルの同年 10 月 16 日の声明[12]や、トランスペアレンシー・インターナショナル・バングラデシュ（以下 TIB[13]）の 10 月 25 日の声明[14]は、その取り消しを強く求めている。この改正の背景の 1 つは、数年前にバングラデシュの国会議員の議会欠席などの怠慢を指摘したことに対する、議員の感情的反発があると推定される。実際バングラデシュ国会の法務委員会が、TIB の NGO 登録の取り消しを 15 年 11 月に求めている。

　外国資金なら政府批判は禁止ということは、自国資金なら政府批判ができる、という意味にも読める。しかし、日本でも政策提言系 NGO には資金が集まりにくい現状を踏まえると、実質上バングラデシュの NGO は政府への批判的な政策提言ができないことになる。

4. まとめ

　経済のグローバル化のなかで多国籍企業は、目立たないながらも各国でより多くの利益確保を目指した各種のアドボカシーを各国および世界的に展開している。一方、NPO や NGO のための外国資金に対する過剰な管理、あるいは管理名目下での活動制限は、その地域での市民社会スペースの縮小だけでなく、社会のグローバル化が一国の政府の前にいかに困難かを示す例といえよう。

　残念ながら NGO を隠れ蓑にしたテロ団体の活動があるので、政府による NGO や外国資金に対する何らかの合理的なチェックは不可避である。しかしそのチェックは、自由で自律的な市民活動を保障するという姿勢に基づき、グローバルな基準に従って透明性を確保して行われるべ

注 12) https://www.amnesty.org/download/Documents/ASA1349962016 ENGLISH.pdf、18 年 4 月 21 日閲覧

注 13) TIB は、ベルリンに本部がある国際 NGO トランスペアランシー・インターナショナルのバングラデシュ支部。TIB の HP：https://www.ti-bangladesh. org/beta3/index.php/en/

注 14) https://voices.transparency.org/transparency-international-is-not-the-enemy-of-bangladesh-corruption-is-65717626e446、18 年 4 月 21 日閲覧注

きである。しかし、南アジアの各国政府の最近の動きは、そうした動き
には同調しておらず、外国 NGO や外国資金に対する規制を一層強化し
ているようにみえる。

　人権は、世界人権宣言を経て国際人権規約となり、各国の人権に関す
る法律もそれを尊重したものになってきている。同様に NGO などの市
民社会組織（CSO）が、報道機関のように政府から独立した自発的な活
動を保障するグローバルな宣言や合意が、南アジアでは特に必要とされ
ている。

参考・引用文献

大橋正明他編著（2017）「バングラデシュを知るための 66 章（第 3 版）」、明石書店
斎藤千宏編（1997）「NGO 大国インド」、明石書店
シャプラニール（2006）「進化する国際協力 NPO」、明石書店
AIPSN HP：https://aipsn.net/resources-2/Bangladesh Government: http://www.
　ngoab.gov.bd/site/page/092eab90-ba5f-4cba-933f-d9f28863d170/-
BRAC HP：http://www.brac.net/
Ekta Parishad FB：https://www.facebook.com/ektaparishad/
KSSP HP：http://www.kssp.in/page/about-us
PAPRI HP：https://www.papri.org/
RKM HP：https://belurmath.org/
SEWA HP：http://www.sewa.org/
VANI HP：https://www.vaniindia.org/

学習課題

1. インドのNGOと日本のNPO・NGOには、どんな違いがあるのか
   をまとめておこう。
2. インドのNGOとバングラデシュのNGOの共通点と相違点にはど
   んなことがあるだろうか。
3. 南アジアの政府は、どういう理由からNGO向けの外国資金を管理
   するのか、振り返っておこう。

14 | 東アジアの NGO の状況と課題

~台湾と韓国を中心に~

大橋正明

《**目標＆ポイント**》 東アジアのなかで社会経済状況が日本とも似通っている台湾（中華民国）と韓国（大韓民国）の２つを取り上げ、それぞれの NGO の状況を概観し、適宜日本などとも比較した。この２か国は、第２次大戦後長らく独裁政権下にあり市民的諸権利は大きく制限されていたが、どちらも 1897 年に民主化を遂げた。その民主化の過程や民主化後の社会変革に、両国の NGO は大きな役割を果たしている。両国の NGO の民衆の支持や支援は日本より強固・強大で、私たちが学ぶべき点は多い。

《**キーワード**》 一つの中国、中華人民共和国、中華民国、台湾、国民党、民進党、外交部、Taiwan AID、韓国、民主化、ODA、DAC、KCOC、PSPD、グッドネーバーズ

1. 台湾の公益団体

（1）民主化とその後の多種多様な公益団体

　第２次世界大戦後に日本の植民地支配から解放された台湾は、中華民国の支配下に入り、台湾省行政長官公署が設置された。一方、中国大陸では、蒋介石率いる中国国民党（国民党）と毛沢東率いる中国共産党による国共内戦が激化し、国民党の支配下にあった中華民国政府は敗北して大陸の領土を失い、台湾に退くかたちで現在の統治体制となった。

　中国大陸を支配する中華人民共和国（中国）は「一つの中国」を主張しているため、両国間には政治や外交面において常に緊張関係が存在している。今では圧倒的経済力を有する中国は、中華民国との外交関係の

切り崩しを行っていることもあり、2020 年 3 月末の段階で台湾の政府が外交関係を維持しているのは、僅か 15 か国である。

　1948 年 12 月から 1987 年 7 月までの 40 年近く、中華民国を支配した国民党政権は台湾を戒厳令下に置いたため、経済開発が優先され、自由や人権は尊重されず、自立した市民による NPO や NGO はほとんど存在しなかった。そのためこの時期にあった NPO や NGO は、富裕層や宗教系の非政治的な慈善団体だけであった。

　しかし、1980 年代になると世界的に強権国家への風当たりが強まり、台湾でも消費者、公害、自然保護、女性、先住民などの課題に関する社会運動が高まっていった。こうした活発な市民活動が、戒厳令体制を揺るがせた 1 つの背景である。

　韓国で民主化が実現された 1987 年、台湾でも戒厳令が解除され、人権と民主主義が徐々に回復していった。1987 年から 1990 年代にかけて、台湾では多種多様で数多くの NPO・NGO が誕生していった。市民活動が民主化に貢献したこと、民主化後に市民団体が急増したこと、そしてそれらの時期が、韓国と似通っている。1996 年には直接総統選挙の実施、2000 年には政権交代も行われ、長く与党だった国民党が初めて下野した。ちなみに、2016 年には 3 度目の政権交代があり、国民党に代わって民主進歩党（以下民進党）が 2 度目の政権に就いた。この民進党政権は、2000 年 1 月の選挙にも勝利している。

　日本と異なり、台湾の NPO・NGO の多くは、1989 年に抜本的に改正された人民団体法に基づくか、それ以前の場合は民間基金会と呼ばれる財団法人として設立された団体である。登録された団体が大半なのは、統制が行き届いていた戒厳令時代の影響か、政府補助金の取得、あるいは税金対策のためであろう。

　NPO・NGO に私立学校や宗教団体、政党、労組などを加えた民間非

営利部門全体が生み出す価値の国内総生産における割合をみると、台湾は2011年で5.0%、日本は2004年で5.8%、米国が2011年で6.7%なので、大きな差異はない。

（2）日本と台湾の主な相違点

① 名称と分類

　日本で使われているNPO・NGOという用語は台湾では一般的ではなく、国語である中国語での総称は「(民間)公益団体」が最も適切だろう。これはアドボカシー（政策提言）やキャンペーンを中心に行う運動団体と、福祉等のサービス提供団体に分かれるが、両方行う団体も少なくない。地域課題に取り組む地方の小規模団体が大変多いことも、台湾の特徴である。

　また外国の団体と自国の団体という区別意識も強く、外国の団体は少ない。外国の団体のなかで特に知られているのは、朝鮮国争の1950年に戦争孤児のために設立され、1964年から台湾で活動してきたワールド・ビジョン（WV）だ。現在では台湾国内で資金集めをしているが、その資金力はトップクラスで、台湾国内の活動に加えて国際協力にも熱心である。しかし、日本では有力な国際NGOであるプラン・インターナショナルやセーブ・ザ・チルドレンは、存在していない。

② 国内事業と国際協力

　台湾には、NPOは台湾内や身近な課題、NGOは国際的課題を扱うという日本独特の区別がなく、代わりに台湾内だけで活動する団体と、台湾でも海外でも活動する団体に区別できる。換言すると、国際協力だけを行うNGOは、台湾には存在していない。

　台湾内でこれらの団体が最も多く注力しているのは、教育研究や児童福祉、老人福祉などの分野である。一方、日本のNPO法人が届け出て

いる対象の非営利分野は、保健医療・福祉がトップで、続いて社会教育、子どもの育成の順なので、台湾の教育研究が目立つ。日本と同様に、これらの団体の公的資金への依存は小さくない。

　一方、国際協力を行っている団体は、後述の Taiwan Aid の 2015 年調査によると 60 団体弱だけで、日本の約 500 団体と比べて大幅に少ない。しかし、台湾の外交部（外務省）NGO 國際事務會（Department of NGO International Affairs）の HP にある台湾 NGO の活動地域ごとの団体数を示した図 14 - 1[1)]では、重複がいくつか含まれていると推定されるが、394 団体となっている。

　海外の活動地は、日本と同様に大半がアジア、特に、東南アジアで活動する団体が多いが、中国大陸で活動する団体も同様に多いことは特徴

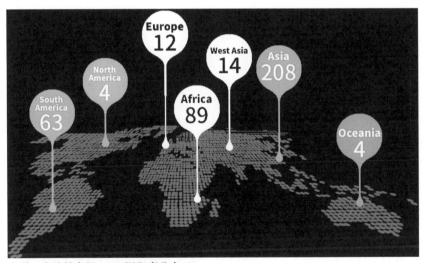

出所：台湾外交部 NGO 國際事務會 HP
図 14 - 1　台湾 NGO マップ

注 1)　Taiwan NGO Map、https://www.taiwanngo.tw/p/412-1000-458.php?Lang=en、閲覧日 200113

である。なお、先に述べたように台湾の政府と外交関係をもつ国が少ないために、途上国への政府開発援助の金額はそれほど多くない。そうした外交関係に縛られない国際協力を行う台湾NGOへの政府資金提供の制度化は、十分確立していない。

③ 大規模団体の様相

台湾の主要公益団体の内、圧倒的に財政規模が大きいのは「台湾のマザーテレサ」とも呼ばれる仏教僧の釈証厳が率いる慈済（Tzu-Chi）基金会（仏教慈済慈善事業基金会）である。2018年度の年間財政規模は300億円近くで、日本で一番大きなNPO・NGOである国境なき医師団の同年度の資金が80億円程度、国連系の日本ユニセフ協会が192億円なのと比べると、その巨大さがわかる。ただ、慈済基金会は宗教色が強いことから、公益団体というよりも宗教団体と見なされる傾向が強い。ちなみにこの団体は、大学や病院、ケーブルテレビでは専用チャンネルももっている。

これに続く大規模団体は、1938年の日中戦争で生まれた孤児を救済するために、アメリカ人キリスト教徒が設立した家扶基金会（Taiwan Fund for Children and Families：TFCF）で、2017年に200億円近くである。その次は、戒厳令期から活動していたワールド・ビジョン（WV）で、2016年の財政規模は大よそ150億円である。

さらに、障がい児が主な対象のChildren Are Us Foundation、児童福利連盟文教基金会（Chile Welfare League Foundation）、伊甸基金会（Eden Social Welfare Foundation）などが、比較的規模が大きい。

④ 団体数と法人制度

台湾のNPO・NGOを団体数でみると、2011年時点で52,124団体。これらを法人格でみると、日本の社団法人に似た公益社団法人が9割、民間基金会と呼ばれる財団法人は1割である。日本では一般及び公益の

社団法人と財団法人の総数は台湾より少し少なく約 4 万団体だが、社団と財団の割合はほぼ半々である点が異なっている。これは、日本の一般財団法人の設立が容易なことが主な理由であろう。

　正会員が会費を払い、会員総会が活動方針を決めるのが公益あるいは一般の社団法人だが、台湾では正会員数が 30 人程度の場合が多い。これは会員総会成立に必要な過半数あるいは定足数の出席や委任状を確保する面倒などを嫌ってのことだが、日本の NPO 法人や社団法人にも共通する。

　日本の財団法人では、数十人で構成する評議員会が最高意思決定機関で、理事選出や年次計画の承認などを行うが、台湾の民間基金会もしくは財団法人ではこの評議員会が存在していない。

　なお、台湾には日本と同様に私立学校法人と私立病院のための医療法人は存在するが、社会福祉法人と NPO 法人の制度がない。なお、民進党政権は、新たに「社会団体法」を立法する意向で、2020 年 5 月には日本の国会に相当する台湾の立法院の内政委員会での審議待ちの状態である。

⑤ 政治や政府との関係

　台湾の公益団体のもう 1 つの特徴は、2010 年代あるいはその後半から政治や政府との関係が深まっているという点である。2019 年の立法委員（国会議員）のうち、10 人ほどが NPO・NGO 関係者といわれ、その大半は国民党ではなく民進党所属である。

　また政府は、NGO を含めた民間外交を強化する「新南向政策」を掲げており、東南アジアと南アジアへの投資などを通じて関係を強化することを狙っている。さらに、外務省に当たる外交部には、大使経験者を責任者（Director General）とする、NGO 國際事務會という部局が設置されており、その責任者が日本の外務省の「NGO 大使」のように NGO

の大きなイベントなどに参加して、外交関係が狭まる台湾にとって
NGO による国際協力が重要と強調している。さらに、国際協力 NGO
のネットワークである Taiwan Aid の代表は、総統（大統領）の政策顧
問を務めている。

　台湾の政治と公益団体の深い関係を象徴する１つの出来事が、中華民
国紅十字会（台湾赤十字社）が、2016 年にそれまでの「特殊法人」の
地位を失ったことである。その公式の理由は、東日本大震災などのため
に集められた義援金の使途が不透明であることだが、台湾赤十字社の幹
部の多くが国民党関係者であることも指摘されている[2]。特殊法人であ
る日本赤十字社にも厚生労働省幹部が天下ってくるが、政党との関係ま
では指摘されていない。

（3）事例報告
① Taiwan AID（台湾海外援助発展聯盟）

　台湾全国の国際協力 NGO のネットワークとして、2004 年にノールド
ホフ顎口腔財団（Noordhoff Craniofacial Foundation：NCF）や至善基
金会、伊甸基金会（Eden Social Welfare Foundation）など主要５団体
によって設立され、2013 年に公益社団法人になったのが、台湾海外援
助 発 展 聯 盟（Taiwan Alliance in International Development： 以 下
Taiwan AID）である。

　2019 年４月時点で、30 団体が正会員や準会員として加盟しており、
このうち 12 団体が理事か監事を務めている。各正会員団体は、年間
２万台湾ドル（７万７千円）の会費を払っているが、政府からのイベン
ト実施等の事業委託費やドナーからの支援のほうが収入としては大き
い。このネットワークの資金規模は年間３千万円ほどで、韓国の KCOC
や日本の JANIC といった同様のネットワーク団体より相当小さい。共

注２）　https：//ritouki-aichi.com/vot/【傳田晴久の台湾通信】「紅十字会法廃止」
　　　　/20160812

同スペースの一角に事務所があり、スタッフ 1 人半がいる。

　Taiwan AID の主な目的は日本の JANIC と同様に、台湾 NGO の国際協力の質の向上とアドボカシーで、アジアや国際的な NGO のネットワークにも参加している。しかし、台湾で国際協力に携わる主要団体のうち、慈済（Tzu-Chi）基金会、ワールド・ビジョン（WV）、路竹会（Taiwan Root Medical Peace Corps）、YMCA などは会員になっていない。

　なおこのほかに、民間公益団体全般のネットワークである台灣公益團體自律聯盟（NPO Self-Regulation Alliance）、分野別には身心障礙聯盟（League for Persons with Disabilities）、老人福利推動聯盟（Federation for the Welfare of the Elderly）、少年權益與福利促進聯盟（Alliance for Advancement of Youth Rights and Welfare）、婦女権益促進発展基金会、環境保護連盟（environment Protection Union）など、多種多様なネットワーク団体が存在している。

② 勵馨社会福利事業基金会（The Garden Of Hope Foundation：以下 GOH）

　GOH は戒厳令が撤回された直後の 1988 年に、当初は性産業で働く女性たちのシェルターを提供するための財団として、米国のキリスト教ミッションや台湾の人々によって設立され発展してきた。

　現在では、台湾各地に 20 か所と米国ニューヨーク市に 1 か所に 280 人程が滞在できるシェルターや、60 か所の活動拠点を有し、DV 被害者やその子ども、性的被害者／子ども、妊娠した少女や若い母親、人身売買の被害者や外国人労働者などに提供している。また、そうした人々に、直接あるいは電話などを通じて、コンサルティングやカウンセリング、法的支援などを提供しているほか、女性に関するアドボカシーも行っている。

　現在の資金規模は年間 16 億円ほどで、その半分弱が政府、半分弱が寄付で、その寄付の 70% が個人、14% が民間企業からである。雇用されているスタッフは 600 人、ボランティアも数百人という陣容は、女性に特化した団体としては台湾最大である。日本にはシェルターを提供する団体が 100 あまりあり、そのなかで最も老舗で大手の日本キリスト教婦人矯風会の最近の年間資金規模は 9 千万円ほどなので、GOH の規模の大きさが理解できよう。

　この団体は 1990 年代初頭から、アドボカシー活動にも熱心に取り組むようになり、児童買春防止や 1997 年の台北市の公娼廃止などで活発な動きと発言を続けてきた。さらに、最近では #MeToo 運動に積極的に取り組んだ。

　国際的な活動も熱心で、2012 年からは南アフリカで活動を開始し、2013 年からは「アジア女性キャンペーン」で女性たちの意識改革やエンパワーメントに取り組み、さらにアジアの女性シェルターNGO のネットワーク事務局も務めている。また、2019 年 11 月には台湾の高雄市で、「第 4 回世界女性シェルター会議」をホストした。千人を超える人が世界各地から集まるこの国際会議は、これまでカナダ、米国、オランダで開催されていたので、初の欧米外の大会を台湾が引き受けたのであり、この団体の元気さが感じられた。

　ちなみに 2019 年 5 月に立法院は、同性婚を認める特別法案を可決し、同性婚が民法の異性婚に準ずるものとなった。こうした社会変革の背景には、これらの団体の活動がある。

2. 韓国の NGO

（1）民主化を勝ち取った運動から生まれた NGO

　台湾と同様に朝鮮半島は 1945 年に日本の植民地支配から脱したもの

の、資本主義の米国と社会主義のソビエト連邦（現在のロシア）が対立する東西冷戦に巻き込まれ、北緯 38 度線を境とする南北に分断された。1948（昭和 23）年に南に誕生した大韓民国（以下韓国）では、保守的・反共的なイ・スンマン（李承晩）を大統領とする独裁的な政権が成立した。1960 年に倒れたこの政権の後も、クーデターを起こした軍人が大統領となる抑圧的政権が続き、政治的自由は大幅に制限され続け、権力の腐敗も続いた。それでも、1960 年代後半から順調な経済成長が始まり、ソウル市内を流れる河の名前を冠した「漢江の奇跡」と呼ばれる高度経済成長が実現した。

　そうした状況下で、労働者や学生をはじめとした民衆の民主化を求める根強い運動が次第に強まり、ソウルオリンピック前年の 1987 年になって政権与党が大統領直接選挙のための改憲、政治犯の釈放、言論の自由の保障などを柱とする民主化を確約し、順次実現していった。このような根本的な政治変革を、民衆の運動が実現したことの意味はとても大きい。ちなみにこの民主化の年も、台湾と同じである。

　それ以降、新しい市民社会組織が次々と誕生し、国際協力を含めた様々な分野の組織や活動が大きく発展し、様々な社会変革を実現してきた。そうした組織は一般に NGO と呼ばれており、日本のような NPO と NGO の区別はなされていない。ただ NGO という名称には、民主化運動以来の革新的、運動的な意味合いが含まれることから、中立性を強調したい学者、社会福祉などのサービス提供を主とする人たち、そして社会運動を嫌う保守的な人が、NPO を好んで使う場合があるという。

　韓国でこうした市民活動を支持・支援する会員数や会費・寄付の金額は、日本より圧倒的に多いのは、民主化を自らの手で成し遂げたという経験があるからだろう。さらに、韓国ではキリスト教徒が人口の 4 分の 1 以上なので、収入の 1 割ほどを捧げるキリスト教的な寄付文化もより

一般的だ。

　加えて、2017年選出の大統領や2011年以来3選のソウル市長[3]などの要職に革新系の人物が選ばれ、彼らがソーシャルビジネスや街づくり、教育改革、協同組合改革などを推進している。このためしばらく前からは、市民活動や地域づくりなどで日本が韓国から学ぶことが多くなっている。

（2）日本と韓国の主な相違点
① NGOと政治の距離の近さ

　仮に、市民運動を政治体制や社会の改革を求めるもの、市民活動は求められるモノやサービスを提供することと定義した場合、日本のNPOやNGOの大半は後者だ。もちろん、日本でもアドボカシー（政策提言）やキャンペーン活動を行っている団体や、支援の提供と同時に制度改革を訴える団体などがあるが、それらの数や規模は限られている。また、2015〜2016年には安保法制に反対する市民運動が、学生中心のシールズ（自由と民主主義のための学生緊急行動、SEALS）などを軸に大きく盛り上がったが、こうした運動や団体は、本書が扱っているNPOやNGOと重なることは稀である。政治的活動と市民的活動の間には、比較的大きな距離があるといえよう。

　ところが韓国では、この距離が極めて小さい。1987年の民主化以降の大きな政治社会変革を、NGOが担って実現してきたからだ。例えば、2001年の金大中大統領時代には、中央官庁の1つとして女性部（部は日本の省に相当、その後「女性家族部」に改編）が設立され、さらにこの初代以来何人もの長官が、女性運動の活動家が任命されている。その初代長官ハン・ミョンスク（韓明淑）は、後述のネットワークNGOの韓国女性団体連合（KWAU）を含めた女性団体の長を経て、2000年に

政界入りし、この長官職の後の 2006 年には韓国初の女性の総理大臣（国務総理）を務めた。

　もう一例を挙げると、2000 年の総選挙の時に 460 の市民団体により結成された「2000 年総選挙市民連帯（総選連帯）」が、腐敗議員候補の「落薦・落選運動」を繰り広げ、多くの候補者が政党の公認を得られないか落選する、という大きな成果を上げた。この運動を中心的に担ったのが、後述の PSPD（参与連帯）という広範な社会政治問題を扱う NGO である。

　こうした両国の違いを、韓国では「政治的参加としての市民運動」、日本では「社会的参加としての市民活動」と端的に表現したものもいる[4]。

②「ろうそく革命」で明確化した世代間ギャップ

　2016 年 10 月、パク・クネ（朴槿恵）大統領とその側近のスキャンダルが発覚し、同月末から市民のろうそく集会が連続して始まった。この集会への参加者数は順次増加し、同年 12 月 3 日夜には、ソウル市だけで何と 170 万人、韓国全部では 230 万人を超えたといわれる。この圧倒的な民意の圧力を受けた韓国の国会は、議員 300 人中 234 人（78％）の賛成で大統領の弾劾訴追を可決し、続く 2017 年 3 月、その訴追を審査した憲法裁判所は裁判官全員一致で罷免を決定し、パク大統領は即日失職した。この「ろうそく革命」に参加した人々が、この国の政治を大きく変革したのだ。

　この集会自体は、PSPD（参与連帯）などの NGO や労組など 1,500 団体あまりが結成した「朴槿恵政権退陣非常国民行動（退陣行動）」が、集会などの届け出やそれらのために必要な手配や準備を行っていた。しかし、そうした団体のメンバーはこの集会の参加者の僅かな割合に留ま

注 4 ）　シン・ヨンチョル（申龍徹）、「市民活動の法制度と支援に関する日韓比較」、
　　　「月刊自治総研」通巻 342 号、2007 年 4 月号、地方自治総合研究所、
　　　http：//jichisoken.jp/publication/monthly/JILGO/2007/04/shin0704.pdf
　　　閲覧日：190802

り、政治家や著名人、NGO リーダーたちが集会の壇上で演説すること
もほとんどなく、黒子に徹していた。大半の参加者は SNS などで個人
的に情報を得て、組織やリーダーの指示ではなく自分の意志で参加して
いた。

　軍事政権下の 1980 年代の街頭デモでは、石や火炎瓶が投げられ、そ
れに対して警察機動隊は催涙弾で応酬するという暴力的なものが一般的
だったが、それから 30 年後のこの「ろうそく革命」では、歌を歌いス
ローガンを叫ぶことはあっても、警察との小競り合いは生じなかった。
つまり、NGO の源だった社会運動のスタイルが、大きく変化したのだ。
さらに、いくつかの NGO でも、386 世代などと呼ばれた 1960 年代生ま
れの指導者やそのリーダーシップの在り方に、若い人から疑問の声が上
がるようになった。運動を牽引してきた層と、民主化以降の若者の層が
直面している構造的問題の違いが、この背景だと指摘する声もある。

　日本でもこうした世代間ギャップは、運動や NGO の内部に現れてい
なくはないが、それよりも若者世代の関心の対象が NPO や NGO から
ソーシャルビジネス、そしてテクノロジーなどへと、急速に変わってい
くことのほうにより明瞭に示されている。

③ 非営利民間団体と呼ばれる「非法人社団」が多い NGO の法制度

　日本では 1998 年に NPO 法人制度ができる以前は、NGO の多くは税
金を納め、1989 年からは外務省「NGO 事業補助金」を受け取るように
なっていたが、法的には任意団体、つまり人格なき社団であった。当時
は財団や社団の法人格を得るには、大きな資金と面倒な主務官庁の許可
が必要だったからだ。日本の NPO 法は、その目的を述べた第 1 条で「法
人格を付与すること」と述べている。日本では法人格がないと、社会的
信用が得にくいからだ。それゆえ日本ではこの法律が施行されて以降、
NPO 法人の数が急増してきた。

　今日の韓国の NGO のための法人制度は、日本の 1998 年以前の状態に近く、多くの団体は法人格を有さず、「非法人社団」と呼ばれる。法人格を韓国の NGO が必ずしも有さないのは、そのためにまとまった資金が必要なことに加え、法人に対する国家権力の介入や管理を警戒していること、社会がそれを理解していること、そして以下に説明するように、法人でなくても公的補助金を受け取れる仕組みが存在しているからだ。

　日本の NPO 法に対応すると一般には考えられている、韓国で 2000 年に施行された「非営利民間団体支援法」は、しかしその第 1 条に、「非営利民間団体の自発的な活動を保障し、健全な民間団体としての成長を支援する」と述べている。つまり、韓国の法律の主目的は法人格の付与ではなく、公的補助金や課税制度などで実態のある NGO を支援することを目的にしており、このために団体登録を簡便な手続きで中央政府か地方自治体が行うことになっている。この法律によって登録された NGO は、法人格の有無にかかわらず政府が認識している団体である。ちなみに、2018 年度年末時点の非営利民間団体の登録数は、中央政府が 1,662、地方自治体が 12,613 で合計 14,275 団体[5]である。2018 年度末の日本の NPO 法人は 51,604 団体であった。韓国の人口は日本の 42% ほどだし、日本よりも登録していない団体や以下に述べるほかの法人の登録をしている団体が多い可能性があるので、両者の数は単純には比較しがたい。

　2006 年には、韓国では社会的企業育成法が成立した。その第 2 条によると社会的企業とは、脆弱な階層に社会サービスあるいは就労の場を提供するか、地域社会に貢献する等の社会的目的を追求すると同時に、生産・販売等の営業活動を行う企業である。日本と同様に社会的企業という法人形態があるのではなく、NGO（非営利民間団体）や民間

注5）　出所：行政自治部、掲載 HP：
　　　http://www.index.go.kr/potal/main/EachDtlPageDetail.do?idx_cd=2856

企業が政府からその認証（2019 年からは登録）を受けることで、雇用助成や優遇融資などを得られることになっている。この社会的企業の評価は、まだ固まっていないようだ。

　続いて、2012 年には協同組合基本法が公布・施行され、それ以降多様な分野で協同組合が生まれ、増加している。5 名以上が集まれば自由に組合を設立でき、その意思決定は出資額に関係なく 1 人 1 票で決まり、共益つまり組合員の利益の最大化を追求するものである。特に、メディア部門では、既成大メディアを政治的理由で辞めさせられたジャーナリストたちが集まって、協同組合形式で新しいメディアをつくる例が目立っている。

④ 国際協力分野の NGO の日韓比較

　ここでは国際協力分野の NGO について、日韓の比較を試みる。

　日本で NGO による国際協力が本格的に始まったのが、高度経済成長と学生運動の高揚が終わった 1970 年代で、1980 年前後のインドシナ難民発生で最初の NGO ブームが起きた。1980 年代にはプラン・インターナショナル・ジャパンやワールド・ビジョン・ジャパンなどの国際NGO が日本で創設・急成長する一方、1987 年には国際協力 NGO のネットワークである JANIC（国際協力 NGO センター）や関西 NGO 協議会が誕生した。そして、1989 年から政府の公的資金による NGO 支援の始まりを受けて、第 2 の NGO ブームが起き、その後 1998 年からNPO 法人制度が始まり、NPO ブームとなった。

　これに対して韓国では既述のとおり、NGO と NPO との区別がほとんどなく、国際 NGO と韓国 NGO の区別もあまり意識していない。例えば、日本では資金規模第 2 位のワールド・ビジョン（WV）は、アメリカで 1950 年にキリスト教宣教師によって設立されたが、その初期の主な活動地は韓国で、朝鮮戦争の孤児や夫を亡くした女性たちなどへの

支援、続いて社会福祉に移り、次第に海外協力にシフトしていったからだ。コンパッション（Compassion）という国際 NGO も、日本にはないが、1952 年に韓国で戦争孤児などの支援のために、WV と同じくアメリカ人キリスト教宣教師によって設立され、今では韓国を含む 11 か国からチャイルドスポンサーの資金を韓国を含む 22 か国に提供している国際 NGO である。つまり、WV やコンパッションは、韓国で成長した国際 NGO である。しかし、オックスファムやプラン・インターナショナルなど宗教に関わりのない国際 NGO は、韓国には来ていない。

　ところで、韓国政府は先進国クラブと呼ばれる OECD（経済協力開発機構）に 1996 年に加盟し、その下部組織で途上国向け援助国の協議体である DAC（開発援助委員会）には 2000 年に参加して、日本に続く 2 番目のアジアからのドナー国として ODA（政府開発援助）を本格化させた。

　同時に NGO レベルでは、1999 年には JANIC のような国際協力 NGO のネットワークの韓国国際開発協力民間協議会（Korea NGO Council for Overseas Development Cooperation：以下 KCOC）が設立され、その後韓国政府の支援もあり順調に発展している。両者の 2018 年度の規模を比べると、1987 年創設の JANIC は 100 の会員団体で 1.1 億円規模だが、KCOC は 140 団体で約 12 億円となっている。韓国の国際協力 NGO の急速な成長期は 1990 年代から 2000 年代にかけてであり、他の分野の NGO のように民主化運動の影響を直接に受けてはいないという点が、特徴だ。

　最近では、韓国ユニセフ協会を除くと最も多くの資金を集めるのは WV か、それから 1991 年に分かれた韓国生まれの国際 NGO で韓国内外で活動し、日本にもその支部があるグッドネーバーズ（Good Neighbors：以下 GN）か、やはり韓国内外で活動するコンパッション

（Compassion）である。韓国の WV は、日本で資金力第 2 位の日本の WV を何年も前から上回っているので、相当な資金力だ。なお、日本で大規模な NGO は国際系が並ぶが、韓国のそれは韓国生まれか韓国育ちのキリスト教に関係する国際系が並んでいる。

　ただ、韓国のこのような資金力を支えているのは、悲惨な途上国のイメージを売り物にしていること、韓国のある NGO 識者によると、「貧困ポルノ」が蔓延しているからだ。貧困であればあるほどより多くの資金が集まり、同時に「可哀そうな途上国」というステレオタイプ的な思い込みが一層進むことになりかねないことは懸念される。

（3）NGO の事例報告

　以下では、政治社会、環境、女性の 3 分野で市民活動を全国的に行っている日本でも知られた NGO、あるいはその分野のネットワーク NGO を簡単に紹介しておく。

① PSPD（People's Solidarity for Participatory Democracy、参与連帯）

　民主化の後、労働者や農民中心の民衆運動と市民運動の間に微妙な溝が生まれたことに対して、両者が連携する「進歩的市民運動」として 1994 年に設立された、幅広い市民運動のセンターである。国家の横暴化を阻止し、政治的民主主義を実践する努力をすることを一番の目的としている。

　主な活動領域は、政府の意思決定における民衆参加の保証、立法・司法・行政のモニタリング、労働者の労働条件、環境問題、原発や核廃棄物問題、経済的正義、生活保障（生活保護）、社会福祉問題、外交政策、平和や軍縮、ODA（政府開発援助）、国際的連帯など多岐にわたっている。

　こうした活動を支える組織は、国家の介入を避けるために法人格をも

たない非営利民間団体で、会員は大よそ 15,000 人、会費や寄付や事業収入などの自己資金は約 3 億円、ソウル市内に自社ビルをもち、職員 55 名の体制である。ちなみに、日本で PSPD に比較的に似た性格の NGO アジア太平洋資料センター（PARC）は NPO 法人で、2018 年度で会員 367 人、年収 4700 万円、都内の貸しビルに職員 7 名という陣容なので、どれも桁が 1 つも 2 つも違っている。なお、PSPD は支部をもたないが、全国に 20 地域の「参与（地域名を入れる）連帯」と呼ばれる市民団体があり、それぞれ独立だがネットワークの関係を結んでいる。

② KFEM（Korean Federation for Environmental Movement、環境運動連合）

　韓国の代表的な環境保護運動団体で、PSPD をはじめとした進歩的な団体と協力して、環境を中心に様々な運動を展開している。

　この連合は、1992 年にブラジルのリオ・デ・ジャネイロで開催された「環境と開発に関する国際連合会議（UNCED）」に参加した 50 人の韓国からの参加者のなかでの議論がきっかけで、翌 1993 年に韓国の環境保護や反公害の運動を主導してきた公害追放運動連合、釜山公害追放市民運動協議会、光州環境運動市民連合、木浦緑色研究会などの 8 団体が、全国的共同体として創立した。この連合体は、公害・環境保護に加えて、当初から反原発・反原爆、そして地球環境問題などを対象にしており、国際環境 NGO の「地球の友（Friends of Earth：FOE」の一員である。

　PSPD と大きく異なるのは、この連合体は全国 51 か所に独立した支部的な団体があることで、地方での影響力が大きい。これらの地方団体は、法律的には KFEM の一部だが、それぞれが理事会をもって意思決定し、かつ KFEM に役員を送っている。また関連組織として、市民環

境研究所（CIES）、環境法律センター（ELC）、エコ生協、環境教育センター（KEEC）、気候変動アクション研究所などを有している。法人としては、環境部（日本の環境省）に登録された特別法人で、2019年1月時点で、個人と団体の会員が25,000人、全国で207人の有給スタッフが働き、そのうち23人がソウルの自社ビルで働らいている。加えて12人が関連組織のスタッフである。本部の年間収入は、2018年度で1.7億円、このうち約40％が会費、寄付が21％なので、自己資金率も極めて高い。地方団体や関連組織などを合わせた全体収入は9.3億円という大きな規模になる。ちなみに、日本の大手の環境NGOの1つであるWWFの2017-2018年度の収入が約13億円と少し多いが、職員数は70名である。

③ KWAU（Korean Women's Associations United、韓国女性団体連合体）

　韓国の女性運動の歴史は、民主化以前にさかのぼる。例えば、韓国女性ホットラインは、1983年に設立された女性人権運動団体で、困難な状況下で女性に対するあらゆる暴力を根絶し、社会のなかで女性の人権を保障し、性差別のない社会をつくるために様々な活動をしてきた。こうした進歩的な女性団体のいくつかは、民主化以前に起きた女性労働者の問題、警察によるセクハラや性拷問などの問題に合同して対応してきた。そうした実績を土台に、男女平等、女性福祉、民主・統一社会の実現、女性運動団体間の協力と組織的交流を図ることを目的に、このKWAUを21団体が民主化が実現した1987年に結成した。

　現在では全国各地に7支部をもち、28団体が会費を払うメンバーを擁し、本部の年間資金は約3億円、本部職員数は11名である。

　この連合体のこれまでの主な成果は、セクハラやDV、性産業、男女雇用均等や同一賃金などの労働問題、出産休暇や育児休業の制度、戸籍と戸主制度の廃止などの家族制度、苗字選択や女性への再婚禁止期間の

廃止などの結婚制度、障がいをもつ女性や出稼ぎの女性、朝鮮半島における反戦・平和など多岐に渡っており、国際的にも注目される目覚ましい成果を上げてきた。

参考・引用文献

台湾：CHUANG、YA-CHUNG, Democracy on Trial, 2013, The Chinese University Press

韓国：在日韓国民主人権協議会、「韓国 NGO データーブック」2000、みずのわ出版

韓国女性ホットライン連合、「韓国女性人権運動史」2004、明石書店

社会運動 No, 417 特集「韓国に学ぼう：市民の底力がつくる互助の社会」、2015、インスクリプト

白石孝、「ソウルの市民民主主義」、2018、コモンズ

徐仲錫、「韓国現代史 60 年」、2008、明石書店

趙丹、「韓国の NPO」、『NPO、そしてソーシャルビジネス』第 8 章、坂本恒夫他編著、2017 年、文眞堂

学習課題

1. 台湾と韓国と日本の NPO・NGO には、どのような共通点や違いがあるのか、まとめてみよう。
2. 台湾の主要な NPO・NGO にはどんなものがあり、どんな働きをしているか、概容を理解しておこう。
3. 韓国の NPO・NGO が社会政治、女性、環境の分野でどのような大きな働きをしたのか、まとめてみよう。

15 | 市民社会の現状と展望

若林秀樹・大橋正明

《**目標＆ポイント**》 日本だけでなく世界の NPO・NGO、あるいは CSO を展望し、これら全般に重要な SDGs の目標 16 や、世界的な市民社会スペースの縮小問題について説明し、CSO の独立性や市民社会スペースを守る上で、CSO の果たすべき役割について述べる。

《**キーワード**》 社会課題のボーダーレス化、市民社会スペースの狭まり、SDGs 目標 16、CSO 開発効果、法の支配、人権、グローバル・ガバナンス、ビジネスと人権、国連人権システム

1. はじめに

　NPO・NGO に関する説明や社会的意義は、すでにこれまでの章で説明してきたので繰り返さないが、その役割は、今後ますます高まることはあっても、低まることはない。NPO や NGO を含む市民社会組織（CSO）の役割は、政府や市場に関わるビジネスなどのそれとは違いがある。人々が暮らす全ての社会の持続可能性を高め、グローバルな視点で共生社会を実現させていくには、市民社会の役割はあまりにも大きい。お互いに相互の役割を補完しつつ、それぞれのセクターが共存、連携できる環境は、社会にとって極めて重要な基盤である。

　しかしながら、今後とも日本の市民社会の基盤が順調に強固になり、世界でもますますその活動が広く拡大することが保障されているわけでは全くない。むしろ世界では市民が自由に活動できる環境、いわゆる「市民社会スペース」は、狭まっていく現象が散見される。本章では、

現在の市民社会の現状と取り巻く環境、乗り越えなくてはならない課題、そしてそのための方途について触れていきたい。

2. 日本の市民社会の現状

　これまで、様々な NPO・NGO や市民社会組織の形態や特徴について触れてきた。日本では、1998 年に特定非営利活動促進法（NPO 法）が施行されてから NPO 法人が急速に増えてきたが、ここ数年は横ばいであり、新規で誕生する数より解散数が上回る年もある。この解散数の増加に加え、近年 NPO 法に反する活動で組織認証を取り消されるケース（2020 年 9 月末日の累計で 4,170 件[1]）も多く、NPO 法に依拠した NPO 法人の在り方も曲がり角にきているともいえる。

　一方で、2000 年〜2008 年まで続いた公益法人制度改革によって、新たな公益法人制度がスタートした。新設された一般社団法人は、NPO 法人と同じく非営利だが、公益性がなくてもよく、簡便に登記だけで設立できることもあり、ここ数年急速に増え、総数でも NPO 法人数を上回った。NPO・NGO の一部も、この一般社団法人になっている。

　例えば、2018 年に新設された法人は、前年より減少して 12 万 8,610 法人。この過半数が株式会社（構成比 68.0％）で、次が合同会社（同 22.5％）である。これに続いて一般社団法人が 5,982 社（同 4.6％）に対して、NPO 法人は 1,732 社（同 1.3％）なので、一般社団法人の方が NPO 法人の 3.5 倍近く誕生している（東京商工リサーチ[2]）。

3. CSO を取り巻く環境変化

（1）社会課題のボーダーレス化

　本書の第 1、4、6 章で説明したように、日本では、NPO は国内問

注 1）　NPO 法人の認定取消しの累計：
　　　　https://www.npo-homepage.go.jp/about/toukei-info/ninshou-zyuri
注 2）　東京商工リサーチ、2019 年、「2018 年『全国新設法人』動向調査」
　　　　https://www.tsr-net.co.jp/news/analysis/20190514_04.html

題に取り組むもので、NGOはグローバルな社会課題に関わるものと分けて捉えてきた。これまでの歴史的な経緯のなかで、そうした棲み分けが自然に行われたのだ。しかし、あらゆる局面でグローバル化が進み、地球規模での多くの人の移動、国境を越えた自由な経済活動の進展、瞬時に国境を越えるネット情報の拡散などによって、市民社会組織が国内外で取り組む社会環境は大きく変わってきている。

　例えば、気候変動や海洋プラスチックなどの環境問題は、国境に関係なくつながっている。日本で排出したCO_2が気候を変え、途上国の干ばつ等を引き起こして貧困問題につながっているかもしれない。地球は海でつながっており、廃棄されたプラスチックは、分解されることがないので、国境に関係なく世界を浮遊して海を汚染し、魚介類にも蓄積される。

　大規模な人の移動も起きている。出身地域の貧困や格差、政治や紛争の不安定な状況から、人々は難民・移民となって国境を越えて移動している。彼、彼女らは、母国の出国手続、移動方法、受入国の難民認定基準や入国管理政策をはじめとする難民・移民政策、第三国も含めた定住先の生活支援などに大きな影響を受ける。つまり彼、彼女らにとっては、出身地から移住先まで、全ての問題がつながっている。

　ビジネスでも、例えば携帯電話を例に挙げると、製造に不可欠な資源の採掘と加工と輸送、部品製造、組み立て、国際的な販売網と小売り、リサイクル、資源回収まで、国境を越えるサプライチェーン上の様々な課題に企業は直面している。

　つまり資金、経済活動、情報、人は簡単に国境を越え、社会課題を国境で分ける意味が薄くなり、日本の特有のNPOとNGOの分け方も変わっていくことは必須である。

（2）NPO・NGO におけるボーダーレス化

　いわゆる NGO の数については、NGO のネットワーク組織である国際協力 NGO センター（JANIC）の HP にある、NGO ダイレクトリー[3]に登録されている数である 430 が 1 つの目安であり、漏れているものを勘案して一般的に 500 前後といわれるが、2010 年代以降はあまり増えていない。それどころか資金難や NGO 内の世代間交代の困難さといった問題から、解散を強いられている NGO も出てきている。2018 年、著名な国際 NGO であるオックスファム・ジャパンの解散は、日本の市民社会に大きな衝撃を与えた。

　また、第 8 章で示したように、ソーシャルビジネス型の NPO・NGO や社会的企業も近年、増えてきている。社会的企業は、株式会社であろうともいわゆる営利企業とは違い、利益を株主に配当することを主目的にするのではなく、むしろ公益に再投資している。そうであれば、社会的企業は、NPO・NGO の役割と近く、市民社会組織して認知することが可能ではないだろうか。

　NGO のなかでも、国際協力の経験を生かして国内問題に取り組む団体も増えつつある。2011 年の東日本大震災はそのきっかけの 1 つで、国際協力 NGO のネットワークである JANIC の正会員団体及び協力会員団体合わせて 157 団体の 37.6％、59 団体がこの大震災の救援や復興に関わった。そうした流れを受け、JANIC は 2019 年に定款を変更し、社会的企業、NPO、市民団体でも、日本を含むグローバルな社会課題解決に取り組む組織であれば、市民社会組織として、正会員に加盟できるようになった。

　また、逆に国内での経験を、海外で展開しはじめる NPO もある。この典型例は、国内の交通遺児を支援してきた「あしなが育英会」で、1999 年のコロンビア・トルコ・台湾での大震災遺児の支援を、神戸の

注3）　NGO ダイレクトリー：http://directory.janic.org/directory/

震災遺児が恩返しにと呼びかけたことから国際協力が始まり、2003年にはウガンダにエイズ遺児の心のケアのためのハウスを完成させている。

今後、日本の市民社会組織は、「グローバルな共生社会の創出」という旗の下で、従来型のNPOやNGOだけではなく、新たな市民社会組織の「かたまり」ができてくるのではないだろうか。

4. 市民社会が自由に活動できる「スペース」を確保するために

(1) 政策環境や市民社会スペースとは何か

世界的に、市民社会組織（CSO）の政策環境の悪化、あるいは市民社会の活動スペースの縮小がみられる。世界各地のCSOの集まりである「CSOの開発効果のためのオープンフォーラム（Open Forum for CSO Development Effectiveness」（2011）[1] は、政策環境を「CSOの活動に影響を与える、政府・資金提供するドナー・その他の開発アクターによりつくられた政治的・政策的文脈」と定義した。また、国連では「市民社会スペース」を、「NGOなどの市民社会アクターが社会において占める場所であり、市民社会が機能する環境や枠組みであるとともに、市民社会アクター、国家、民間セクター及び一般市民の間の相互関係である」とも定義した。「市民社会スペース」とは、より広く市民社会（かならずしも、組織化されていないものも含む）の自由な活動ができる空間、として捉えることができる[2]。

持続可能な社会には、市民社会の自由な活動が前提であるが、世界では、表現や結社の自由の制限、ヘイトスピーチや差別、貧困、腐敗、格差や経済的不公平、人道的危機、環境問題への対応など、市民社会スペースを守る上で克服すべき様々な課題が山積している。

---

[1]、[2]は末尾の参考・引用文献の番号を示す（以下同じ）。

（2）世界的な市民社会スペースの狭まり

　南アフリカ共和国に本部を置き、176 か国の 9,000 の市民社会組織を
ネットワークする CIVICUS[4] は、世界中の市民社会スペースに関する
調査をまとめたウェブサイト「Civicus Monitor[5]」を発表してきた。次
頁の図 15－1 にあるように、ここでは、世界 196 の国・地域を「開かれ
ている（open）」、「狭まっている（narrowed）」、「妨げられている
（obstructed）」、「抑圧されている（repressed）」、「閉ざされている
（closed）」の 5 つのカテゴリーに分けている。

　最近の同レポート、「People Power Under Attack 2019」[3] でも、ここ
数年の傾向であるが、「市民社会スペース」の悪化情況がみられる。こ
のレポートによれば、世界人口の 40％の人々が「抑圧もしくは閉ざさ
れている国」で生活している。「開かれている」、すなわちすべての人が
自由を享受することができる国は 43 か国に過ぎず、世界人口のわずか
3％である。そのほとんどが西ヨーロッパ諸国であり、アジアでは、台
湾だけである。日本は、アメリカや韓国と並んで「狭まっている」国・
地域に分類されている。

　アジア 25 か国・地域では、「閉ざされている」には、中国、北朝鮮、
ラオス、ベトナムがあり、アジア人口の 95％の人々が、「妨げられてい
る」以下の国・地域で、自由な市民生活を享受できない生活をしている。

5. 自由な市民活動を守る
「持続可能な開発目標（SDGs）」の目標 16
「平和と公正をすべての人に」

　「市民社会スペースの縮小」は、実は今に始まった現象ではない。本
来であれば、「市民の代理人」たる政府、市民の生活向上につながる経
済活動を行う企業、そして個人や団体さえもが様々な理由によって、市

注 4 ）　CIVICUS の HP：https://www.civicus.org/
注 5 ）　Civicus Monitor：https://monitor.civicus.org/

出所：Civicus Monitor　ホームページを基に筆者作成

図 15 - 1　2019「市民社会スペース」の状況別世界地図

開かれている	43
狭まっている	42
妨げられている	49
抑圧されている	38
閉ざされている	24

出所：Civicus Monitor
ホームページを基に筆者作成

**図 15 - 2　市民社会スペースの状況に関する
国・地域の数の分類**

民の自由な活動を抑圧し、人権を侵害することが起きている。もしそれが避けられないとしたら、どうしたら市民に対する負の影響を少なくし、市民の自由な活動や人権を守る仕組みをつくれるのであろうか。

　その1つの取り組みが、持続可能な社会の実現に向けてのグローバルなイニシアティブ「持続可能な開発目標（SDGs）」である。SDGsとNPO・NGOとの関係については、すでに第1章で触れられている。ここでは、その目標のなかで、直接自由な市民活動に関係の深い、目標16について説明し、この目標を達成するための市民や他のアクターの役割について触れたい。

（1）目標 16 の特徴と概要
① 平和で公正な社会達成のために極めて重要な目標 16

　どんなに政府が貧困削減、教育、ジェンダー平等などに取り組もうとも、政府の透明性が低く、基本的な人権を守ろうとしないのであれば、持続性の高い開発効果は望めない。透明性の低い政府では、市民が人権を侵害されても、その被害を訴えて救済を求める手段がなく、往々にして人権が回復されることはない。また、政府自ら人権侵害の加害者になることが多々あり、この目標16はそれを防ぎ、持続可能な開発を促進させる狙いがある。この目標は、市民社会の視点からみれば、このSDGsが強調する「誰一人取り残さない」ために、法の支配、司法へのアクセス、腐敗防止等通じて、政府の透明性や説明責任を求め、市民参加による包摂的な社会を目指す上で欠かせない開発目標といえる。

② 目標 16 の具体的なターゲット

　以下が目標16の下にあるターゲットだが、どれをとっても、NPO・NGO、つまり市民社会組織の活動にとって重要なターゲットである。

（2）目標16の主なターゲットの解説と日本の課題

① ターゲット16.1と16.2：全ての形態の暴力の減少や子どもに対する虐待などをなくす。

　子どもや女性への暴力は、世界中で起きている。特に、紛争下における性暴力は後を絶たない。また、加害者が罰せられることも極めて少なく、被害女性にさらなる苦しみを与えている。暴力は、他者の身体や財

表15-1　自由な市民活動を守るためのSDGs目標16の主なターゲット

ターゲット分類	具体的ターゲット
暴力・虐待・拷問の禁止	16.1 あらゆる場所において、全ての形態の暴力及び暴力に関連する死亡率を大幅に減少させる。
	16.2 子どもに対する虐待、搾取、取引及びあらゆる形態の暴力及び拷問をなくす。
法の支配、司法への平等なアクセス	16.3 国家及び国際的なレベルの法の支配を促進し、全ての人々に司法への平等なアクセスを提供する。
違法資金と武器取引の規制	16.4 2030年までに、違法な資金及び武器の取引を大幅に減少させ、奪われた財産の回復及び返還を強化し、あらゆる形態の組織犯罪を根絶する。
汚職・贈賄の減少	16.5 あらゆる形態の汚職や贈賄を大幅に減少させる。
政府の透明性・説明責任	16.6 あらゆるレベルにおいて、有効で説明責任のある透明性の高い公共機関を発展させる。
包摂的・参加型の意思決定の確保	16.7 あらゆるレベルにおいて、対応的、包摂的、参加型及び代表的な意思決定を確保する。
グローバル・ガバナンス機関への参加	16.8 グローバル・ガバナンス機関への開発途上国の参加を拡大・強化する。
法的な身分証明の提供	16.9 2030年までに、全ての人々に出生登録を含む法的な身分証明を提供する。
基本的自由の保障	16.10 国内法規及び国際協定に従い、情報への公共アクセスを確保し、基本的自由を保障する。
実施手段	16.a 特に開発途上国において、暴力の防止とテロリズム・犯罪の根絶に関するあらゆるレベルでの能力構築のため、国際協力などを通じて関連国家機関を強化する。
	16.b 持続可能な開発のための非差別的な法規及び政策を推進し、実施する。

（外務省仮訳を基に筆者作成）

産への物理的な破壊のみならず、言葉の暴力など、精神的な行為も暴力と認知されつつある。

　「躾け」や「規律」という名目の暴力は、物理的な体罰、言葉による威嚇や暴言、心理的な攻撃が多く、子どもに対して短期的／長期的な影響を与える。日本でも、子どもへの虐待件数は増えており、児童相談所での相談件数は、2018年度、15万9,850件と、過去最多を更新し、28年連続で増えている。

②　ターゲット 16.6：あらゆるレベルにおいて、有効で説明責任のある透明性の高い公共機関を発展させる。

　政府は、市民から委託されて行政をつかさどっている立場にあり、原則として市民は政府のもつ情報について、知る権利をもち、政府は、透明性（情報開示性）を高め、市民に対して説明責任を果たさねばならない。しかし現実的には、多くの国において市民の情報開示を求める声が無視されている。日本でも 2017〜2020 年に国会でも議論された「森友・加計事件」や「桜を見る会」の案件のように、政治家と政府の癒着、総理官邸の意向に沿って「忖度」することが問題となり、記録の意図的な改ざん、廃棄など、情報が十分開示されず、知る権利が奪われている状況といえる。

③　ターゲット 16.10：国内法規及び国際協定に従い、情報への公共アクセスを確保し、基本的自由を保障する。

　日本国憲法では、第 98 条 2 項において「日本国が締結した条約及び確立された国際法規は、これを誠実に遵守することを必要とする」とされている。しかし日本では、締結した条約に即した政策を実施していない場合も多く、国連からの勧告をしばしば遵守する姿勢がみられない。

　対政府の監視役としてのメディアの役割は、市民の知る権利を守り、政府の透明性と説明責任を向上させる上で、極めて重要だ。ジャーナリ

ストの国際 NGO「国境なき記者団」の調査（2019 年発表）によれば、日本の報道の自由度は、世界 180 か国中第 67 位であり、最近はメディアや市民社会の活動の委縮につながりかねない特定秘密保護法等の施行や政治家によるメディア規制発言等により、順位はここ数年下降傾向にある。

④ 目標 16 の実施手段：国内人権機関
（NHRI：National Human Rigths Institution）の設置他

NHRI とは、裁判所とは別に政府から独立した人権侵害からの救済を含む人権保障を推進するための機関であり、政府の人権を保障する義務を促し、SDGs の根本原則である「誰一人取り残さない」をより確かなものにする、重要な実施手段の 1 つである。世界では、2017 年までに韓国やフィリッピンを含めた 121 か国で国内人権機関が設置されている。しかし日本は、これまで国連諸機関より何度となくその設置を勧告されているが、今日まで未実施である。

また、日本では、包括的な差別禁止法がない。2016 年 5 月に「ヘイトスピーチ規制法」が成立したが、対象者はいわゆる「在日韓国人・朝鮮人」を想定した「本邦外出身者」のみであり、日本人に対する差別発言は問題にならず、規定には罰則がなく、努力義務になっている。

6.「ビジネスと人権」と CSO の役割

この「ビジネスと人権」の分野でも、企業活動による人権への負の影響を軽減するために、ステークホルダー（利害関係者）としての市民社会組織（CSO）や、NPO・NGO の役割が世界的に高まっている。

（1）歴史的背景

1990 年前後からのグローバル経済の進展により、人、モノ、金、情

報が国境を越えて、今までにないスピードと規模で動くようになり、企業の社会経済に与える影響が高まっていった。特に、国際的な分業が進化するなかで、製品の原材料・部品の調達から、製造、在庫管理、配送、販売までの一連の流れであるサプライチェーン上の様々な企業活動による人権侵害や環境破壊が顕著になり、1990 年代頃から、企業の活動を規制する動きが強まっていった。

　古くは 1976 年、欧米などの国々によって国際経済全般について協議することを目的とした国際機関の経済協力開発機構（OECD）の「多国籍企業ガイドライン」がある。しかし、今のような、大きな取り組みのうねりのきっかけになったのは、2000 年、国連グローバルコンパクト（UNGC）の発足である。もう 1 つは、その流れを受けた包括的な原則として 2011 年に国連で採択された「ビジネスと人権に関する指導原則」（以下「指導原則」）である。

　UNGC は、人権や環境の保護、不当な労働の排除、腐敗防止に関する 10 原則に賛同する、主に企業を中心とする取り組みのイニシアティブである。現在では、企業を中心に世界 160 か国で約 13,000 を超える企業・団体が署名しており、日本でも 2003 年に発足し、2020 年 7 月 28 日現在で大手企業を中心に 366 の企業・団体が加盟している。

（2）国連「ビジネスと人権に関する指導原則」と国別行動計画

　「指導原則」は、①人権を「保護」する国家の義務、②人権を「尊重」する企業の責任、そして③人権侵害からの「救済」の 3 本柱からなる。国連で採択されて以来、各国では「指導原則」に沿った取り組みが強まり、規制の強化や法制化が生まれるとともに、各国は国連の要請を受け、「指導原則」を各国で実施するための国別行動計画（National Action Plan：NAP）を策定する動きが始まった。2015 年 6 月の G 7 エルマウ

サミットの首脳宣言では、「我々は、国連ビジネスと人権に関する指導原則を強く支持し、実質的な国別行動計画を策定する努力を歓迎する」として、各国での取り組みの動きが加速され、日本政府も 2020 年 10 月、初めての「行動計画」を発表した。

　指導原則に基づく行動計画が広く企業に求めているのは、「人権デューディリジェンス」、つまり組織が及ぼす負の影響を回避・緩和することを目的とした一連の取り組みである。具体的には、人権方針の策定、事前のサプライチェーン上の負の影響の特定、評価、対応策の検討、人権侵害が起きた時の救済策の実施、そして欠かせないのが市民社会との対話（ステークホルダー・ダイアローグ）である。例えば、企業の活動においては、資源の採掘現場等での強制立ち退きや環境破壊、児童労働や劣悪な労働条件下での労働、精錬所や工場等での危険物の扱いや環境汚染、部品製造から組み立てにおける過程での労働に関する諸問題等、取り扱う対象は幅広い。そのために NPO・NGO は、日頃から現場で起きている人権等の問題を把握しておく必要があり、その対応を企業に求めていく役割がある。世界では多くの CSO がこの問題に取り組み、社会における存在感が高まっている。

7.　国連の人権システム

　国連の 3 本柱とされる基本的な役割は、平和と安全の確保、社会経済の発展の実現への取り組み、自由な市民社会を守り全ての人々の人権の実現である。その 3 つ目の、人権を守るための市民社会組織（CSO）に深く関係する主要な活動が、以下の 3 つ[4]である。

① 　国連人権高等弁務官事務所（OHCHR）は、人権の促進と保護に努める国連の主要な組織である。OHCHR は人権に関わる取り組みを最大限に活かすべく、国連の専門機関、基金及びプログラム（世界保健

機構（WHO）、国連難民高等弁務官事務所（UNHCR）、ユニセフ、
国際労働機関（ILO）、ユネスコなど）と密接に協力している。

② 　国際人権条約（規約及び条約）は、各国の人権保障義務の履行を定
期的また周期的に検討するため、独立した専門家による委員会または
条約機関を設置している。国連には、9つの人権条約（自由権規約、
社会権規約、人種差別撤廃条約、拷問等禁止条約、女性差別撤廃条約、
子どもの権利条約、移住労働者権利条約、障害者権利条約、強制失踪
防止条約）に関する条約諸機関がある。

③ 　国連加盟国からなる政府間の機関または会議は、人権の課題や状況
を検討するために設置されている。これを目的とする基本的な政府間
機関が人権理事会（以下「理事会」）である。理事会は、なかでも特
別手続と呼ばれる独立した専門家、及び普遍的定期審査（UPR）と
呼ばれる制度によってその働きが支えられている。人権理事会は47
の加盟国で構成されており、任期は3年で再選は可能であるが、連続
して2期以上は務めることができない。理事国は、地理的にアフリ
カ・グループとアジア・グループがそれぞれ13議席、ラテンアメリ
カとカリブ海域が8議席、西欧及びその他が7議席、東欧が6議席に
分配されている。

　これら3つの機関・制度はそれぞれ独立しているが、相互に補完し
あっている。市民社会組織は、これらの機関や制度において、いつでも
自由に意見を述べることができる。特に、条約審査や普遍的な定期審査
においては、特定の国が審査対象になる際に、その国の人権状況等に関
して意見を述べることが可能であり、国連の審査に効果的に反映され、
改善につながることがある。

8. おわりに─今後の NPO・NGO の展望

　本書の最終章である本章では、まず今日の日本や世界の NPO・NGO、あるいは市民社会組織（CSO）が直面し、かつ急速に変化を続けている状況を述べ、課題を明らかにした。続いてそれらに抗するために活用できる国際的な制度や機会を説明した。

　日本の NPO・NGO の大半は、それぞれが選んだ課題に懸命に取り組んでいるが、本章が取り上げたように、その課題や対象を取り巻く社会状況や、NPO・NGO が置かれている内外の政策環境の変化に気がつかないことが往々にある。特に、政府や自治体などの外部資金に過度に依存して活動をしている場合、その事業を確実に実施していくことに集中しがちで、内外の変化に気がつかない状態に陥りやすい。そうすると、NPO・NGO の上位目標であるこの社会をより良くしていくことに、つながらない状態に陥る危険性がある。

　NPO・NGO は持続可能な開発目標（SDGs）が掲げるたくさんの課題のいくつかに取り組んでいる。例えば、貧困者の支援に取り組むことは重要で大事なことだが、同時に貧困という人権侵害の状況がどうして生じたのか、どうしてそれが当事者たちや NPO・NGO だけの力では容易に改善しないのかという疑問をもち、貧困を生み出す社会や経済の在り方や、NPO・NGO を取り巻く状況にも目を向け、活動の在り方を変えていくことも重要である。こうしてこの地球の現状を「持続不可能」にしてきた要因を、NPO・NGO はしっかり目を向けて行動していくことが求められている。

　本講義の受講生が今後何十年も暮らしていくこの地球を持続可能にしていくために、受講生自身が市民であることを自覚し、ここで学んで理解を深めた NPO・NGO、市民社会組織の活動に積極的に参加すること

を期待したい。NPO・NGO は、貴方たちの参加や行動を待っている。

参考・引用文献

[1] Open Forum, *The Siem Reap Consensus on the International Framework for CSO Development Effectiveness*, 2011.

[2] 高柳彰夫「NGO 研究会」:「日本の NGO による、アジア・アフリカ諸国における政府と現地 NGO の対話プロセス構築支援の方法に関する研究」総論（2018年3月 JANIC）

[3] Civicus Monitor https://monitor.civicus.org/

[4] 「市民社会のための実用ガイド—市民社会スペースと国連人権システム」国連人権高等弁務官（2014）

学習課題

1. 日本では、どのように市民社会スペースが狭まっているのか、調べてみよう。

2. 日本政府の「『ビジネスと人権』に関する我が国の行動計画」に良く目を通し、企業行動が変化しているか、調べてみよう。

3. 自分が関心をもつ NPO・NGO を見つけて、会員やボランティアとして参加してみよう。

索引

●配列は記号・数字・アルファベット、五十音順。＊は人名を示す。

分担執筆者紹介

（執筆の章順）

早瀬　昇（はやせ・のぼる）

執筆章→2・4・5・10・11

1955 年	大阪府に生まれる
1977 年	京都工芸繊維大学 工芸学部 電子工学科 卒業
1979 年	大阪府立 大阪社会事業短期大学 専攻科 修了
現在	社会福祉法人 大阪ボランティア協会 理事長
	同志社大学 政策学部 客員教授
専攻	NGO・NPO 論、市民の参加力向上
主な著書	「参加の力」が創る共生社会〜市民の共感・主体性をどう醸成するか（ミネルヴァ書房）
	寝ても覚めても市民活動論〜ミーティングや講座の帰り道に読む 35 の視点（大阪ボランティア協会）
	ボランティアコーディネーション力―市民の社会参加を支えるチカラ（共著・中央法規出版）など

齋藤　正章 （さいとう・まさあき）

1967 年	新潟県に生まれる
1995 年	早稲田大学商学研究科博士課程単位取得
現在	放送大学准教授、中小企業診断士試験委員、税務大学校講師
主な著書	初級簿記（放送大学教育振興会）
	管理会計［三訂版］（放送大学教育振興会）
	株主価値を高める EVA 経営［第 2 版］（共著、中央経済社）
	現代の内部監査（共著、放送大学教育振興会）
	会計情報の現代的役割（共著、白桃書房）

若林　秀樹（わかばやし・ひでき）

執筆章→6・11・15

1954 年	東京都に生まれる
1979 年	ミシガン州立大学大学院農学部林学科修士課程修了
現在	国際協力 NGO センター（JANIC）事務局長
	グローバル・コンパクト・ネットワーク・ジャパン理事
	アジア開発連盟（ADA）議長、國學院大學兼任講師
専攻	国際協力、ビジネスと人権、NGO・NPO 論、持続可能な開発目標（SDGs）
主な著書	希望立国、ニッポン 15 の突破口（編著、日本評論社）
	SDGs を学ぶ—国際開発・国際協力入門（分担執筆、法律文化社）
	The U.S.-Japan Alliance：A New Framework for Enhanced Global Security（Center for Strategic & International Studies）

編著者紹介

大橋　正明（おおはし・まさあき）

執筆章→1・8・10・11・13・14・15

1953 年	東京都に生まれる
1990 年	コーネル大学大学院国際農業・農村開発研究科修士課程修了
現在	聖心女子大学教授、SDGs 市民社会ネットワーク共同代表理事、国際協力 NGO センター（JANIC）理事
専攻	NGO・NPO 論、国際開発学、南アジア地域研究
主な著書	SDGs を学ぶ─国際開発・国際協力入門（共著、法律文化社） 非戦・対話・NGO ─国境を越え、世代を受け継ぐ私たちの歩み（共著、新評論） グローバル化・変革主体・NGO ─世界における NGO の行動と理論（共著、新評論） バングラデシュを知るための 66 章（共著、明石書店）

利根川佳子（とねがわ・よしこ）

執筆章→7・9・12

1979年	山口県に生まれる
2011年	神戸大学大学院国際協力研究科（地域協力政策専攻）博士後期課程修了
現在	早稲田大学 社会科学総合学術院 社会科学部　専任講師、博士（学術）
専攻	国際開発学、アフリカ地域研究、NGO・NPO論、比較国際教育
主な著書	Analysis of the Relationships between Local Development NGOs and the Communities in Ethiopia : The Case of the Basic Education Sub-sector（Union Press）
	Complex Emergencies and Humanitarian Response（分担執筆、Union Press）
	国際支配と民衆の力―エチオピアにおける国家・NGO・草の根社会（分担執筆、大阪公立大学共同出版会）
	新しい国際協力論〔改訂版〕（分担執筆、明石書店）
	発展途上国の困難な状況にある子どもの教育―難民・障害・貧困をめぐるフィールド研究（分担執筆、明石書店）

放送大学教材　1539370-1-2111（ラジオ）

NPO・NGO の世界

発　行　2021 年 3 月 20 日　第 1 刷

編著者　大橋正明・利根川佳子

発行所　一般財団法人　放送大学教育振興会
　　　　〒 105-0001　東京都港区虎ノ門 1-14-1　郵政福祉琴平ビル
　　　　電話　03（3502）2750

Printed in Japan　ISBN978-4-595-32272-3　C1334